Simone Wilhelms

Ghetto und Staat

Der politische Faktor sozialwissenschaftlicher Perspektiven und praktisch-administrativer Lösungsstrategien in der Behandlung gesellschaftlicher Probleme, dargestellt am Beispiel der schwarzen Ghettos in den U.S.A.

tuduv Studie

tuduv Studien

Reihe Sozialwissenschaften

Band 1

CIP-Kurztitelaufnahme der Deutschen Bibliothek

Wilhelms, Simone

Ghetto und Staat : d. polit. Faktor sozialwiss. Perspektiven u. prakt.-administrativer Lösungsstrategien in d. Behandlung gesellschaftl. Probleme, dargest. am Beispiel d. schwarzen Ghettos in d. U.S.A. – München : Tuduv-Verlags=gesellschaft, 1976.

(Tuduv-Studien : Reihe Sozialwiss. ; Bd. 1)
ISBN 3-88073-031-8

Kommissionsverlag: tuduv-Verlagsgesellschaft mbH,
8000 München 2, Gabelsbergerstr. 15, Tel. 089 / 280 90 95
Gesamtherstellung: Fotodruck Frank oHG, 8000 München 2

Inhaltsverzeichnis

Seite

V O R B E M E R K U N G

Im Rahmen dieser Untersuchung wird weder eine detaillierte Beschreibung der Lebensbedingungen in den "schwarzen" Ghettos angestrebt noch versteht sie sich als Beitrag zur Erklärung problematischer "Rassenbeziehungen" in den USA.

Vielmehr wird hier von der Überlegung ausgegangen, daß sich an der Ghettosituation nicht nur Sonderprobleme einer gesellschaftlichen Minderheitengruppe ablesen lassen, sondern daß die aktuelle Ghettoproblematik vor allem als Ergebnis strukturell bedingter Armut zu verstehen ist. Das Weiterbestehen der "schwarzen" Ghettos in den USA kann nicht allein darauf zurückgeführt werden, daß deren Bewohner vorwiegend schwarz sind. Nicht nur traditionell verfestigte und hin und wieder akut aufflammende "Rassenkonflikte" - wie noch im Februar 1976 in Boston - verursachen die bestehende Ghettodynamik. Die entscheidenden Ghettoprobleme wie eine konstant hohe Arbeitslosenzahl, damit einhergehend die ständige Wohlfahrtsabhängigkeit, das beängstigende Anwachsen der Kriminalität sowie die Finanzmisere der öffentlichen Hände, signalisieren Strukturschwächen des umfassenden Gesellschaftssystems selbst. Ohne eine konsequent vorangetriebene Reorganisation institutionalisierter Strukturen im ökonomischen, politischen und sozialen Bereich werden sich die Lebensbedingungen in den Innenstädten - heute vorwiegend schon "schwarze" Ghettos - zunehmend verschlechtern.

Die Relevanz einer näheren Untersuchung der Ghettoprobleme in den USA ist gegeben, da nicht auszuschließen ist, daß sich zwar nicht identische, so doch ähnliche Tendenzen auch in der Bundesrepublik abzeichnen können. Sollen die überlange Vernachlässigung und auch die aktuellen Versäumnisse in der Behandlung dieser innerstädtischen Problemzonen in den USA vermieden werden, ist ein frühzeitiges Gegensteuern entscheidend. Denn dem Betrachter dieser Entwicklungen in den USA fällt es heute zunehmend schwerer - angesichts der Komplexität sich selbst verstärkender Folgewirkungen - eindeutige Ansatzpunkte für ein wirksames Eingreifen und aussichtsreiche Reformvorhaben angeben zu können. Eine adäquate Problembestimmung kann nicht losgelöst von den sozio-ökonomischen und politischen Strukturbedingungen der Gesamtgesellschaft erfolgen. Die vorliegende Untersuchung des Ghettoproblems soll dazu beitragen, dieses gesellschaftliche Phänomen einzuordnen und die ihm zugrundeliegenden Strukturbedingungen aufzuzeigen.

Der Aufbau der vorliegenden Untersuchung ist daher unter dem Gesichtspunkt eines Aufsteigens von der engsten Form einer Problembestimmung - der am Individuum ansetzenden "biolofischen" Erklärung - über die schon erweiterte Sicht von problematischen Gruppenbeziehungen - "Rassenbeziehungen und interaktionistische Perspektive - hinaus bis hin zum Versuch, auch gesellschaftliche Strukturbedingungen zu erfassen, vorgenommen worden. Dabei wird jeweils die Reichweite der verschiedenen Ansätze und die Implikationen der jeweiligen Erklärungsweise überprüft und diskutiert. Als Vertreter der verschiedenen Positionen wurden diejenigen herangezogen, die explizit einen Beitrag zu einer möglichen "praktischen" Problembehandlung liefern wollten.

Im Verlauf dieser Diskussion wird deutlich, wie die Ghettosituation entscheidend von gesamtgesellschaftlichen Tendenzen beeinflußt und in ihrem Verlauf geprägt wird. Im Hinblick auf die zukünftige Entwicklung der "schwarzen" Ghettos gewinnt darüber hinaus der Aspekt politisch-administrativer Steuerungsfunktionen und Eingriffskompetenzen zunehmend an Bedeutung.
Die vorliegende Arbeit will daher auch die Vorstellung begründen, daß die kritische Untersuchung der Bedingungen, Möglichkeiten und Restriktionen politisch-administrativer Eingriffs- und Durchsetzungsfähigkeit notwendige Voraussetzung für eine Problembehandlung sein muß, die die Lebensumstände der Betroffenen real verbessern will.

1. Zur Entwicklung der "schwarzen" Ghettos[1] in den USA

Vorurteile und diskriminierende Verhaltensweisen, die in der amerikanischen Gesellschaft gegenüber den Negern noch immer stark in Erscheinung treten, scheinen allein nicht auszureichen als Erklärung für die Existenz der Negerviertel in den nordamerikanischen Großstädten, die als "schwarze Ghettos" bezeichnet werden.

Sozialpolitische Erwägungen erfassen offenbar nur einen Teilaspekt. Die Entstehung und andauernde Existenz der großstädtischen Negerghettos scheint in engem Zusammenhang mit Veränderungen in der gesellschaftlichen und wirtschaftlichen Struktur der Vereinigten Staaten zu stehen.

Neben diesen Gesichtspunkten ist die historische Entwicklung zu berücksichtigen. Die Besinnung auf die "schwarze" Geschichte, und zwar gerade auch auf die Geschichte der Neger in den USA, stellt für die amerikanischen Negerführer ein wichtiges Anliegen dar und ist Teil ihrer Bemühungen um die Gewinnung "einer historischen und psychischen Identität, die Selbstvertrauen einflößt und Selbstbewußtsein verleiht."[2]

Dieser Aspekt ist auch für die Situation der "schwarzen" Ghettos von Bedeutung.
Der Analyse der gesellschaftlichen und wirtschaftlichen Strukturen, die zur Entwicklung der "schwarzen" Ghettos und den verschiedenen Lösungsversuchen des Ghettoproblems führten, soll deshalb eine kurze Zusammenfassung der Geschichte der Neger in den USA vorangestellt werden.

---

1) "Ghetto" wird in der amerikanischen Schreibweise übernommen, um eine deutliche Abgrenzung gegenüber - im europäischen historischen Kontext nahegelegt - gesetzlich abgetrennten Gebieten wie die der jüdischen Gettos hervorzuheben.
2) Peter J. Opitz: Black Power - Symbol und Symptom einer Entfremdung, in: Politische Studien - Zweimonatszeitschrift für Zeitgeschehen und Politik, Nr. 202, 23. Jg., März/April 1972, S. 195

1.1 Sklavenhandel - Ringen um Abschaffung der Sklaverei - Sklavenemanzipation

Bestimmendes Moment für die soziale Existenz der Mehrheit der Neger zu Beginn ihrer amerikanischen Geschichte ist ihre gesellschaftliche Funktionalität als billige und abhängige Arbeitskräfte. Um die riesigen Anbauflächen für landwirtschaftliche Produkte bewirtschaften zu können, benötigten die amerikanischen Farmer in ihrer Rolle als Rohstofflieferanten für Europa Arbeitskräfte in großer Zahl. Die einheimischen Reserven waren bald erschöpft, da sich die indianische Bevölkerung für diese Art von Arbeit als nicht geeignet erwies und den Kampf gegen die weißen Eindringlinge der Anpassung an die neuen Lebensbedingungen vorzog.

Anfangs konnte der Arbeitskräftebedarf noch aus Zuwanderern gedeckt werden, die aus den Gefängnissen und Elendsvierteln Europas kamen,[1] später führte dann das System der "indentured servants" (auf bestimmte Zeit verpflichtete Arbeitskräfte) viele Europäer, aber auch Neger in die "Neue Welt". Ab etwa 1619 wurden die ersten afrikanischen Arbeitssklaven in die amerikanischen Kolonien importiert. Bereits 1655 kam es zur rechtlichen Anerkennung der Sklaverei[2] und damit zu ihrer Institutionalisierung in den nordamerikanischen Kolonien.

Der Sklavenhandel hatte seinen Ursprung im portugiesischen Kolonialgebiet, wo die Einfuhr von Negern aus Guinea schon 1460 begann. Einen größeren Umfang nahm der Handel mit Negersklaven aus Afrika dann im 17. Jahrhundert an, als sich der berühmt-berüchtigte "Dreiecksverkehr" entwickelte, der bis zum Ende des 18. Jahrhunderts mit Tauschwaren (hauptsächlich Waffen, Alkohol, Perlen, Baumwolle) nach der afrikanischen Küste ging, von dort Sklaven nach Amerika brachte

---

1) Louis M. Hacker: The Triumph of American Capitalism, New York 1947, S. 96
2) Bernd Rüster: Rassenbeziehungen in den USA, Darmstadt-Neuwied 1973, S. 38

und mit den landwirtschaftlichen Produkten der amerikanischen Kolonien beladen nach Europa zurückkehrte. An der systematischen Ausweitung dieses Handels mit der "schwarzen" Ware beteiligten sich alle europäischen Kolonialmächte. Millionen von Negern aus fast allen Teilen Afrikas wurdenauf diese Weise nach Amerika deportiert und damit die Grundlagen geschaffen für rassische und soziale Konflikte, die noch heute das Gefüge der amerikanischen Gesellschaft erschüttern.

Frühzeitig trat eine wirtschaftliche und klimatisch bedingte Differenzierung in den sozialen Gegebenheiten der aus Afrika importierten Negersklaven ein. Im Süden des Landes dominierten die landwirtschaftlichen Großbetriebe, deren Arbeitskräftebedarf am billigsten durch Negersklaven gedeckt werden konnte.[1] Für die landwirtschaftlichen Kleinbetriebe im Norden und in den Mittelstaaten war die Sklavenhaltung, da zu kostenintensiv, nicht profitabel. Für die industriellen Betriebe gab es genügend weiße Arbeiter, die das rauhere nördliche Klima besser vertrugen. In den Nordstaaten (Neu-England) und den Mittelstaaten waren die Neger fast ausschließlich als Hausbedienstete beschäftigt und stellten einen Luxusartikel dar. Entsprechend gering war ihr Anteil an der Gesamtbevölkerung in diesen Gebieten. Diese Konstellation sollte sich später entscheidend ändern.

Die weitere historische Entwicklung ist zunächst gekennzeichnet durch das Ringen um die Abschaffung der Sklaverei. Schon vor dem amerikanischen Bürgerkrieg hatten sich in den Nordstaaten Bewegungen konstituiert, die für die Abschaffung der Sklaverei eintraten. Die amerikanischen Quäker waren die ersten, die sich, noch vor der englischen Anti-Sklaverei-Bewegung, öffentlich gegen die Institution der Sklaverei aussprachen.

---

1) Vgl. Edmund S. Morgan: Slavery and Freedom - The American Paradox, in: Journal of American History, No. 1, 1972, S. 6ff

Die Unabhängigkeitserklärung von 1776 propagierte zwar als "unzweifelhafte Wahrheiten": "... that all men are created equal, that they are endowed by their Creator with certain unalienable Rights, that among these are Life, Liberty and the pursuit of Happiness."[1], nahm aber keinerlei Bezug auf die diesen Prinzipien Hohn sprechende Negersklaverei, sondern begnügte sich damit, dem König von England u.a. vorzuwerfen, er habe die "gnadenlosen indianischen Wilden"[2] gegen die Kolonisten in Bewegung gebracht. Ein weiterer gegen den König gerichteter Vorwurf, der sich auf den Sklavenhandel bezog, wurde auf Betreiben südstaatlicher Delegierter nicht in die Unabhängigkeitserklärung aufgenommen. In diesem Passus hieß es, der britische König habe "... einen grausamen Krieg gegen die menschliche Natur geführt, indem er die heiligsten Lebens- und Freiheitsrechte eines fernen Volkes dadurch verletzte, daß der diesen Menschen, die ihn niemals beleidigten, gefangennahm und sie zur Sklaverei in einen anderen Kontinent verbrachte, sofern sie nicht auf dem Transport dorthin eines elenden Todes starben..."[3]

Auch die neue Verfassung, die 1789 in Kraft trat, stellte in bezug auf die Sklaverei einen von den Südstaaten erzwungenen Kompromiß dar. Sie befristete zwar (Artikel 1, Absatz IX) die Erlaubnis des Sklavenimports bis zum Jahre 1807, anerkannte die bisher nur als Sache geltenden Negersklaven bei der Berechnung der Abgeordnetenzahl im Bundesparlament als "3/5 Personen" Artikel I, Absatz LL), bestätigte aber praktisch die Sklaverei durch die Vorschrift der Auslieferungspflicht der Bundesstaaten bei Flucht von Sklaven (Artikel LV, Absatz II). Das dann 1808 erlassene Verbot des Sklavenimports, das nur den Auslandsimport, nicht jedoch den Sklavenhandel betraf, wurde durch Sklavenschmuggel umgangen.

---

1) Aus: Henry Steele Commager: Documents of American History, New York 1948^4, S. 100
2) Henry St. Commager: Documents, a.a.O., S. 101
3) zit. nach Gerhart Schlott: Das Negerproblem in den USA, Opladen 1970, S. 43

In einer Entscheidung im Fall "Dred Scott v. Sandford" 1857[1]) nahm das oberste Bundesgericht u.a. zu der Frage Stellung, ob die in der Unabhängigkeitserklärung formulierten Prinzipien auch für Neger Gültigkeit hätten und führte aus:

> "Nach Meinung des Gerichts zeigen die Gesetzgebung, der geschichtliche Ablauf und die in der Unabhängigkeitserklärung gewählte Sprache, daß weder ... Sklaven noch deren Nachkommen, gleich ob frei oder nicht, als Teil des Volkes anerkannt wurden ... Sie galten seit mehr als einem Jahrhundert als minderwertige, für den gesellschaftlichen oder politischen Verkehr mit der weißen Rasse gänzlich ungeeignete Wesen, die keine vom weißen Mann zu respektierenden Rechte hatten. Der Neger konnte nach Gesetz und Recht und zu seinem eigenen Besten in Sklaverei gehalten werden... Die Sprache der Unabhängigkeitserklärung ist gleichermaßen eindeutig ... es unterliegt keinem Zweifel, daß die versklavte afrikanische Rasse nicht zu jenem Volk gehörte noch gehören sollte, das diese Erklärung formulierte und annahm. Hätten die Formulierungen auch ihr gegolten, so wäre das Verhalten der hervorragenden Männer, die die Unabhängigkeitserklärung formulierten, ein flagranter Verstoß gegen die von ihnen verkündeten Prinzipien gewesen... Doch diejenigen, die die Erklärung abfaßten..., wußten genau, was sie mit ihren Worten meinten, ... und sie wußten, daß diese in keinem Teil der zivilisierten Welt so aufgefaßt würden, als umschlössen sie auch die Neger."

So blieben für die Neger die Ideale der Gleichheit, Freiheit und der unveräußerlichen Rechte der Menschen, die die Unabhängigkeitserklärung in Übereinstimmung mit den Ideen der europäischen Aufklärung des 18. Jahrhunderts propagierte, zunächst ohne Auswirkung. Aber diese vielfach als "amerikanische Revolution" bezeichnete Bewegung bewirkte doch, daß schon bald nach der Unabhängigkeitserklärung wenigstens

---

1) Der Negersklave Dred Scott, der aus dem Sklavenstaat Missouri mit seinem Herrn in einen sklavenfreien Staat und anschließend in ein Gebiet, in dem die Sklaverei verboten war, zog, wurde nach seiner Rückkehr nach Missouri verkauft und klagte vor dem District Court in Missouri dagegen mit dem Argument, daß er durch den langjährigen Aufenthalt in Gebieten, in denen die Sklaverei verboten sei, nunmehr als freier Mann gelten müsse. (vgl.: Gerhart Schlott, a.a.O., S. 48/49) Seine Klage wurde jedoch abgewiesen.

in einigen Bundesstaaten, in denen die wirtschaftlichen Interessen nicht gegenüber den humanitären Ideen überwogen, die Sklaverei durch Gesetz abgeschafft wurde. Auch im Süden war die Anschauung, daß die Sklaverei den christlichen und humanitären Geboten widersprach, weit verbreitet. Washington und vor allem Jefferson lehnten die Sklaverei aus prinzipiellen Gründen ab. Die 1816 von Politikern des Südens gegründete "Kolonisationsgesellschaft" propagierte die Rückführung der Neger in ihre Heimat und versuchte durch Gründung der Republik Liberia ihre Vorstellungen zu verwirklichen. Einige Tausend emanzipierte Sklaven wurden dorthin abgeschoben, dann verlor sich das Interesse an diesem Projekt.

Grund dafür war u.a. eine beträchtliche Steigerung der Nachfrage nach Negersklaven als Folge der Erfindung der Baumwollentkernungsmaschine (1793). Der Baumwollanbau entwickelte sich in wenigen Jahren zum bedeutendsten Träger der südlichen Landwirtschaft. Zwischen 1794 und 1804 stieg die Baumwollerzeugung in den USA um das Achtfache. Die Sklaverei erreichte einen neuen Höhepunkt[1)] und wurde mehr als zuvor die Grundlage der Gesellschafts- und Wirtschaftsordnung der Südstaaten.

Zwischen den in der wirtschaftlichen und sozialen Dimension unterschiedlichen Systemen der Süd- und Nordstaaten brachen jetzt unversöhnliche Interessengegensätze aus, so daß eine Auseinandersetzung unvermeidlich erschien. Die humanitären Ideen traten dagegen zurück. Es ging um die Erhaltung der Einheit der Union, die an den hauptsächlich auf der Sklaverei basierenden Gegensätzen zwischen den Nord- und Südstaaten zu zerbrechen drohte.

Lincoln schrieb 1862 in einem Brief: "If I could save the Union without freeing <u>any</u> slave, I would do it; and if I could save by freeing <u>all</u> the slaves, I would do it; and

1) Volkhard Brandes, Joyce Burke: USA - Vom Rassenkampf zum Klassenkampf, München 1970, S. 28

if I could do it by freeing some and leaving others alone, I would also do that."[1]

Die Entwicklung dieser Interessengegensätze zwischen Nord und Süd, die schließlich zum Ausbruch des Sezessionskrieges (1861-1865) und mit dem Sieg der Nordstaaten zur Befreiung der Negersklaven führte, läßt sich wie folgt zusammenfassend kennzeichnen.

1.) Die auf den Baumwollanbau konzentrierte südliche Landwirtschaft beutete den Boden zur Steigerung der Baumwollerzeugung mit Hilfe der Sklaven rücksichtslos aus. Die Politik der Südstaaten war daher auf eine Ausdehnung ihres Territoriums gerichtet, womit sie gleichzeitig ihren politischen Einfluß zumindest im Senat sicherten. Dem Zug der Farmer des Nordens nach Westen mit ihrem Kapital an Vieh entsprach der Drang der Plantagenbesitzer nach neuen Baumwollanbaugebieten im Westen mit ihrem Kapital an Sklaven. Die Mittelstaaten, die seit dem Verbot des Sklavenimports Sklaven für den Binnenhandel "züchteten", waren am Fortbestand und hohen Preisen für ihren Handel mit der "schwarzen Ware" interessiert.

2.) Diesen südstaatlichen expansiven Bestrebungen standen die Interessen der Nordstaaten gegenüber. Sie wollten keine weitere Ausdehnung der Sklavenwirtschaft hinnehmen. Die Industrie der Nordstaaten strebte ihrerseits nach Expansion. Sie benötigte keine Sklaven, sondern war an einem wachsenden Verbrauchermarkt interessiert,[2] an "befreiten" Sklaven, die Lohn erhielten und Käuferschichten bildeten.

3.) Diese Interessenkollision über die Ausdehnung der Gebiete, in denen die Sklaverei zulässig war, führte 1820 zum sogenannten Missouri-Kompromiß. Nördlich des 36 1/2ten Breitengrades sollte die Sklaverei ausgeschlossen bleiben.

---

1) Aus: Henry Steele Commager: Documents, a.a.O., S. 418, Lincolns Brief an H. Greeley v. 22.8.1862
2) Vgl. Claudia D. Goldin: The Economics of Emancipation, in: Journal of Economic History, Vol. 33, No. 1, 1972, S. 66-86, bes. S. 84ff

Das Besiedlungswettrennen zwischen Nord und Süd in den Westgebieten ging jedoch weiter.[1] Zu einer bedrohlichen Verschärfung der Gegensätze zwischen den Nord- und Südstaaten kam es über die Frage, ob in den von Mexiko abgetretenen Gebieten die Sklaverei erlaubt oder verboten werden sollte. Durch den sogenannten "Großen Kompromiß von 1850" wurde noch einmal ein Ausgleich der Interessengegensätze erreicht. Kalifornien blieb sklavenfrei, in den anderen Gebieten (Arizona, Neu-Mexiko, Utah und Nevada) sollten die Siedler selbst über die Sklavenfrage entscheiden. Den Interessen der Sklavenbesitzer kam man mit einer Verschärfung des Sklavenfluchtgesetzes entgegen. 1854 erzwangen die Südstaaten die Aufhebung des Missourikompromisses durch den "Kansas-Nebraska-Act",[2] der das Prinzip der Squattersouveränität (Entscheidung der Bevölkerung über die Zulassung der Sklaverei) einführte und Pressionen von Nord und Süd auf die Bevölkerung auslöste.

4.) Die Opposition gegen den "Kansas-Nebraska-Act" führte zur Sammlung der sklavenfeindlichen Elemente in den Nordstaaten in der Republikanischen Partei, die sich 1860 mit der Wahl Abraham Lincolns zum Präsidenten der Union durchsetzen konnte. Mit der Wahl Lincolns, der das Präsidentenamt am 4. März 1861 antrat, ging die politische Führung der Union auf die Nordstaaten über, die sich zu einem modernen Industriestaat mit kulturellen und wirtschaftlichen Mittelpunkten (Boston, New York) zu entwickeln begannen, während die Südstaaten mit ihrer agrarischen, auf der Sklaverei basierenden aristokratisch-autoritären Gesellschaftsverfassung praktisch auf dem Kolonialzustand stehengeblieben waren. Lincoln erklärte in seiner Antrittsbotschaft, daß er sich nicht mit der in den Einzelstaaten "zu Recht bestehenden Sklaverei" befassen wollte, jede Aktion gegen die Autorität der Vereinigten Staaten als Rebellion angesehen wer-

---

1) Gerhard Schlott: Das Negerproblem, a.a.O., S. 11
2) Vgl. Henry Steele Commager: Documents, a.a.O., S. 331

de. Die Südstaaten antworteten mit der Erklärung ihres Austritts aus der Union und dem Zusammenschluß als "Konföderierte Staaten von Amerika". Am 12. April 1861 eröffneten die Konföderierten die Feindseligkeiten mit dem Angriff auf Fort Sumter.

5.) Die Sklaven-Emanzipation vollzog sich - bedingt durch den 5jährigen Bürgerkrieg und die verfassungsrechtlichen Bestimmungen - in mehreren Etappen. Am 1. Januar 1863 verkündete Lincoln die Befreiung aller Sklaven in den Rebellenstaaten. Die endgültige Abschaffung der Sklaverei in den Einzelstaaten konnte jedoch nur durch Verfassungszusätze (Amendments) vollzogen werden. Am 18. Dezember 1865 wurde mit dem XIII. Amendment die Sklaverei in dem gesamten Staatsgebiet der Union abgeschafft. Das XIV. Amendment von 1868 sicherte allen Bürgern der Vereinigten Staaten (also auch den Negern) Leben, Freiheit und Eigentum unter dem Schutz der allgemeinen, gleichen Rechtssprechung zu. Das XV. Amendment - 1870 in Kraft getreten - legte fest, daß niemandem seiner Rasse, Farbe oder seines früheren Sklavenstandes wegen das Wahlrecht verweigert werden durfte.[1)]

1.2 "Reconstruction", Segregation und Diskriminierung der Neger

Politisches Ziel der "Reconstruction" war die Demokratisierung - im Sinne des liberalen Gesellschaftsverständnisses - in der gesamten Union und die Durchsetzung der Sklavenemanzipation in den Südstaaten. Ihre Wiederaufnahme in die Union und die Wiederzulassung ihrer Vertreter in den Kongreß wurden von der Zustimmung jedes einzelnen Staates zu den in den Jahren von 1865 bis 1870 erlassenen Amendments zur Gleichstellung der Neger und zur Sicherung ihres Wahlrechts abhängig gemacht. Die Republikaner erhofften mit den Stim-

1) Vgl.: Henry Steele Commager: Documents, a.a.O., S. 147/148

men der Neger eine Majorisierung durch die Südstaatenvertreter im Kongreß verhindern zu können. Druckmittel lieferte die militärische Präsenz der Nordstaaten im Gebiet der ehemaligen Konföderierten. Institutionen wie das "Freedmen's Büro", das dem Kriegsministerium unterstellt war, verfolgten vor allem die kulturelle und wirtschaftliche Förderung der befreiten Neger und der armen, besitzlosen Weißen im Süden, den "poor whites".

In gewissem Umfang konnte so in den ersten Jahren nach dem Bürgerkrieg die aus der Sklaverei entlassenen Neger und die von der Vormachtstellung der Plantagenbesitzer befreiten "poor whites" politischen Einfluß gewinnen. Es gab schwarze Abgeordnete im Kongreß, im Senat und in den Stadtparlamenten sowie in lokalen Institutionen. In dieser Zeit wurden auch die ersten Negeruniversitäten eingerichtet.[1)]

Als jedoch das politische Ziel der Nordstaaten, die Stabilisierung des Stimmenverhältnisses im Kongreß zugunsten der Republikanischen Partei mit Hilfe der "western vote"[2)] erreicht war, nahm ihr Interesse an einer weiteren Demokratisierung der Südstaaten und der Verbesserung der rechtlichen und wirtschaftlichen Stellung der Neger ab. Die Stabilisierung der wirtschaftlichen und politischen Verhältnisse in den Südstaaten lag vor allem auch im Interesse der Industrie in den Nordstaaten, die nach Expansion und Gewinnung neuer Absatzmärkte strebte und politischen Frieden wünschte.[3)]

So kam es in den siebziger Jahren zu einem politischen Kompromiß zwischen den Nord- und den Südstaaten, der den an der Wiederherstellung der alten Machtverhältnisse interes-

---

1) Louis E., Lomax: The Negro Revolt, New York 1962, S. 9
2) Louis M. Hacker: The Triumph of American Capitalism, a.a.O., S. 345
3) "To achieve this grand intention, political peace was imperative. The South was permitted to redeem itself with the tacit consent of the Radicals." Louis M.Hacker: The Triumph of American Capitalism, a.a.O., S. 344

sierten Kräften im Süden freie Hand ließ, die den Schwarzen zugestandenen Rechte Schritt für Schritt wieder abzubauen. Mit mehr oder weniger gesetzlichen Mitteln, komplizierten Wahlreglements, aber auch durch Terror und Gewalt, wie durch den Klu-Klux-Klan[1)], wurden die Neger politisch ausgeschaltet und ihnen das Wahlrecht vorenthalten.

Dieser erneuten Entrechtung der Neger entsprach die sowohl den Süd- wie in den Nordstaaten geübte Praxis der sozialen Rassentrennung, der Segregation, die durch einzelstaatliche Gesetze und Polizeiverordnungen begründet wurde.[2)]

1896 verkündete der Supreme Court in einer rechtlichen Auseinandersetzung über segregierte Eisenbahnabteile, daß rassisch getrennte Einrichtungen nicht verfassungswidrig seien, wenn sie als gleichwertig gelten könnten ("seperate but equal" Theorie).[3)] Damit wurde die soziale Isolierung der Neger durch die sogenannten "Jim-Crow"-Gesetze bestätigt und höchstrichterlich legalisiert.[4)]

Die Begründung, die der Supreme Court für die Legalisierung der Rassentrennung gab - eine Entscheidung, die erst 1954 widerrufen wurde - enthält aufschlußreiche Erklärungen zur Rassenfrage, zur Diskriminierung der Neger durch den sogenannten Rassismus[5)], der jetzt vor allem in den Südstaaten,

---

1) Vgl.: Thomas F. Gossett: Race- The History of An Idea in America, Dallas 1963, bes. Kapitel XI: The Status of the Negro 1865-1915, S. 259ff
2) Vgl.: Henry Steele Commager: Documents, a.a.O., Vol.II, S. 2-6 "Black Codes"
3) Vgl. Gerhart Schlott, Das Negerproblem, a.a.O., S. 51
4) Der Begriff "Jim Crow" bezeichnete wahrscheinlich ursprünglich ein Sklavenlied. "In 1841 the term was applied to a railroad car set apart for Negroes in Massachusetts. After the emancipation ... the term was applied to all laws providing for the seperation of races in the South." Franklin Frazier: The Negro in the United States, New York 1957, S. 157
5) Zur Interpretation des Begriffs "Rassismus" vgl. Oliver Cox: Caste, Class, and Race, New York 1959, S. 321. Cox wendet sich gegen die These, daß Rassismus eine naturgegebene, universale Erscheinungsform sei, die losgelöst von einer bestimmten Gesellschaftsform und jeder histo-

aber auch in den von Negern bewohnten nördlichen Gebieten in Erscheinung trat.

Das Gericht unterscheidet bei seinen Entscheidungsgründen zwischen politischer Gleichheit der beiden Rassen, die durch das XIV. Amendment begründet wurde, und sozialer Gleichheit zwischen den beiden Bevölkerungsteilen.

> Es führt aus, durch das XIV. Amendment sei "nach Lage der Dinge" nicht beabsichtigt worden, durch die Hautfarbe bedingte Unterschiede abzuschaffen oder soziale Gleichheit - im Gegensatz zu politischer Gleichheit - durchzusetzen oder eine Vermischung beider Rassen "unter Bedingungen zu bewirken, die für beide Rassen unbefriedigend waren." Es sei ein Fehlschluß anzunehmen, daß die erzwungene Trennung der beiden Rassen die farbige Rasse als minderwertig abstempele. "Sollte dies so sein", so hieß es, "dann nicht auf Grund irgendeiner Bestimmung des Gesetzes, sondern ausschließlich deswegen, weil die farbige Rasse glaubt, das Gesetz so interpretieren zu müssen." Und weiter: "Wenn die beiden Rassen sich auf der Basis sozialer Gleichstellung treffen sollen, muß dies das Ergebnis einer natürlichen Wesensverwandtschaft, einer wechselseitigen Wertschätzung der Vorzüge des anderen und freiwilliger Zustimmung sein. "Wenn die zivilrechtlichen und politischen Rechte beider Rassen gleich sein, könne die eine Rasse im zivilrechtlichen und politischen Sinn" gegenüber der anderen nicht minderwertig sein. "Wenn eine Rasse gesellschaftlich unter der anderen steht, kann die Verfassung der Vereinigten Staaten sie nicht auf das gleiche Niveau stellen." 1)

Damit war gegenüber der schwarzen Bevölkerung eine eindeutige gesellschaftliche Abgrenzung erklärt und - wenn auch im Text der Gerichtsentscheidung als "Fehlinterpretation" der Neger selbst deklariert - die Überzeugung von der rassischen Minderwertigkeit der Farbigen hinreichend gekennzeichnet. Dem größten Teil der weißen Bevölkerung diente

---

rischen Entwicklung immer schon und bei allen Völkern bestanden hätte und schreibt dazu: "Studies in the origin of racism involve the study of development of an ideology, an approach which usually results in the substitution of the history of a system of rationalizations for that of a material fact."

1) Zit. nach Gerhart Schlott, Das Negerproblem, a.a.O., S. 51/52

diese Interpretation als Rechtfertigung für die gesellschaftliche Diskriminierung der Neger durch strenge Segregation, für ihre Beschäftigung nur in den untergeordneten Tätigkeiten mit geringem Lohn und schlechten Arbeitsbedingungen sowie für die Unterdrückung der Neger in politischer und rechtlicher Hinsicht trotz formaler Gleichberechtigung.

Die Entschlossenheit der weißen Bevölkerung, die Neger auf der untersten sozialen Stufe zu halten, war auch ökonomisch begründet. Bisher hatten 5 Millionen Sklaven im wesentlichen nur die großen Plantagenbesitzer im Süden berührt. Jetzt erschienen diese befreiten Sklaven als Konkurrenz auf dem Arbeitsmarkt. Das führte besonders in den Südstaaten, in denen zu dieser Zeit der größte Teil der Neger - 1910 waren es noch 91 %[1] - angesiedelt war, zu starken rassischen Spannungen vor allem mit den "poor whites".

1.3 Die "Great Migration" in die nördlichen Großstädte und die Entstehung der "schwarzen" Ghettos

Die nächste Zäsur in der Geschichte der schwarzen Amerikaner ist die als "Great Migration" bezeichnete Periode des Auszugs einer großen Zahl von Südstaatennegern in die Großstädte des Nordens. Diese Abwanderung, die mehrere Jahrzehnte hindurch anhielt, läßt sich seit etwa 1910 beobachten.

In der Wirtschaftsverfassung des Südens war durch die Ereignisse des Bürgerkriegs eine Strukturveränderung eingetreten. An die Stelle des Großplantagenbetriebs mit massiertem Einsatz von schwarzen Arbeitssklaven waren Mittel- und Kleinbetriebe getreten, die bald die vorherrschende Wirtschaftsform in der Landwirtschaft des Südens darstellten. Diese Strukturveränderungen und die zunehmende Mechanisie-

---

1) Vgl.: Karl E. Taeuber, Alma F. Taeuber: Negroes in Cities, Chicago 1965, S. 11

rung der Landwirtschaft, auch in der Baumwollproduktion, setzen Arbeitskräfte unter den Negern frei, die jetzt in die nördlichen Industriezentren drängten. Dazu trat 1913 eine Wirtschaftskrise, die den Süden schwer mit Arbeitslosigkeit traf und die Löhne herabdrückte.[1)]

In der Industrie des Nordens hingegen, die mit Beginn des Ersten Weltkrieges einen kräftigen Produktionsanstieg erlebte, trat bald ein fühlbarer Mangel an Arbeitskräften ein, da die Zahl der Einwanderer aus Europa infolge des Krieges drastisch zurückging. Die Einwanderungsquote fiel von einer Million im Jahre 1914 auf ungefähr 300 000 im Jahre 1915. Die Industriebetriebe im Norden waren dadurch gezwungen, ihren Bedarf an ungelernten Arbeitern aus dem Arbeitskräftereservoir im Inland zu decken, das jedoch gleichzeitig mit dem Rückgang der Einwandererzahlen eine weitere, spürbare Einengung durch die Mobilisierung in den USA (1917) erfuhr.[2)]

Das eröffnete den Südstaatennegern zum ersten Mal in größerem Maße den Zugang zur Industrie des Nordens und führte zur Abwanderung Hunderttausender von Negern aus den Südstaaten in die nördlichen Großstädte. Angelockt durch Handgelder nördlicher Anwerber[3)] glaubten viele von ihnen, sich in den Industriezentren des Nordens durch eigene Leistung einen besseren Status erarbeiten zu können. Sie hofften auf mehr Freiheit und eine menschenwürdigere Behandlung als ihnen im streng segregierten Süden zuteil geworden war. Tatsächlich bedeutete ihre Ansiedlung in den Städten des Nor-

---

1) Vgl.: Louis E. Lomax: The Negro Revolt, a.a.O., S. 39. Gunnar Myrdal: An American Dilemma, New York 1944, S. 182ff

2) "The draft of white workers, the stopping of immigration and the general prosperity forced Northern industries to turn actively to Negroes for new workers." Gunnar Myrdal: An American Dilemma, a.a.O., S. 193

3) Edward Margolis, Einleitung zu: William Attaway: Blood on the Forge, New York 1970, S. X, vgl. auch: Allan Spear: Black Chicago, a.a.O., S. 133

dens zunächst einen real besseren Lebensstandard in Relation zu dem eines Landarbeiters im Süden.

Einen ersten Höhepunkt erreichte diese Abwanderungsbewegung aus dem Süden in den Jahren 1916/17. Das Zusammenfallen beider Faktoren - der Kriegsproduktion und der Verknappung der Arbeitskräfte im Norden - eröffnete den Schwarzen aus dem Süden die Aussicht auf einen Arbeitsplatz, wie sie in der weiteren Entwicklung nicht wieder gegeben war. Während der Wirtschaftskrise zwischen den beiden Weltkriegen läßt sich eine rückläufige Tendenz verzeichnen, bis dann durch den wirtschaftlichen Aufschwung während des Zweiten Weltkrieges ein neuer Höhepunkt der Abwanderung aus dem Süden erreicht wurde.[1] Damals zog es auch zum ersten Mal eine größere Zahl der Schwarzen an die Westküste, da dort neue Schwerpunkte der Rüstungsindustrie entstanden waren.[2] Der weitaus größte Teil der Südstaatenneger wanderte jedoch in die nördlichen Gebiete.[3]

Diese Abwanderung der Südstaatenneger in die Großstädte des Nordens, die im ersten Jahrzehnt des 20. Jahrhunderts, bedingt durch die wirtschaftliche Entwicklung, stark anstieg, bedeutete indessen im Verständnis vieler Neger und auch Weißer nicht einfach eine zahlenmäßige Umschichtung der Negerbevölkerung. Bei vielen herrschte der Eindruck vor, daß mit dieser Wanderungsbewegung ein neuer Abschnitt in der Geschichte der Neger in den Vereinigten Staaten begann. Religiös denkende Neger betrachteten die Abwanderung als eine Art zweiten Exodus[4], und der "Christian Recorder" schrieb: "If a million Negroes leave the South for the North and West

---

1) Vgl. Tabelle im Anhang
2) Franklin Frazier: The Negro in the United States, a.a.O., S. 190
3) Vgl. Tabelle I im Anhang
4) "... some of the more religious of the migrants regarded themselves as participating in a second exodus, and they were joinded by innumerable others who read glowing accounts of life in the North in Negro newspapers... or in letters sent from persons in the North." Edward Margolis, a.a.O., S. XI

during the next year, it will be the greatest thing since the Emancipation Proclamation."[1]

Tatsächlich gewann das Rassenproblem mit dem Anwachsen der Binnenwanderung der Südstaatenneger als Folge der fortschreitenden Industrialisierung neue Aspekte:

1.) Die Rassenfrage rückte verstärkt auch in das Bewußtsein der Bevölkerung in den Nord- und Weststaaten und weitere sich zu einem nationalen Problem aus.

2.) Der damals allgemein einsetzende Prozeß der Urbanisierung der amerikanischen Bevölkerung erhielt neue Dimensionen durch den Zustrom der Südstaatenneger in die Großstädte des Nordens. Hatten 1910 noch 73 % der Neger auf dem Land gelebt, wohnten 1960 73 % in Städten.[2] Im Norden und später auch im Westen übertrafen die Schwarzen im Grad ihrer Urbanisierung die Weißen.[3] Im Laufe der späteren Entwicklung zeigte es sich, daß die Schwarzen hier dem anfänglichen Muster folgen und sich auf die Großstädte, die "metropolitan areas", konzentrieren.[4]

3.) Die Konzentration der Neger in den Industriezentren des Nordens als labiles, von der jeweiligen Arbeitsmarktlage abhängiges Potential überwiegend ungelernter Arbeitskräfte bewirkte das Entstehen der schwarzen Ghettos und eine zunehmende Brisanz der rassischen Spannungen.

4.) Das soziale Gefälle zu den Ghettobewohnern, die andauernde systematische Beschränkung der Lebensrechte der schwarzen Mitbürger durch die herrschende weiße Mehrheit löste immer stärkere und militantere Aktionen gegen das System des weißen Rassismus aus. Der schwarze Widerstand formierte sich in Erscheinungen wie der Bürgerrechtsbewegung und "Black Power". Aufstände in den Ghettos erschütterten die soziale Szene in den USA.

---

1) Zit. nach: Louis E. Lomax: The Negro Revolt, a.a.O., S.39
2) Vgl. Karl E. Taeuber, Alma F. Taeuber: Negroes in Cities, Chicago 1965, S. 14
3) Vgl. Tabelle im Anhang
4) Vgl.: K.E. Taeuber, A.F. Taeuber, Negroes in Cities, a.a.O., S. 1, S. 14, S. 56, Robert E. Forman: Black Ghettos, White Ghettos and Slums, New Jersey 1971 (Englwood Cliffs), S. 18

Hier ist zunächst der Vorgang der Ghettobildung in den amerikanischen Städten zu charakterisieren.
Vor der Massenabwanderung aus dem Süden hatten sich die Neger, die schon in den nördlichen Großstädten lebten, auf bestimmte Stadtteile konzentriert, die sich aber nicht wesentlich von den Wohngebieten anderer Minderheitengruppen, wie z.B. der Italiener oder der Polen unterschieden. Restriktionen gab es für die Schwarzen hauptsächlich in der Berufswahl, so daß sie fast ausschließlich als Hausangestellte oder in anderen Dienstleistungsberufen beschäftigt waren.
Da ihnen auch im Norden oft der Zugang zu weißen Organisationen, wie z.B. Kirchen oder Clubs, verwehrt war, gründeten sie ihre eigenen Einrichtungen. Zwar gab es auch jetzt schon Beschränkungen auf gewisse Wohngebiete, im Unterschied zu der Zeit nach der "Migration" waren die Grenzen dennoch durchlässig.[1)]

Mit dem Zustrom der Südstaatenneger veränderte sich auch die Situation der hier schon ansässigen Farbigen. Das Angebot an billigen Wohnungen war zu gering, um den Strom der Neuankömmlinge aufnehmen zu können. Die Weißen, die eine weitere Ausdehnung der schwarzen Wohngebiete zu verhindern suchten, antworteten mit repressiven Maßnahmen. Die Möglichkeit mißliebige Minderheiten aus der eigenen Nachbarschaft fernzuhalten, war gegeben, da der gesamte städtische Bodenbesitz in weißen Händen war. Praktiken wie die der "restrictive convenants"[2)] zielten darauf ab, die Neger systematisch auf bestimmte Stadtviertel zu beschränken.

Trotzdem ließ sich die weitere Ausdehnung der von den Negern bewohnten Stadtteile aufgrund der anhaltenden starken Zuwanderung nicht verhindern. Die wohlhabenden Weißen setzten sich auf der "Flucht" vor den Schwarzen in die Vororte der großen Städte ab, eine Bewegung, die seit etwa 1920 un-

---

1) Vgl. dazu: Allan Spear: Black Chicago, a.a.O., S. 6 und für ähnliche Bedingungen in New York: Gilbert Osofsky: Harlem - The Making of A Ghetto, New York 1963, sowie auch: R.E. Forman, Black Ghettos, a.a.O., S. 7ff
2) "restrictive convenants" meint die "... absolute Verfügungsbeschränkung gegenüber den Mitgliedern einer bestimm-

unterbrochen anhielt.[1)]

Vor diesem Hintergrund vollzog sich die Entstehung der schwarzen Ghettos und die Entwicklung der Ghettosituation als alternativlose Zuweisung des Lebensraums für die Mehrheit der schwarzen Amerikaner in den Städten.

In der historischen Entwicklung läßt sich eine Differenzierung in den nördlichen und südlichen Formen der Ghettobildung feststellen. So entstanden in den Südstaaten, die traditionell stärker segregiert waren als der Norden, zwar ausgesprochene Negerwohngebiete, aber ohne den zwanghaften Charakter, der im Norden zur Ghettobildung geführt hatte, denn hier gibt es auch heute noch gemischt-rassische Wohngebiete.[2)]

In engem Zusammenhang mit der Urbanisierung der Neger und dem Prozeß der Ghettobildung in den Großstädten steht die soziale Einstufung und die wirtschaftliche Situation des Negers in den neuen Wohngebieten. Mit der Zuwanderung von Millionen von Negern aus dem Süden in die nördlichen Industriegebiete wird deutlich, daß der "weiße Rassismus", die Diskriminierung und Unterdrückung der Neger, im Norden und Westen nicht weniger ausgeprägt ist als im Süden und vielfach auf den gleichen Voraussetzungen beruht. Wie zuvor im Süden gegenüber den "poor whites", so tritt der Neger jetzt

---

ten Rasse oder Minderheit." Bernd Rüster: Rassenbeziehungen in den USA, a.a.O., S. 242

1) Von 1960 bis 1970 wuchs die Zahl der Neger in den Städten um 3,8 Mill., von denen 3,2 Mill. auf die Stadtzentren entfielen. Dagegen verteilte sich der Zugang der Weißen im gleichen Zeitraum von 18,8 Mill. mit 15,5 Mill. auf die Vororte. Der Anteil der in den Vororten lebenden Neger lag 1950 bei rund 5 % und ist seitdem nicht signifikant angestiegen. Vgl. auch: William M. Dobriner: Class in Suburbia, New Jersey 1963, S. 64: "Cities are becoming increasingly concentrated to the non-white races... Flight to the surburbs may be a polite assertion of the principle of white supremacy." Vgl. auch: St. Clair Drake, Horace R. Cayton: BLACK Metropolis - A Study of Negro Life in a Northern City, New York 1962[3] bes. Teil I

2) Vgl. Kenneth Clark: Dark Ghetto, New York 1965, deutsche Übersetzung: Schwarzes Ghetto, Düsseldorf - Wien 1967, S. 40

in seiner Bereitschaft, zu billigstem Lohn zu arbeiten, in Konkurrenz zu der weißen Industriearbeiterschaft der nördlichen und westlichen Industriezentren und löst die gleichen rassischen Spannungen und Verhaltensweisen vor allem in den unteren Schichten der amerikanischen Bevölkerung aus, während die Weißen der gehobenen Schichten den Neger nicht in gleichem Maße als unmittelbare Konkurrenz auf dem Arbeitsmarkt betrachten.[1)]

An dieser Entwicklung zeigt sich ein soziostruktureller Mechanismus der Diskriminierung mit der Folge einer Ghettobildung. Solange der Neger als "servant" einen eindeutig untergeordneten Status einnimmt, wird er geduldet. Sobald er im freien Wettbewerb um den Arbeitsplatz auftritt, wird er bekämpft, d.h. durch soziale Diskriminierung in die Ghettobildung gezwungen. Dazu kam, daß die Neger im Zusammenhang mit ihrer Beschäftigung in der Industrie zum Teil bewußt als "Streikbrecher" eingesetzt wurden[2)] und in einem bestimmten Abschnitt ihrer Geschichte als "industrielle Reservearmee"[3)] fungierten. Das macht den Rassismus eines großen Teils der amerikanischen Arbeiterschaft, der sich noch in Formen wie dem bekannten "white backlash" der New Yorker Bauarbeiter manifestierte, verständlich. Der Rassismus wird vielleicht auf diesem Teilgebiet der Konkurrenz auf dem Arbeitsmarkt funktional deutbar als ein unter ökonomischen und sozialstrukturellen Prämissen stehender Mechanismus.

---

1) Vgl. dazu: Gunnar Myrdal: Das Wertproblem in den Sozialwissenschaften, Hannover 1965, S. 189
2) Allan Spear: Black Chicago, a.a.O., S. 36ff
3) Zum Begriff der "industriellen Reservearmee": "Sie verschlechtern durch ihre Axistenz die Arbeitsbedingungen der Gesamtarbeiterklassen: Löhne, Sicherheitsvorkehrungen, Rechte im Betrieb." Dorothea Peters: Farbige Revolution und Klassenkampf, Trikont, Nr. 26, München 1972, S. 12/13

1.4 Abgrenzung der Ghettosituation der Neger gegenüber anderen Minderheiten

Die bis heute andauernde Existenz der schwarzen Ghettos in den Großstädten des Nordens und Westens wirft die Frage auf, warum den Negern im Gegensatz zu fast allen anderen Völkergruppen, die in die Vereinigten Staaten kamen, die Assimilation nicht gelang.

Eingedenk der starken emotionalen Befrachtung des Begriffs "Assimilation" - der von Schwarzen kritisiert wird, soll darunter eine "Verschmelzung" unter Aufgabe einer eigenen Identität der schwarzen Minderheit verstanden werden[1] - meint "Assimilation" hier vielmehr die Angleichung von Lebenschancen im sozialen, wirtschaftlichen und politischen Bereich.

Vorurteile, feindliches und diskriminierendes Verhalten, Verdächtigungen, besonders auch gegenüber Katholizismus und Judentum, aber auch Gewalttätigkeiten gegenüber "Fremdstämmigen", waren schon vor dem Ersten Weltkrieg in der amerikanischen Gesellschaft in Erscheinung getreten.[2] Anfänglich gingen diese fremdenfeindlichen Antriebe hauptsächlich von der amerikanischen Arbeiterschaft aus, die den Druck auf das Lohnniveau fürchteten, den die am niedrigsten Lebensstandard ihrer Heimatländer orientierten Einwanderer vor allem aus Süd- und Osteuropa ausübten.

Ein weiteres fremdenfeindliches Motiv lieferte die imperialistische Bewegung der Zeit um die Jahrhundertwende: An-

---

1) Ähnlich wie der Begriff "Assimilation" sind auch die Bezeichnungen "Race Relations" oder "Accomodation" emotional belastet. Vgl. für die Diskussion der Verwendung dieser Begriffe auch im wissenschaftlichen Sprachgebrauch im Hinblick auf "assimilationist bias", der inzwischen aus den oben genannten Gründen von vielen Schwarzen abgelehnt wird: Nathan Hare: The Sociological Study of Racial Conflict, in: Phylon, Vol. 33, No. 1, 1972, S. 27ff

2) Zu den Ausführungen über Fremdenfeindlichkeit vgl. John Higham: Strangers in the Land - Patterns of American Nativism, 1860 - 1925, New York 1966

spruch und Überzeugung von der rassischen und kulturellen Überlegenheit des angelsächsischen-protestantischen Amerika über die "zurückgebliebenen Völker und Rassen."

In den zwanziger Jahren traten fremdenfeindliche Strömungen hinzu, die aus der Auseinandersetzung zwischen der an den alten Traditionen festhaltenden Bevölkerung und der modernen industriellen Gesellschaft resultierten. Im Gefolge der feindlichen Reaktionen des "alten, echten" Amerika gegen die neue urbane Gesellschaft mit all den Nebenerscheinungen, die die Großstadtszene zeigte, entstand eine Welle der Fremdenfeindlichkeit, die gerade auch gegen die fremdstämmigen Einwanderer gerichtet war, die sich bevorzugt in den Großstädten niederließen. Religiöse, aus dem neuenglischen Puritanismus stammende Vorbehalte gegenüber den vorwiegend katholischen Einwanderern ließen Befürchtungen einer möglichen Überfremdung des protestantisch-angelsächsischen Amerika durch romanisch-katholische Bevölkerungsgruppen aufkommen. Ausdruck dieser fremdenfeindlichen Strömungen war auch die Neugründung des Klu klux Klans, der im Süden und Westen der Staaten zu einem neuen Höhepunkt seiner Macht gelangte, sich aber jetzt vorwiegend gegen Fremde und Katholiken richtete.

Erst mit dem New Deal setzte dann in den dreißiger Jahren eine Bewegung ein, die den Anspruch erhob, die Integration der ethnischen, religiösen, rassischen Minderheiten als vollwertige Mitglieder der amerikanischen Gesellschaft zu fördern.

Der Assimilierungsprozeß der fremdstämmigen Bevölkerungsgruppen war also keineswegs durch die äußeren Umstände begünstigt. Allerdings begegneten die vorwiegend aus Europa stammenden Einwanderungsgruppen auch keiner der Situation der Neger vergleichbaren rassischen Diskriminierung. Vorurteile und Fremdenfeindlichkeit, die ihnen entgegengebracht wurden, konnten ihren Aufstieg aus den Slums zwar verzögern, aber nicht aufhalten. Zumindest in der zweiten oder dritten

Generation hatten diese Einwanderer - ob Iren, Skandinavier, Deutsche, Polen oder Italiener - einen besseren Status erreicht und schafften die Loslösung aus den Slums.[1] Für sie stellte das Ghetto nur Durchgangsstation bis zu ihrer Integration in die amerikanische Gesellschaft dar.

Zu den wenigen fremdstämmigen Bevölkerungsgruppen, denen die Assimilation bis heute nur in beschränktem Maße gelang, gehören die Nachkommen der Ureinwohner Amerikas, die Indianer, die auch heute noch zu einem großen Teil in den Reservaten leben. Sie sind jedoch mehr in der Tradition der "Kolonialvölker als der Minderheiten"[2] zu sehen. Im Gegensatz zu den Negern, die nach der Sklavenbefreiung die Integration als wesentlichstes Ziel anstrebten und die Weißen als Vorbild ansahen, widersetzten sich die Indianer von Anfang an der Anpassung und erschöpften sich in einem aussichtslosen Kampf gegen die weiße Vorherrschaft. Sie schalteten sich damit selbst aus der amerikanischen Gesellschaft aus und erlangten auch später keine funktionale Bedeutung als Arbeitskräfte wie die Neger. Ihre Situation in den Reservaten unterliegt daher einer anderen sozialen Dynamik als die der schwarzen Ghettos, da sie von vornherein an die Hilfeleistungen des administrativen Systems gebunden waren und auch heute noch sind.[3] Im Rahmen der Entwicklung ethnischer Freiheitsbewegungen in den USA, die in den sechziger Jahren begann, suchten sich auch die Indianer als Minderheitsgruppe mit einer "Indian-Power"-Bewegung zu profilie-

---

1) Es bestanden jedoch auch zwischen den verschiedenen europäischen Einwanderergruppen deutliche Unterschiede hinsichtlich des Zeitpunkts, der Art und der Stufenleiter ihres sozialen Aufstiegs in den USA. Besonders irische Einwanderer konnten lange Zeit die niedrige soziale Stellung, die sie schon zu Beginn ihrer amerikanischen Geschichte einnahmen, nicht überwinden. Vgl. für die Situation der Einwanderer etwa in der Stadt Boston von 1880-1970: Steven Thernstrom: The Other Bostonians - Poverty and Progress in the American Metropolis, 1880-1970, Cambridge, Mass. 1973

2) Emerich K. Francis: Minderheitenforschung in Amerika, in: Kölner Zeitschrift für Soziologie und Sozialpsychologie, 9. Jahrg. 1957, S. 531

3) Vgl. Leo L. Mathias: Die Kehrseite der USA, Reinbek/Hamburg 1971[2], S. 287ff

ren. Mit spektakulären Aktionen wie der Besetzung der ehemaligen Gefängnisinsel Alcatraz und "Demonstrationen für die Freigabe von Fort Lawton und Ford Lewis durch die Armee zum Bau eines indianischen Kulturzentrums erregten sie im Winter 1969/70 erstmals weites Aufsehen."[1)]

Eine Minderheitengruppe, die in den Städten wie New York oder Chicago unter ähnlichen Bedingungen wie die Schwarzen lebt, sind die Puertoricaner. In der wirtschaftlichen Aufschwungsphase nach dem Zweiten Weltkrieg als Arbeitskräfte benötigt, wurden sie veranlaßt, die amerikanische Provinz Puerto-Rico zu verlassen und Arbeitsplätze auf dem Festland zu suchen. Die Situation der Puertoricaner weist Parallelen zu der Entwicklung der schwarzen Ghettos auf - zumal auch sie als "citizen" keinem Einwandererstopp unterlagen[2)] -, nur eben mit dem wichtigen Unterschied in der Zeitdimension. An der Ostküste gab es darüberhinaus keine eigenständige puertoricanische Gemeinde wie bei den Schwarzen vor der Industrialisierung, sondern die Puertoricaner kamen in die schon existierende Gettosituation. Als Zuletztgekommene mußten sie sich auch noch mit den Negern auseinandersetzen.

Im Vergleich zu diesen Einwanderer- und Minderheitengruppen - auf andere Gruppen wie die mexikanische, die chinesische und die japanische Minderheit soll hier nicht besonders eingegangen werden - wird deutlich, daß Ausgangsposition und Assimilierungschancen der größten Minderheitengruppe, der Neger, doch wesentlich anders gelagert waren und es immer noch sind. Die Möglichkeiten zum sozialen Aufstieg, die den weißen Einwanderern gegeben waren, die keiner rassischen Diskriminierung unterlagen, blieben dem überwiegenden Teil der Neger bis in die jüngste Zeit weitgehend verschlossen. Der mangelhafte Zugang zu besseren

---

1) V. Brandes/Joyce Burke: U.S.A., a.a.O., S. 234
2) Vgl.: Joseph P. Fitzpatrick: Puerto Rican Americans - The Meaning of Migration To The Mainland, Englewood Cliffs, New Jersey 1971, S. 14ff

Ausbildungsmöglichkeiten bewirkte, daß die Mehrzahl der schwarzen Amerikaner nur geringwertige Arbeitsplätze auf niedrigster Lohnstufe erhielten. Schlechte Wohnverhältnisse und schlechtes Lebensmilieu waren die Folge. Eine echte Chance für den sozialen Aufstieg, eine Lösung aus dem Ghettozwang und die Integration in die amerikanische Gesellschaft war zu keiner Zeit für die Negerminderheit gegeben.

Die heutige Situation des Negers kann jedoch - in Abgrenzung zu anderen Minderheiten - nicht allein in seiner materiellen Verelendung sowie auch in einer sozialen Isolierung durch das Ghetto gesehen werden. Auch der menschliche Aspekt ist zu berücksichtigen. Die Neger kamen am Beginn ihrer amerikanischen Geschichte nicht als Einwanderer, die in der "Neuen Welt" ihr Glück machen wollten, sondern wurden zwangsweise als Arbeitssklaven unter "Verletzung ihrer heiligsten Lebens- und Freiheitsrechte" (vgl. S. 3/4) nach Amerika deportiert.[1] Als Sklaven galten sie nicht als Menschen, sondern hatten nur einen "sachenrechtlichen" Status, bei der Berechnung der Abgeordnetensitze im Repräsentantenhaus zählten sie als "3/5-Personen" (vgl. S. 4). Nach der offiziellen Emanzipationserklärung unterlagen sie erneuter Entrechtung durch die Praxis der Segregation.

Die Erwartungen der schwarzen Amerikaner, diesem -, durch die weitgehende Abtrennung von der weißen Bevölkerung in den öffentlichen und privaten Lebensbereichen bedingten - Sonderstatus im Norden der USA entkommen zu können, erfüllten sich jedoch auch nach dem Auszug aus dem Süden nicht. Denn wie die weitere historische Entwicklung zeigte, kamen sie auch hier von neuem in eine Ausnahmeposition - eine Ghettosituation.

---

1) Vgl. dazu: Emerich K. Francis: Ethnos und Demos, Berlin 1965, S. 139/140

2. Zur Situation in den schwarzen Ghettos

Die schwarzen Ghettos entstanden als Folge wirtschaftlicher und sozialer Entwicklungen im Zusammenhang mit der Urbanisierung der Neger in den Großstädten des Nordens. Armut und soziale Isolierung der Bewohner waren von Beginn an die wesentlichen Strukturelemente des schwarzen Ghettos. Die enge Beziehung zwischen ökonomischer Benachteiligung und sozialer Diskriminierung der Neger blieb auch in der Folgezeit charakteristisch für das Ghetto und kennzeichnet noch immer die Ghettosituation.

Seit etwa 1964 gewann jedoch eine neue Bewegung zusätzlichen Einfluß auf das Ghetto und verändert seine Dynamik: Nachdem auch im Rahmen der Bürgerrechtsbewegung keine Änderungen hinsichtlich der Lebensbedingungen in den Ghettos durchgesetzt werden konnte, formierte sich der "schwarze Widerstand" und fand unter den enttäuschten Ghettobewohnern zunehmend Beachtung und Gefolgschaft.

2.1 Ökonomische und soziale Restriktionen

Die Situation in den Ghettos ist gekennzeichnet durch hohe wirtschaftliche Instabilität. Die Binnenwanderung der Neger zu Beginn des 1. Weltkriegs vom Süden in die nördlichen Großstädte war ausgelöst worden durch den Arbeitskräftemangel in den Industriezentren aufgrund des Rückgangs der Einwandererzahlen. Die wirtschaftliche Lage der Neger besserte sich zwar zunächst durch den großen Bedarf an Arbeitskräften, gleichzeitig geriet dieses bald nach Millionen zählende Potential ungelernter Arbeiter, die sich in den Großstädten niederließen, aber auch in verhängnisvolle Abhängigkeit von dem für die amerikanische Wirtschaft charakteristischen Wechsel zwischen wirtschaftlicher Prosperität und Rezessionen. Die Neger wurden Spielball dieser konjunkturellen Auf- und Abstiegsbewegungen.

Das zeigte sich schon bald nach dem 1. Weltkrieg. In der Rezession der zwanziger Jahre verloren viele Ghettobewohner die Arbeitsplätze wieder, die Ziel ihrer Zuwanderung aus dem Süden gewesen waren. Die Wirtschaftskrise 1929, die eine lange Depression auslöste, ließ die Zahl der Arbeitslosen unter den Negern weiter anwachsen. Der New Deal brachte z.T. auch den schwarzen Arbeitern gewisse Erleichterung, konnte aber ihre wirtschaftliche Lage nicht entscheidend ändern. Der 2. Weltkrieg vermehrte dann zwar das Angebot an Arbeitsplätzen wieder, setzte aber erneut eine Wanderungsbewegung der Neger in Industriezentren in Gang, förderte damit aber auch die unerträgliche Überfüllung der Ghettos und vergrößerte zugleich auch das Heer derer, die bei einem Konjunkturabschwung als erste ihren Arbeitsplatz einbüßen würden. Koreakrieg und Vietnamkrieg besserten die allgemeine Beschäftigungslage, die schwarzen Ghettos hatten jedoch kaum Anteil daran.[1)]

Zu der konjunkturell bedingten Arbeitslosigkeit trat ein weiterer Umstand, der die Chancen der ungelernten schwarzen Arbeiter minderte. Durch die technologische Entwicklung wuchs der Bedarf an qualifizierten Arbeitskräften, sanken die Chancen ungelernter Arbeiter auf Beschäftigung.[2)] Noch heute üben Farbige nur 2,5 % der technischen Berufe aus, die in den kommenden Jahren am meisten gefragt sein werden.[3)]

Besonders sind durch diese Entwicklung die schwarzen Jugendlichen benachteiligt, die 1972 33,5 % der Arbeitslosen stellen gegenüber 14,2 % der weißen Jugendlichen.[4)] Diese

---

1) Vgl.: Brandes/Burke: USA, a.a.O., S. 100
2) Schon für die Zeit von 1940 wies Myrdal auf die zunehmende Verschärfung des Arbeitslosenproblems gerade für die Mehrheit der schwarzen Amerikaner durch die fortschreitende technologische Entwicklung hin. Vgl.: Gunnar Myrdal: An American Dilemma, a.a.O., S. 297, S. 206/207
3) Harry L. Miller, Majorie B. Smiley: Education in the Metropolis, New York 1967, S. 11
4) Zahlen aus: The Social And Economic Status of The Black Population in the United States, 1972, U.S. Dep. of Commerce, Washington D.C., S. 39. Die Quote der schwarzen Jugendlichen stieg beständig: 1967 = 26,3 %, 1970 = 29,1 %, 1971 = 31,7 %.

Zahlen ergänzen jedoch nur den Anteil der gesamten Ghettobevölkerung an der Arbeitslosenrate, der schon immer etwa doppelt so hoch war wie in der übrigen Gesellschaft.

Ungünstig für die Beschäftigungslage der Ghettobewohner wirkte sich auch ein Standortwechsel der Industriebetriebe aus.[1] Die Abwanderung vieler Produktionsstätten aus den großen Städten in außerstädtische Industriezentren nahm den großstädtischen Ghettos den Vorteil des örtlich unmittelbar verfügbaren Arbeitskräftereservoirs.

Alle diese Umstände bewirkten eine ständige wirtschaftliche Unsicherheit und machen Arbeitslosigkeit zu einem wesentlichen Merkmal der schwarzen Ghettos.

Für das Ghetto ist aber nicht nur eine überdurchschnittlich hohe Arbeitslosigkeit charakteristisch; die Masse der Ghettobewohner gehört auch zu den am schlechtesten bezahlten Berufsgruppen und unterliegt damit einer ausgeprägten ökonomischen Benachteiligung.

Überdurchschnittliche Arbeitslosigkeit und Arbeitsverdienste auf der untersten Ebene der Lohnskala ergeben dann für die Ghettobewohner ein Durchschnittseinkommen, das tief unter dem allgemeinen Niveau liegt.

Ein weiterer Aspekt, der die Situation in den Ghettos kennzeichnet, sind soziale Restriktionen als Folge der Armut sowie die soziale Isolierung. Von diesem Prozeß sind alle Bereiche des Ghettos betroffen: der private Bereich der Fa-

---

1) "It is this thirty years ago the essential polarity was between what was called the "urban enterprise" and the 'rural life'. Now, the polarity that defines the situation is the inner city, or the city as enlarged ghetto on one hand; and suburban enterprise, or the country as the industrial enterprise on the other." Irving L. Horowitz: "Seperate But Equal" - Revolution and Counterrevolution in the American City, in: Social Problems, Vol. 17, No. 3, 1970, S. 294. "Eine Studie des Carnegie-Instituts von 1970 enthält die Schätzung, daß im nationalen Durchschnitt der USA etwa 80 % der neugeschaffenen Arbeitsplätze während der letzten zehn Jahre außerhalb der Städte entstehen und daß deshalb 1975 mit einer bis

milie[1], der Wohnung, der Gesundheit ebenso wie der öffentlichen Einrichtungen: Schulen, Krankenhäuser, Versorgungseinrichtungen, hygienische Verhältnisse. Die Realität in den schwarzen Ghettos weist alle Strukturmerkmale großstädtischer Slums auf: überdurchschnittlich hohe Kriminalität (insbesondere auch Jugendkriminalität), Verwahrlosung, Rauschgifthandel, Prostitution usw. und als Folge Verzweiflung und Auswegslosigkeit der Slumbewohner. Das soziale Gefälle zu den anderen Wohnbezirken der Stadt, das diese Zustände bewirken, verstärkt dann noch die bereits durch die Segregation gegebene soziale Isolierung des Ghettos.

Es kann hier nicht das umfangreiche statistische Material ausgebreitet werden, das die wirtschaftliche Instabilität, den Umfang der Arbeitslosigkeit, die ökonomische Benachteiligung sowie die soziale Diskriminierung und Isolierung des Ghettos im einzelnen belegt. Bei der Darstellung der theoretischen und praktischen Lösungsversuche des Ghettoproblems und der Analyse der Strukturbedingungen in den schwarzen Ghettos wird auf dieses Datenmaterial noch einzugehen sein.[2]

Vordringlich für eine allgemeine Wertung der Ghettosituation erscheint zunächst die Feststellung, daß die Ghettoszene offenbar vorwiegend von den ökonomischen Bedingungen und der damit in enger Verbindung stehenden sozialen Diskriminie-

---

fünfmal höheren Arbeitslosenquote in den Stadtzentren als außerhalb zu rechnen ist." Bernd Rüster: Rassenbeziehungen in den USA, a.a.O., S. 251

1) "... eine der unvermeidlichen Folgen der Arbeitslosigkeit und des Handarbeiterstatus des städtischen Negers ist die Brüchigkeit der Familie ... zerrüttete Familien und Armut bedeuten in der Regel auch Angewiesensein auf öffentliche Fürsorge ..." Kenneth Clark: Schwarzes Ghetto, a.a.O., S. 160

2) Einschränkend ist allerdings zu sagen, daß im Rahmen dieser Arbeit Daten mehr eine illustrative Funktion haben und es sich in der Analyse der Strukturbedingungen notwendig um eine Abstraktion von unterschiedlichen "realen" Ghettosituationen handelt, die sich auf deren zentrale Merkmale beschränken wird.

rung geprägt wird, so daß das Ghettoproblem sich weniger als ein "Rassenproblem" denn als ein Problem strukturell bedingter Armut darzustellen scheint.

2.2 Ghettorebellion und Formierung des "schwarzen Widerstandes"

Der 17. Mai 1954 und der 4. Juli 1964 markieren zwei bedeutsame Etappen auf dem Wege zur rechtlichen Gleichstellung der Neger in den öffentlichen Bereichen.

1954 erklärte der Supreme Court die Rassentrennung in öffentlichen Schulen für verfassungswidrig und verwarf damit die im Fall Plessy getroffene Entscheidung.[1)]

1964, zehn Jahre später, hoben die Bürgerrechtsgesetze die Segregation auch in anderen öffentlichen Einrichtungen (Verkehrsmittel, Restaurants, Hotels, kulturelle und sportliche Veranstaltungen usw.) auf und verboten diskriminierende Maßnahmen gegenüber der Negerbevölkerung bei Wahlen, bei Aufnahme in Gewerkschaften, bei der Einstellung von Arbeitnehmern und in einigen anderen Bereichen.[2)]

Diese Erfolge waren im wesentlichen durch die Bürgerrechtsbewegung unter Führung der NAACP (National Association für the Advancement of Coloured People) erreicht worden. In der NAACP und den ihr nahestehenden Negerorganisationen waren der schwarze Mittelstand und weiße Liberale führend[3)], während die Bürgerrechtsbewegung das "schwarze Proletariat nur begrenzt mobilisierte."[4)]

Für die Situation in den schwarzen Ghettos im Norden hatte die Aufhebung der Segregation in Schulen und anderen öf-

---

1) Vgl. S.
2) Vgl.: Henry Steele Commager: Documents of American History, New York 1973⁹, S.
3) Louis Lomax: The Negro Revolt, a.a.O., S. 105, S. 179ff
4) Vgl. Brandes/Burke: USA, a.a.O., S. 87 sowie: Hanes Walton Jr.: Black Politics; Philadelphia, New York, Toronto, 1972, besonders Kapitel XII, S. 209ff, S. 214

fentlichen Bereichen sowie die Sicherung des Stimmrechts der Neger keine wesentliche Bedeutung. Diese Maßnahmen konnten die elenden Lebensbedingungen in den Ghettos nicht ändern: "... with the problem of the ghetto and urban areas increasing, it was obvious that new channels of access to change would emerge or be created. Finding themselves barred from legitimate access to the ladder of achievement or in a political, social, and economic structure that 'effectively prevented them from utilizing not only legitimate channels of opportunity, but criminal and illegitimate channels as well', black urbanites resorted to acts of violence to achieve their needs."[1)]

So kam es gerade im Sommer 1964, als man sich mit der Verabschiedung des Bürgerrechtsgesetzes eine Beruhigung der rassischen Spannungen versprach, zu schweren Unruhen in zahlreichen schwarzen Ghettos, die einen "heißen Sommer" herbeiführten. Seit 1964 ereigneten sich dann Jahr für Jahr Aufstände in den Ghettos, die blutige Auseinandersetzungen mit Polizei und Nationalgarde, Plünderungen und Brandstiftungen in den Geschäften der weißen Ladenbesitzer auslösten. Nach dem Mord an Martin Luther King 1968 kam es in 120 amerikanischen Städten zu Aufständen der Neger. 1969 und in den darauffolgenden Jahren flauten die Ghettorebellionen dann bis auf vereinzelte Erhebungen ab.[2)]

Wie aus dem Bericht der U.S. Riot Commission hervorgeht, die von Präsident Johnson mit dem Auftrag eingesetzt worden war, die Ursachen der Ghettorebellionen zu untersu-

---

1) Hanes Walton Jr.: Black Politics, a.a.O., S. 214. Hanes bezieht sich hier auf den Aufsatz von Lewis Coser: Some Social Functions of Violence, in: The Annals, No. 362-367, März 1966, S. 10

2) Vgl. Brandes/Burke: Now - Der schwarze Aufstand, München 1968, S. 107-110

chen[1]), waren diese Aufstände nicht politisch organisiert, sondern brachen spontan aus. Die Ursache für die Unruhen wurde von der Kommission auf die unerträglichen Lebensbedingungen in den Ghettos zurückgeführt. Auslösender Faktor war der soziale Spannungszustand in den Ghettos, direkter Anlaß zumeist eher alltägliche Konfrontationen mit der Polizei.[2])

Das Abflauen der Aufstände in den schwarzen Ghettos seit etwa 1969 war hauptsächlich auf die Perfektionierung des Polizeiapparates zur "Pazifierung" der Ghettos zurückzuführen. Spezielle Polizeieinheiten mit besserer psychologischer Ausbildung für einen umsichtigeren Einsatz in den Ghettos wurden aufgestellt. Rechtliche Grundlage für diese Maßnahmen lieferte ein 1968 vom Kongreß verabschiedetes Bürgerrechtsgesetz, das durch Änderungen im § 231 ("Civil Disorders") des Strafgesetzbuches den Behörden die Handhabe bot, gegen die schwarzen Aufständischen mit aller Schärfe vorzugehen.[3])

Diese rechtsstaatlichen und polizeilichen Vorkehrungen zur Unterbindung der Ghettorebellionen wurden flankiert von wohlfahrtsstaatlichen Maßnahmen. 1964 wurde von der Regierung Johnson der "Krieg gegen die Armut" eingeleitet, der sich allerdings nicht speziell auf die Schwarzen bezog, sondern generell das "Paradox von Armut inmitten von Überfluß"[4]) in Amerika beheben sollte. Das Konzept Johnsons einer "Great Society" schloß jedoch ausdrücklich die Situation der Neger

---

1) Report of the National Advisory Commission on Civil Disorders, New York 1968 (Kerner-Kommission)
2) Vgl.: Kerner-Kommission, a.a.O., S.
3) Vgl.: Henry St. Commager: Documents of American History, a.a.O., Bd. II, S. 725, sowie: Manuela du Bois-Reymond: Strategien kompensatorischer Erziehung, a.a.O., S. 29
4) "It is, therefore, the policy of the United States to eliminate the paradox of poverty in the midst of plenty in this nation by opening to everyone the opportunity for education and training, the opportunity to work, and the opportunity to live in decency and dignity." Economic Opportunity Act von 1964, zit. nach: Henry St. Commager: Documents, 1973[9], Bd. II, S. 691

ein. In seiner Antrittsrede am 8.1.1964 stellte Johnson fest, einige Amerikaner lebten infolge ihrer Armut "am Rande der Hoffnung", andere infolge ihrer Hautfarbe, "und nur allzu viele aus beiden Gründen."[1]

Durch die Eskalation im Vietnamkrieg wurden jedoch die beabsichtigten sozialen und ökonomischen Hilfeleistungen für die "am Rande der Hoffnung" lebenden Amerikaner, darunter auch die Ghettobewohner, bald stark eingeschränkt. Wohlfahrtsunterstützungen und Hilfsmaßnahmen im Rahmen der Anti-Armutsprogramme wurden gekürzt.[2] "Die außerordentlichen Aufwendungen für die Rüstung und speziell den Vietnamkrieg haben ... das amerikanische Budget so belastet, daß die Ansätze für innere Reformen weit hinter dem Notwendigen zurückbleiben."[3] Eine entscheidende Besserung in den Lebensverhältnissen der Ghettobewohner konnten durch die Anti-Armutsprogramme nicht erreicht werden.

Für die Kennzeichnung der Situation in den schwarzen Ghettos sind auch Veränderungen zu berücksichtigen, die seit den sechziger Jahren im Eigenverständnis und in den Zielsetzungen der Negerorganisationen in den Vordergrund rückten.

Mit der Ermordung Martin Luther Kings, des Hauptrepräsentanten der Bürgerrechtsbewegung und des gewaltlosen Widerstandes gegen die Rassendiskriminierung, ging diese Bewegung einem Ende zu. Neue, radikalere Konzeptionen gewannen in den z.T. miteinander revalisierenden Negerorganisationen an Einfluß. Ziel der Bürgerrechtsbewegung war die Integration der schwarzen Minderheit in die amerikanische Gesellschaft mit friedlichen Mitteln - Konfrontation, Abkehr vom Prinzip der Gewaltlosigkeit um jeden Preis und Abgrenzung gegenüber der gegenwärtigen gesellschaftlichen Verfassung

1) Zit. nach: G. Schlott: Das Negerproblem, a.a.O., S. 29
2) Vgl. Brandes/Burke, USA - Vom Rassenkampf zum Klassenkampf, a.a.O., S. 125
3) Gerhard Schlott, Das Negerproblem in den USA, a.a.O., S. 29

der Vereinigten Staaten wurde Programm der radikaleren Negerführer und -organisationen.

Die bereits seit 1934 bestehende Organisation der "Black Muslims" nahm zunächst eine Führungsrolle in dem Prozeß der Formierung des "schwarzen Widerstandes" ein. Im Sommer 1966 proklamierte Stokely Carmichael die Parole "Black Power", die zum "populärsten politischen Slogan der amerikanischen Neger wurde"[1] und von verschiedenen Negerorganisationen - so vor allem von der 1966 als politische Partei gegründeten Bewegung "Black Panthers" - aufgenommen und zur Basis ihrer politischen Aktivitäten entwickelt wurde.

Für die Situation in den schwarzen Ghettos hat die mit dem Slogan "black power" ausgelöste Entwicklung sowohl eine psychologische wie auch eine politische Dimension, die sich jedoch nicht voneinander trennen lassen. So wird als Hintergrund und innerer Antrieb der Ghettoaufstände vielfach ein Akt der "kollektiven psychischen Selbstbefreiung"[2] gesehen. Die "riots" in den schwarzen Ghettos sind nach dieser Auffassung Ausdruck des Bestrebens der Neger, "nicht nur das äußere, sondern auch das innere Ghetto" niederzubrennen, "das die Weißen in ihrem Bewußtsein befestigt haben: das Ghetto der Selbsterniedrigung und Selbstunterdrückung."[3]

Dieser durch die Black-Power-Bewegung ausgelöste Prozeß innerer Selbstbefreiung der Neger führte aber auch zu einem "Abbau" des bisher im Bewußtsein der amerikanischen Neger dominierenden Gefühle der "Angst vor der Allmacht der Weißen.[4] Dieser "Angst-Abbau" wird als ein auch für die Ghettosituation der amerikanischen Neger bedeutsamer Vorgang angesehen: "Die Schleifung ihrer Angst aber, die sie wie in

---

1) Vgl. Peter J. Opitz: Black Power - Symbol and Symptom einer Entfremdung, a.a.O., S. 183
2) Vgl. Brandes/Burke: USA, a.a.O., S. 128
3) Vgl. Reinhold Schneider: Revolution der Sprache, Sprache der Revolution, in: Malcolm X: Schwarze Gewalt-Reden, Frankfurt/Main - Berlin, 1968, S. 42
4) Peter J. Opitz: Black Power, a.a.O., S. 197

einem inneren Ghetto gefangen hielt und an der Entfaltung ihrer Fähigkeiten ebenso hinderte wie an der Einforderung ihrer Menschenrechte, ist eine der wichtigsten Voraussetzungen für die Schleifung der äußeren Ghettos."[1]

In der politischen Dimension läßt sich damit die zunehmende Militanz auch als "Signalfunktion" verstehen[2]. Bisher benachteiligte ökonomisch schwache Gruppen, denen die Möglichkeiten zur Durchsetzung eigener Interessen weitgehend versperrt sind, versuchen so außerhalb etablierter politischer Institutionen, die bestehende Ordnung qualitativ herauszufordern.

Der bis dahin weitgehend als gegeben vorausgesetzte "Konsensus" der amerikanischen Staatsbürger über Wertvorstellungen und die Legitimität des Systems - "We can clearly say that in a liberal society the only type of antagonism to democracy that can appear is the antagonism of the upper middle class and that in such a society the upper middle class is robbed of the capacity to implement it"[3] - wurde nicht zuletzt durch diese Bewegung Mitte der sechziger Jahre offen in Frage gestellt. Wenn auch der überwiegende Teil der schwarzen Amerikaner in ihren Verhaltensweisen und Einstellungen an diesem "Konsensus" teilhaben, so bestand die Signalfunktion der "riots" auch darin, offenkundig zu machen, daß viele von ihnen nicht material darin einbezogen sind.

---

1) Peter J. Opitz: Black Power, a.a.O., S. 197
2) Vgl.: Hanes Walton Jr.: Black Politics, a.a.O., S. 215
3) Louis Hartz: The Liberal Tradition of America, New York 1955, S. 96

3. Zum Begriff "Ghetto"

Die folgenden Überlegungen zu den in der Literatur vorliegenden Ghettodefinitionen sollen zu einer vorläufigen Klärung des hier zugrunde gelegten Ghettobegriffs führen. Dabei ist jedoch nicht beabsichtigt, abschließend alle Aspekte, seien es situationsspezifische oder strukturelle, die das Ghettoproblem, zumal noch in regional unterschiedlichen Ausformungen, ausmachen, aufzugreifen, sondern die Begriffsbestimmung soll auf allgemeine Charakteristika des schwarzen Ghettos beschränkt bleiben.

Seit Beginn des 20. Jahrhunderts wird in soziologischen Untersuchungen über Minderheiten in den USA das Wort "ghetto" verwandt. Besonders in der Tradition der Chicagoer Schule[1] wurde "Ghetto" zum Begriff für das Lebensgebiet ethnischer oder religiöser Minderheiten. Robert E. Park schlug vor, den Ghettobegriff zu erweitern: Für die Minderheitenforschung sollte darunter nicht mehr die gesetzlich festgelegte Trennung von Wohngebieten, wie bei der herkömmlichen Bedeutung jüdischer Gettos verstanden werden, sondern vorrangig der Aspekt des "self-imposed" Ghettos[2].

Durch diese Betonung des freiwilligen Zusammenschlusses sollte die Funktionalität einer Ghettosituation in bezug auf den Aspekt des "ethnic group attachements"[3] gesehen werden: "'Ghetto', as it is here conceived is no longer a term that is limited in its application to the Jewish people. It has come into use recently as a common noun - a term which applies to any segregated racial or cultural group. The ghetto as it is here conceived owes its existance not to legal enactment, but to the fact that it meets a need and performs a social function. The ghetto is ...

---

1) Vgl.: Robert E. Park: Einleitung zu Louis Wirth: The Ghetto, Chicago 1928, S. v ff
2) ebd.
3) Vgl. dazu: Karl E. Taeuber, Alma F. Taeuber: Negroes in Cities, a.a.O., S. 23

one of the so-called 'natural areas' of the city."[1]
Diese Bestimmung des "Ghettos" scheint jedoch für die schwarzen Ghettos nicht mehr auszureichen.

In seiner heutigen Form läßt sich das Ghetto nicht mehr primär als ein für seine Bewohner "funktionaler" Zusammenschluß erklären, der ihnen erste Orientierungshilfe und bessere Startchancen ermöglicht. Problematisch ist dieser Ghettobegriff weiterhin, wenn darunter vorwiegend ein freiwilliger Zusammenschluß verstanden werden soll. Denn so wird ein für die schwarzen Ghettos charakteristisches Element ausgeblendet: die aufgrund ökonomischer und sozialer Restriktionen für die Mehrheit der Schwarzen erfolgte alternativlose Zuweisung des Ghettos als Lebensraum. Zwar hat sich der Zuzug in bestimmte Stadtgebiete "naturwüchsig" vollzogen, da keine gesetzlichen Anordnungen zur Ghettobildung ergingen. Der Begriff "natural areas" verdunkelt jedoch den vorhandenen repressiven Zug bei der Herausbildung der schwarzen Ghettos, der weitgehend auf extra-legale Zwänge zurückzuführen ist. "Although the relevance of ethnic group attachement to residential segregation is plausible, its importance has never been subjected to careful evaluation ... To the extent that houisung alternatives are not open to Negroes, of course, the coercive aspects would seem to be of primary importance."[2]

Ein anderer Typus des Ghettobegriffs betont diesen Aspekt des "nicht-freiwilligen" Zusammenschlusses. Die Entstehung der schwarzen Ghettos wird hier vorwiegend auf die feindselige Haltung der Weißen, d.h. auf externe Faktoren, zurückgeführt.

Das Unterscheidungskriterium für die schwarzen Ghettos gegenüber innerstädtischen Enklaven früherer Einwanderergruppen ist jetzt der Faktor des "weißen Rassismus":

1) Robert E. Park: Einleitung zu: Louis Wirth: The Ghetto, Chicago 1928, S. vi
2) Karl E. Taeuber, Alma F. Taeuber: Negroes in Cities, a.a.O., S. 23

"... the Negro ghetto was unique among the city's ethnic enclaves. It grew in response to an implaccable white hostility that has not basically changed. In this sense it has been Chicago's only true ghetto, less the product of voluntary development within than from external pressures from without. Irishmen, Poles, Jews or Italiens, as they acquired their means, had an alternative: they could move their enclaves to more comfortable environments and become members of the community at large. Negroes - forever marked by their color - could only hope for success within a rigidly delienated and severely restricted ghetto society."[1] Eine ähnliche Betonung des Rassenaspekts findet sich auch bei St. Clair Drake: "Given the definition of an area and the people in it as 'undesirable' the expansion of the area will be revisted. If, however, individuals within it are able to change the telltale marks of poverty, name, foreign language, or distinctive customs, they may move out and lose themselves in middle-class, native-born white neighborhoods. This, Negroes wearing the badge of color, cannot do. Negroes areas must either expand as parts of a constantly growing Black Belt, or stagnate as deteriorating slums."[2] Diesem Typus von Ghetto definitionen entsprechen auch Bezeichnungen wie "white-made ghetto"[3] sowie die Begriffsbestimmung von Clark, die hier - stellvertretend für andere - angeführt werden soll: "Amerika hat zu dem Begriff des Ghettos ein weiteres Merkmal beigetragen: die Beschränkung der Freizügigkeit, den Zwang, in einem bestimmten Gebiet leben zu müssen allein der Hautfarbe wegen."[4]

---

1) Allan Spear: Black Chicago, a.a.O., S. 299
2) St. Clair Drake, Horace R. Cayton: Black Metropolis, a.a.O., S. 175
3) Vgl.: Jacqueline Jackson: A Black Sociologist Crystallizes Social and Psychological Needs and Special Problems of Ghetto Youth, in: Harry A. Johnson (Hrsg): Multimedia Material for Afro-American Studies, New York - London 1971, S. 30
4) Kenneth Clark: Schwarzes Ghetto, a.a.O., S. 1

Die oben angeführten Bestimmungen greifen als zentrales Merkmal der schwarzen Ghettos die Polarität zwischen Weißen und Schwarzen heraus, wobei das Schwergewicht auf den Aspekt der "Rassenbeziehungen" gelegt wird. Allerdings erscheint eine Gleichsetzung des "Ghettoproblems" mit problematisch gewordenen Beziehungen zwischen "weißen" und "schwarzen" Amerikanern auch noch als zu unspezifisch. Einzuwenden ist dagegen, was an anderer Stelle noch ausgeführt wird, daß "Rassenvorurteile" alleine kein Ghettoproblem konstituieren können.

Die Bestimmung des schwarzen Ghettos ist daher zu differenzieren. Die Tatsache problematischer "Rassenbeziehungen" als ein Element des Ghettoproblems ist noch um die Dimension ökonomischer Benachteiligung zu ergänzen, zumal diese nicht in gleichem Maße auf alle Neger in den USA gleich verteilt ist. Unter schichtenspezifischen Gesichtspunkten gesehen, läßt sich nicht mehr eine Gruppe der "Schwarzen" gegenüber der "Weißen" abgrenzen. Darüber hinaus bestehen strukturelle Ghettoprobleme wie Arbeitslosigkeit, Fürsorgeabhängigkeit auch "außerhalb" der Ghettogrenzen. Gerade im Hinblick auf das Problem der Armut wird deutlich, daß diese nicht nur nach "Rassenmerkmalen" verteilt ist.

Diese Differenzierung findet sich in der Bezeichnung von Forman: "A slum-ghetto would be an area inhabited by economically poor segregated minority-group members."[1)]

Diese Bestimmung soll der folgenden Diskussion des Ghettoproblems zugrundegelegt werden, da die Charakteristika des schwarzen Ghettos - die weitgehende ökonomische und soziale Benachteiligung - aufgenommen werden. Das schwarze Ghetto in seiner heutigen Form ist - das wird in den folgenden Kapiteln zu zeigen sein - mehr als nur der Ausdruck problematischer Rassenbeziehungen. Denn die proble-

---

1) Robert E. Forman: Black Ghettos, White Ghettos and Slums, Englewood Cliffs, New Jersey 1971, S. 3

matischen "Rassenbeziehungen" selbst sind wiederum durch einen komplexen Wirkungszusammenhang ökonomischer, politischer und sozialer Faktoren bedingt. Erst dieser Wirkungszusammenhang kann "Rassenvorurteile" sozial folgenreich machen; damit auch ein Ghettoproblem hervorbringen und weiterhin bestehen lassen.

Bevor jedoch näher auf den Aspekt eines "weißen Rassismus" in der Erklärung und Behandlung der Ghettoproblematik eingegangen werden kann, ist zuerst die Reichweite einer "biologischen Erklärung" des Rassen- und damit auch des Ghettoproblems aufzuzeigen. Auch für die spätere Behandlung der Rassenvorurteilsproblematik ist der Nachweis wichtig, daß eine Erklärungsform, die die komplexe Ghettoproblematik nur an individuellen Merkmalen und Faktoren festmacht, unzulänglich bleiben muß.

4. Die biologische Erklärung: Das "natürliche" Ghettoproblem

Die Behandlung des hier als "biologische Erklärung" bezeichneten Denkmusters ist auch im Hinblick auf eine noch heute oft geübte Praxis alltagssprachlicher, aber auch wissenschaftlicher Erklärung eines sozialen Problems von Bedeutung. Denn im Rückgriff auf das "biologische" oder "natürliche" Erklärungsmuster soll so das Bestehen einer Ghettosituation - wie bei den schwarzen Amerikanern - begründet und damit zugleich gerechtfertigt werden. Auch aus diesem Grund ist daher die Reichweite der "biologischen" Erklärung exemplarisch anhand der These von der "überwiegend angeborenen Intelligenz" zu überprüfen.

4.1 Die These von der "überwiegend angeborenen Intelligenz" (Jensen)

Wenn hier auf die These von der "angeborenen Intelligenz"[1] eingegangen wird, so ist damit jedoch nicht beansprucht, einen Beitrag zu der seit Jahrzehnten geführten Kontroverse zu erbringen, ob Intelligenz - wie sie durch Intelligenz-Tests bestimmt und gemessen wird - überwiegend erblich oder auch durch Umweltfaktoren bedingt und beeinflußt wird. Die fachimmanente Problematik psychologischer Intelligenz-Tests kann in dieser Arbeit weder sinnvoll dargestellt noch qualitativ ausreichend behandelt werden. Relevant sind dagegen die Konsequenzen, die sich für die Behandlung des Ghettoproblems ergeben, wird die - paradigmatisch als "bio-

---

1) Anlaß für die folgenden Überlegungen ist der 1969 veröffentlichte Artikel Arthur Jensens: How Much Can We Boost IQ and Scholastic Achievement, in: Harvard Educational Review, Winter 1969, S. 1-123 sowie eine Zusammenfassung seiner Thesen: Es gibt Unterschiede zwischen Schwarzen und Weißen, in: Psychologie Heute, No. 1, 1975, S. 63ff

logische" zu charakterisierende - Erklärung akzeptiert, daß "Rassenunterschieden" mehr als nur äußere, somatische Differenzierungen, nämlich auch "wesensmäßige" Unterschiede - wie Charaktereigenschaften oder aber auch unterschiedliche intellektuelle Fähigkeiten - bedingen können.

Die Versuche, die "angeborene Unterlegenheit" anderer Rassen nachzuweisen, haben eine lange Tradition. Zu erwähnen ist hier nur als wohl bekanntester Vertreter der sozialdarwinistischen Richtung Herbert Spencer, der die Evolution der Arten mit der Vorstellung vom "survival of the fittest"[1] verknüpfte. Die Diskussion, die Mitte des vorigen Jahrhunderts aufgeworfen wurde,[2] ob Charakterunterschiede - darunter auch Intelligenz - angeboren sind oder nicht, fand zu allen Zeiten mehr als nur wissenschaftliches Interesse. Für das 20. Jahrhundert gewann jedoch vor allem die Frage an Bedeutung, ob die Intelligenz-Entwicklung genetisch oder aber milieubedingt ist.

Bei den im Laufe dieses Jahrhunderts in den USA angewandten Intelligenz-Tests - sei es für eine militärische Eignungsprüfung oder beim Schuleintritt - schnitten traditionell die Schwarzen schlechter ab als weiße Prüflinge. Die sozialen Konsequenzen, die sich aus der Verwendung von Intelligenz-Tests ergeben und der daraus folgenden Qualifizierung vieler Schwarzer als "weniger intelligent" sind daher auch "ghettorelevant".

Zwar stellte Otto Klineberg schon 1930 fest, als er mit Hilfe psychologischer Tests die These von der "angeborenen" Überlegenheit verschiedener Rassen und Nationen überprüfen wollte, daß "es für die Behauptung, daß rassische und ethnische Gruppen sich in ihrer psychischen Vererbung voneinander unterscheiden, keinerlei Beweise gibt."[3] Zugleich

---

1) Nach: Encyclopedia Americana, 1964, Bd. 25, S. 387
2) Vgl. dazu: John Daniels, Vincent Houghton: Jensen, Eysenck and the Eclipse of the Galton Paradigm, in: Ken Richardson, David Spears (Hrsg): Race, Culture, and Intelligence, Harmondsworth 1972, S. 70
3) Otto Klineberg: Rasse und Psychologie - Das Verhältnis

kam er zu dem Ergebnis, daß die Unterschiede zwischen Stadt- und Landbevölkerung erheblich gravierender seien als zwischen einzelnen Rassen beziehungsweise Nationalitäten. Im folgenden soll jedoch nicht weiter darauf eingegangen werden, wie diese Untersuchungen, die für die USA noch bestätigt wurden,[1] nun im einzelnen zu interpretieren sind. Auch wird hier bewußt darauf verzichtet auf die Diskussion einzugehen, wie Intelligenz zu messen sei, ob sie überhaupt zu messen, bzw. wie Intelligenz eigentlich zu definieren sei.[2]

Auf Grund der Tatsache jedoch, daß die sogenannte "Anlage-Umwelt-Kontroverse"[3] keineswegs als entschieden gelten kann und fast ebensowenig Übereinstimmung hinsichtlich der Validität von Intelligenz-Tests besteht, ergibt sich die Brisanz des Jensenschen Untersuchungsberichtes, zumal der

---

von Rasse und Psychologie auf der Grundlage psychologischer Tests, Berlin 1953, S. 45

1) Otto Klineberg: Negro Intelligence and Selective Migration, Columbia University Press, 1935 sowie: Otto Klineberg: Race Differences, New York 1936

2) Vgl. dazu: Carl G. Liungmann: Der Intelligenz-Kult - Eine Kritik des Intelligenzbegriffs und der IQ-Messung, Reinbek/Hamburg 1973. Die Problematik der Intelligenz-Messungen gerade für die schwarzen Amerikaner wird auch von Pettigrew ausführlich behandelt: Thomas F. Pettigrew: A Profile of the Negro American, Toronto - New York, London 1964, besonders Kap. 5

3) Zu erwähnen sind hier zwei relevante Untersuchungen. Die eine kommt zu dem Ergebnis, daß bei der Untersuchung des Einflusses sozio-ökonomischer Faktoren und der Rasse auf die kindliche Intelligenzentwicklung kein Unterschied zwischen weißen und schwarzen Kindern festzustellen ist. A.R. Gililand: Socio-Economic Status and Race As Factors in Infant Intelligence Test Scores, in: Child Development, Vol. 22, 1951, S. 271-273. Die andere ist die bekannte Untersuchung Rosenthals, der den Einfluß des Versuchsleiters auf das Ergebnis des Intelligenz-Test-"Rosenthal-Effekt"- feststellen konnte, sowie allgemein die Erwartungshaltung der Lehrer als mitbestimmend für den Schulerfolg der Kinder nachwies. Vgl. dazu: Robert Rosenthal: Teacher Expectations for the Disadvantaged Child, in: Scientific American, No. 218, 1968, S. 22ff. dtsch: Robert Rosenthal, Leonore Jacobsen: Pygmalion im Unterricht - Lehrererwartung und Intelligenzentwicklung der Schüler, Weinheim 1971

provokante Artikel gerade zu der Zeit große Publizität erhielt, als schon deutlich wurde, daß die von der Regierung finanzierten Programme kompensatorischer Erziehung, bei denen die Schwarzen in den Ghettos eine der Hauptzielgruppen bildeten[1], nicht die erwarteten Erfolge erbrachten.

Der Jensen-Artikel, in dem auch auf diese kompensatorischen Erziehungsprogramme und ihre Erfolglosigkeit eingegangen wird, kommt zu der Schlußfolgerung, daß achzig Prozent der menschlichen Intelligenz, - wie sie von Intelligenz-Tests gemessen wird - angeboren und damit unverändert sei. Dagegen ist jedoch der als gültig akzeptierte Diskussionsstand in der Psychologie zu halten: Die Anlage-Umwelt Differenzierung kann nicht als ein mehr davon oder ein mehr hiervon gesehen werden, sondern es muß ein interaktives Verhältnis angenommen werden. Dabei ist für die positiven Lernstimuli und die mögliche Ausschöpfung des Intelligenzpotentials der Zeitpunkt der Förderung entscheidend, sowie die Art der Vermittlung und die die Vermittlung begleitenden Umstände. Die Frage: wieviel Erbanlage, wieviel Lernen ist also nach der Auffassung der modernen Psychologie keine sinnvolle Fragestellung mehr.[2]

Wird diese Fragestellung dennoch wieder in der alten Form erhoben und zudem mit der "natürlichen", da angeborenen Minderwertigkeit der Schwarzen beantwortet, ist diese Feststellung dagegen auch für die Ghettoproblematik relevant, selbst wenn die Ergebnisse dieser Untersuchung - gemessen an wissenschaftlichen Standards - als ungenügend überprüft erwiesen sind.[3] Denn gerade die Frage, ob Intelligenz

---

1) Vgl. dazu: Manuela du Bois-Reymond: Strategien kompensatorischer Erziehung - Das Beispiel der USA, Frankfurt/Main 1971

2) Vgl. dazu: Anne Anastasi: Heredity, Environment and the Question "How"? in: Psychological Review, Vol. 65, 1958, S. 197ff

3) Vgl. auch: Hartmut von Hentig: Erbliche Umwelt - oder Begabung zwischen Wissenschaft und Politik, in: Neue Sammlung, 11. Jg. Januar/Februar 1971, S. 51-71

tatsächlich meßbar ist und ob sie nicht überhaupt in einem für Ghettokinder irrelevanten Sinn definiert wird[1], bleibt in der Jensenschen Untersuchung unberücksichtigt.

Hinzuweisen ist daher auch auf die politischen Konsequenzen, die sich ergeben können, wenn man Jensens Theorie der genetischen Bedingtheit intellektueller Fähigkeiten akzeptiert. Denn diese These von der "angeborenen Intelligenz" und - angesichts der entsprechenden Testergebnisse - "angeborenen" Inferiorität der Schwarzen, die große Publizität erfahren hat, bietet sich geradezu an, bestehende soziale Mißstände zu rationalisieren.

Aus dieser Sicht stellt sich die soziale Benachteiligung der schwarzen Ghettos als Konsequenz und Folgeerscheinung einer "natürlichen" Minderwertigkeit dar, die weder zu ändern noch als durch externe, soziale Faktoren bedingte zu erklären ist. Die biologistische Erklärung sozialer Ungleichheit führt diese ausschließlich auf eine gegebene "natürliche" Verschiedenheit der Menschen zurück. Unterschiede, die sich aufgrund historischer und sozialer Entwicklungsprozesse zwischen einzelnen Gesellschaftsgruppen herausgebildet haben, werden dagegen ausgeblendet. Ein gesellschaftliches Phänomen wie soziale Ungleichheit ist jedoch nicht anhand biologischer Daten zu erfassen, sondern im Zusammenhang mit historischen und sozialen Faktoren zu sehen.[2]

Angesichts dieses Erklärungsmusters wird die Parallelität zu der Argumentation Spencers deutlich, die das "laissez-

---

1) Robert E. Williams schlägt z.B. eher die Einführung eines "ÜQ's" vor, um angesichts der Lebensbedingungen in den Ghettos die "Überlebensfähigkeit" zu messen und damit zugleich auf die möglichenIrrelevanz von IQ'-Tests zur tatsächlichen Leistungsfähigkeitsmessung hinzuweisen. Robert E. Williams: Der leise Betrug an der schwarzen Bevölkerung - IQ und wissenschaftlicher Rassismus, in: Psychologie Heute, No. 1, 1975, S. 62ff
2) Vgl. Ralf Dahrendorf: Über den Ursprung der Ungleichheit unter den Menschen, in: Ralf Dahrendorf: Pfade aus Utopia, München 1967, S. 352ff

faire" Postulat von so wenig (Staats-)Eingriff wie möglich, um den Ablauf der "natürlichen" Prozesse nicht zu behindern, auch auf individuelle Entwicklungsmöglichkeiten überträgt: "No adequate change of character can be produced in a year or in a generation, or in a century. All which teching can do - all which may, perhaps, be done by a wider diffusion of principles of sociology, is the checking of retrograde action. The analogy supplied by an individual life yields the true conception. You cannot in any considerable degree change the course of individual growth and organization - in any considerable degree, by knowledge put a check upon those courses of conduct which lead to pathological states and accompanying degradations."[1] Das Wirken der "natürlichen" Kräfte ist damit einer bewußten gesellschaftlichen Kontrolle und gezielter Anstrengungen entzogen, auch diese Kräfte - deren Eigendynamik nur behauptet wird - selbst zu modifizieren.[2]

Wenn nun, was die Jensen-These von der überwiegend angeborenen Intelligenz nahelegt, die Neger genetisch bedingt mit minderen intellektuellen Fähigkeiten ausgerüstet wären, so müßte sich daraus konsequenterweise ergeben - denkt man die Implikationen der biollgischen Erklärung zu Ende -, daß das Ghettoproblem als aufzuhebende Mangelsituation

---

1) Herbert Spencer: Letter to J.A. Skilton vom 10.1.1895, in: David Duncan (hrsg): Life and Letters of Herbert Spencer, New York 1908, Bd. 11, S. 77

2) Eine Affinität zum "laissez-faire-" Theorem - quasi als subtheoretische Wertbais - weist Myrdal für eine Vielzahl der Untersuchungen des Negerproblems für die Zeit vor 1940 nach. Diese Denkfigur findet sich jedoch auch in Untersuchungen und Erklärungen jüngeren Datums. Vgl.: Gunnar Myrdal: An American Dilemma, a.a.O., S. 1048ff, sowie: Appendix 1, 2, S. 1031 ff. Zur Intelligenz-Problematik vgl. S. 147 sowie S. 151 (An American Dilemma). Die hier geäußerten Vermutungen über den Einfluß des Testers auf das Ergebnis wurden später von Rosenthal bestätigt. Allgemein zur Problematik "angeborener" Rassenunterschiede Myrdals ausführliche Diskussion, bes. Kap. 6, S. 137ff

nicht denkbar ist. Anstrengungen von seiten der politischen Administration ebenso wie die Suche nach sozialstrukturellen Bedingungsfaktoren erübrigen sich aus dieser Sicht, da die "angeborene" Minderwertigkeit nur folgerichtig die Zuschreibung eines minderen sozialen Status bedeuten kann.

Diese biologische Erklärung und damit zugleich Verkürzung, erhält ihre oberflächliche Plausibilität jedoch nur durch die Abstraktion von realen historischen und sozialen Entwicklungsprozessen, die jedoch für eine Erklärung sozialer und gesellschaftlicher Phänomene nicht zulässig ist. "The racist would cite again the undeniable fact of race supremacy the evident truth that the white race in the American South, for example, is supreme over the Negro. But supremacy is not superiority. It invites justification in the name of superiority, but it does not prove it. By itself, supremacy affirms only the fact of domination"[1] Wie auch schon aus der Geschichte der schwarzen Amerikaner ersichtlich wird, waren ihnen jedoch zu keiner Zeit gleiche Ausgangsbedingungen zugestanden worden, die einen "objektiven" Vergleich erst zulassen würden. Die Verkürzung des Ghettoproblems auf "biologische" Faktoren - und damit in der Konsequenz die Erklärung der Lebensbedingungen in den schwarzen Ghettos als durch genetische Eigentümlichkeiten bedingt - ist somit offensichtlich ungenügend. Erweitert um das Spencersche "laissez-faire"-Theorem stellt sich diese "natürliche" Erklärung als Grundmuster einer Argumentation dar, für die der status quo selber schon zum Argument wird.

---

1) David Spitz: Patterns of Anti-Democratic Thought, New York 1965, S. 178/179

5. Die Interaktionistische Perspektive: Das Ghettoproblem als Ausdruck problematischer Rassenbeziehungen ?

Angesichts der Bedeutung, die dem "Rassenproblem" in der Literatur über das "schwarze Ghetto" beigemessen wird, soll im folgenden näher auf den Aspekt eines "weißen Rassismus" in seiner Bedeutung für die Ghettoproblematik eingegangen werden.

Nach der Behandlung eines biologischen Erklärungsmusters bietet sich als erweiterte Erklärungsform die interaktionistische Perspektive - wie sie von Herbert Blumer zur Erklärung des "Rassenvorurteils" entwickelt wurde - an. Denn im Rahmen dieses theoretischen Konzepts, das sich nicht nur auf individuelle Merkmale beschränken will, kann auch die Komplexität gesellschaftlicher Phänomene besser erfaßt werden.

Auch die traditionelle sozialpsychologische Forschung, die sich in den USA vorrangig mit der Rassenvorurteilsproblematik beschäftigt, ist mit der Untersuchung von Einstellungs- und Vorurteilsmustern vorwiegend auf individuelle Merkmale und intrapsychische Vorgänge ausgerichtet. Die Statik dieser Erklärungsansätze, die von sozial-strukturellen Faktoren weitgehend abstrahieren, soll dagegen mit der Übernahme einer interaktionistischen Perspektive - d.h. durch die Berücksichtigung einer Rassenbeziehungsdynamik - überwunden werden.

Anhand der interaktionistischen Perspektive läßt sich weiterhin aufzeigen, inwieweit die Erklärung, die auch das aktuelle Ghettoproblem allein auf einen Faktor - einen ausgeprägten "weißen Rassismus" - zurückführen will, dessen soziale Dynamik jedoch nicht weiter differenziert, statisch und damit nur wenig erklärungskräftig bleibt. Denn wichtige qualitative Unterschiede in der Ausprägung und in den Wirkungsformen dieses "Rassismus" können nicht berücksichtigt werden, konzentriert sich die Untersuchung allein auf individualpsychologische Faktoren, ohne jedoch sozialstrukturelle Entwicklungen, die diese intrapsychischen Prozesse auch mitbedingen bzw. beeinflussen können, selber aufzugreifen.

5.1 Rassenvorurteil und Gruppenbeziehungen (Blumer)

Gegenüber Entwürfen zur Erklärung der "Rassenvorurteile", die sich vorrangig individualpsychologischen Faktoren zuwenden, grenzt sich Blumer[1] ab, indem er eine interaktionistische Perspektive sowohl für die Übernahme als auch für eine mögliche Veränderbarkeit von Vorurteilen entwickelt. Am traditionellen psychologischen Erklärungen zur Vorurteilsproblematik kritisiert er, daß hier Faktoren wie Motive, Einstellungen, Stimuli, verborgene Komplexe usw. als verursachend hingestellt werden, ohne daß jedoch die die Vorurteilsbildung begleitende und sie schaffende soziale Interaktion zwischen Individuen und Gruppen berücksichtigt wird.[2]

"Rassenvorurteile" werden ebenso wie Rollenbilder - z.B. Geschlechterrollen - bereits in der Primärsozialisation übermittelt. Wie die Übernahme kann auch das Festhalten an diesen Vorurteilen unbeeinflußt von persönlicher Erfahrung mit der stereotypisierten Gruppe erfolgen. Wie jeweils im Prozeß der Selbstidentifikation die Zugehörigkeit zu einer

---

1) Herbert Blumer: Race Prejudice as a Sense of Group Position, in: J. Jasuoka P. Vahin (Hrsg): Race Relations - Problems and Theory, Chapel Hill 1964, S. 217ff
2) "Without doubt there must be many individuals who project their repressend and tabood feelings into emotional images of racial groups, who place on such groups the blame for their own frustration and insecurity ... but the studies do not tell us how these people act in differing relations with such groups." Herbert Blumer: United States of America, in: UNESCO: Research on Racial Relations, Amsterdam 1966, S. 121

bestimmten gesellschaftlichen Gruppe erfahren wird, so wird ebenso wie die damit verbundene soziale Einschätzung der eigenen Gruppe auch die Bewertung anderer Gruppen als über- oder untergeordnet übernommen.

Die Bedeutung, die einer anderen Gruppe zukommt, wird also durch den Prozeß sozialer Kommunikation innerhalb der Eigengruppe bestimmt. Mitglieder der dominanten Gruppe übernehmen somit die Einschätzungen einer anderen gesellschaftlichen Gruppe als "fremd", "bedrohlich", wie immer die gängigen Stereotypisierungen lauten, nicht erst nach direkten Kontakten, sondern das Bild der anderen Gruppe entsteht durch gemeinsame Situationsdefinitionen und Typisierungsprozesse innerhalb der Eigengruppe. Dieses Bild präformiert später auch individuelle Kontakte mit Mitgliedern der Fremdgruppe; selbst wenn z.B. deren Einschätzung als Bedrohung objektiv betrachtet gegenstandslos ist.[1)]

"Rassenvorurteile" können somit nicht mehr ausschließlich aus der Wahrnehmungs-, Gefühls- und Verhaltensdisposition von Individuen erklärt werden, sondern sind auch in Beziehung zu sozialen Faktoren - wie etablierten Positionsdifferenzierungen unterschiedlicher gesellschaftlicher Gruppen - zu sehen: "To characterize another racial group is, by opposition to define one's own group. This is equivalent to placing the two groups in relation to each other or defining their positions vis-à-vis each other. It is the sense of social position emerging from this collective process of characterization which provides the basis of race prejudice."[2)] Entscheidend für die Beziehung zwischen den Rassengruppen ist die Dominanz, die ein Gefühl der Überlegenheit begründet. Darin eingeschlossen ist auch der alleinige Anspruch auf gewisse Rechte und Privilegien, die durch die eigene übergeordnete Stellung garantiert zu sein scheinen.

---

1) Herbert Blumer: Race Prejudice As A Sense of Group Position, a.a.O., S. 224
2) Herbert Blumer: Race Prejudice, a.a.O., S. 219

Es ergibt sich also ein Zusammenhang zwischen psychischen Phänomenen wie das Außern und Festhalten an "Rassenvorurteilen" und sozialen Faktoren wie der Position einer Gruppe innerhalb einer gegebenen Sozialstruktur. Damit scheint sich auch die für das schwarze Ghetto charakteristische Beziehung zwischen ökonomischer Benachteiligung und sozialer Diskriminierung herstellen zu lassen: Denn in das Konzept des "Rassenvorurteils" als "sense of group position"[1] geht auch die Dimension je unterschiedlicher ökonomischer und sozialer Interessen ein - d.h. die ungleiche Verteilung von Lebenschancen in einer Gesellschaft -, die mitbestimmend für den Verlauf und die Intensität der Vorurteilsbildung sind.

Änderungen in der Sozialstruktur können daher auch den Prozeß der Vorurteilsbildung selbst beeinflussen: "... people have to come to identify themselves as belonging to a racial group; such identification is not spontaneous or inevitable but is a result of experience. Further, one must realize that the kind of picture which a racial group forms of itself and the kind of picture which it may form of others are similarly products of experience. Hence, such picturee are variable, just as the lines of experience which produce them are variable."[2]

---

1) Herbert Blumer: Race Prejudice, a.a.O., S. 217
2) Herbert Blumer: Race Prejudice, a.a.O., S. 218. Vgl. dazu auch Myrdals Kritik an W. Sumners Konzept der "mores" zur Erklärung des Rassenproblems und den politischen Konsequenzen, die sich aus Sumners These ergeben, "Rassenvorurteile" können nicht durch Gesetzgebung oder geplanten gesellschaftlichen Wandel verändert werden. Gunnar Myrdal: An American Dilemma, a.a.O., S. 1031ff, S. 1053ff

5.2 Die andere Seite im Definitionsprozeß

Die im kollektiven Prozeß der Vorurteilsbildung geformten Bilder können auch auf die stereotypisierte Gruppe selbst zurückwirken. Ihr Selbstbild kann sich als Reaktion auf die Zuschreibung bestimmter Eigenarten den Typisierungen später anpassen. Schon bei schwarzen Kindern läßt sich diese Zurückweisung und negative Bewertung der eigenen Rasse beobachten: "Wenn Negerkinder im Alter von etwa drei Jahren Puppen zu sehen bekommen, die wie weiße oder Negerkinder aussehen, oder aufgefordert werden, Kinderbilder zu kolorieren, die wie sie selbst aussehen, neigen viele dazu, die Puppen mit der schwarzen Haut als 'schmutzig' und 'schlecht' zurückzuweisen ... Im Alter von sieben Jahren haben die meisten Negerkinder sich mit der Tatsache abgefunden, daß sie schließlich und endlich schwarzhäutig sind. Aber das Stigma bleibt; sie sind gezwungen worden, sich als minderwertig zu erkennen. Wenige Neger vermögen sich jemals von dem Gefühl der Scham und des Selbsthasses frei zu machen."[1] Dieses Resultat des Typisierungsprozesses durch die dominante Gruppe - das Mißtrauen gegenüber der eigenen Rasse und damit auch gegenüber dem eigenen Selbst - ist der in der Literatur über das Rassenproblem häufig als "self-fulfilling prophecy"[2] bezeichnete Zusammenhang, der bewirkt, daß das Oberflächenphänomen einer von außen herangetragenen Definition in der Folge Vorurteile zu realen Argumenten werden läßt.

Beispiel dafür wäre die mangelnde Leistungsmotivation der Ghettokinder, die sie oft zu Schulversagern werden läßt. Da Lehrer von Kindern aus sozial niedrigen Schichten im

---

1) Kenneth Clark: Schwarzes Ghetto, a.a.O., S. 91. Vgl. zum "Puppentest": Kenneth Clark, Mamie P. Clark: Racial Identification and Preference in Negroe Children, in: Eleonor E. Maccoby et al.: Readings in Social Psychology, a.a.O., S. 602-611, sowie: Mary E. Goodman: Race Awareness in Young Children, New York 1964
2) Vgl.: Robert K. Merton: Social Theory and Social Structure, New York 1957, S. 421-436

allgemeinen weniger Leistungen erwarten als von Mittelschichtskindern, denen sie sich entweder durch ihre Herkunft oder aber durch den Wunsch nach sozialem Aufstieg näher fühlen[1], werden häufig die Schwierigkeiten, die sich für Kinder aus Problemfamilien schon aus der Diskrepanz zwischen häuslichem und schulischem Milieu ergeben, durch die negative Erwartungshaltung, die die Lehrer ihnen entgegenbringen, noch verstärkt. Später läßt sich dann die zuerst nur negativ vorweggenommene Einschätzung mangelnder Leistungsfähigkeit von Ghettokindern tatsächlich konstatieren und mangelnde Leistungsmotivation ebenso wie die angeblich mindere "Intelligenz" - als Wirkung der self-fulfilling prophecy - nachträglich beobachten. Die sich negativ verstärkende Wechselwirkung zwischen problematischen familiären Verhältnissen, geringer Erwartungshaltung von seiten der Lehrer und qualitativ schlechten, ungenügend ausgerüsteten Ghettoschulen bedingen daher eher den Motivations- und Leistungsabfall von Unterschichts- und Minoritätenkindern als nicht nachgewiesene "biologische" Faktoren.[2] Dennoch bildet sich so die große Gruppe der "dropouts", die mit nur unzulänglicher Schulausbildung und Qualifikationsnachweisen doppelte Schwierigkeiten haben, einen Arbeitsplatz zu bekommen. So werden die zukünftigen "welfare bums" hervorgebracht und die Mitglieder jugendlicher Ghettobanden, deren Verhaltensweisen den Vorurteilen später wieder als reale Argumente - aber dann vom Erklärungszusammenhang abgeschnittene und "naturalisierte" - zugrunde liegen.

Die negativen Selbstbilder verfestigen sich schließlich in dem Maße, wie die Schwarzen aus den Ghettos an den auf die

1) Vgl. zum Konflikt zwischen unterprivilegierten Schülern und ihren Lehrern, die sich besonders in Slumschulen aus der unteren Mittelschicht rekrutieren und häufig gegenüber den "ghettocharacteristics" ihrer Schüler Abwehrreaktionen zeigen: Charles Silberman: Crisis in the Classroom, New York 1971, S. 92ff

2) Vgl. S. 44ff. Vgl.: Kenneth Clark: Schwarzes Ghetto, a.a.O., S. 92, S. 164ff, S. 167ff, S. 175ff

weiße Mittelschicht zugeschnittenen Bildungsnormen scheitern. Schließlich akzeptieren auch sie die ihnen zugeschriebene Minderwertigkeit: "... discrimination tends to create in its victims those very traits of 'inferiority' that are mentioned to rationalize its practise ... Thus the belief that Negroes are intellectually incompetent can cause both whites and Negroes to behave in such manner - as to yield confirmatory evidence."[1] Das frühe Versagen in der Schule kann dann dazu führen, daß die notwendige Selbstbestätigung in kriminellen Aktivitäten gesucht wird, z.B. in der Anerkennung als Mitglied einer der Ghetto-Gangs.

Aus der Sicht der dominanten Mehrheit stellen sich diese Entwicklungen jedoch nicht als Folge der Situation in den Ghettos und als Konsequenz sozialer und ökonomischer Benachteiligung dar, sondern eher als "Ursache" für die zunehmende Verwahrlosung und den Verfall der Ghettos. Das Versagen der Schwarzen erscheint als individuelles Unvermögen, sich in dieser Gesellschaft durchzusetzen und Anerkennung zu finden. Die Verantwortung für dieses "Versagen" ist damit aus den gesellschaftlichen Strukturen herausverlegt und der soziale Prozeß, der diese Entwicklung hervorgebracht hat, stellt sich auf der Oberfläche als "Schicksal" dar.

Die Abwehrreaktionen vieler Weißer beziehen sich auf diese Merkmale einer "Pathologie des Ghettos"[2]. Damit wird der Selbstabschließungsprozeß durch weitere soziale Isolation noch verstärkt. Was Drake und Cayton für die Situation um 1940 beschrieben, trifft daher auch heute noch zu: "The existence of these conditions has become a convenient rationalization for keeping Negroes segregated ... As it becomes increasingly crowded - and "blighted" - Black Metro-

---

1) Martin Deutsch, Irvin Katz, Arthur R. Jensen: Social Class, Race, and Psychological Development, New York 1963, S. 3/4
2) Kenneth Clark: Schwarzes Ghetto, a.a.O., S. 113ff

polis's reputation becomes ever more unsavory."[1]

Für diejenigen jedoch, die die Hoffnung aufgegeben haben, das Ghetto je verlassen zu können, wirkt die zunehmende soziale Isolierung schließlich auch als Selbstabschliepungsprozeß, der sich bei ausschließlich negativer Rückkoppelung immer weiter verfestigen kann. Der Preis dieser Anpassung an die Ghettowirklichkeit ist jedoch das sie fast immer begleitende Gefühl der Machtlosigkeit und der Resignation: "Alienation within the ghetto takes on a circular characteristic; not only is it a product of segregated living, it also acts to keep people locked in traditional residential patterns."[2]

Bleibt dann die Erfahrungswelt durch Fremd-, aber auch durch Eigenisolierung immer mehr auf den Bereich des Ghettos selbst beschränkt, sich spezifische Verhaltensweisen als ghettotypische Anpassungsreaktionen herausbilden.[3] Die Mitgliedschaft in einer der Ghettobanden wäre somit eher als "normenkonformes" denn als abweichendes Verhalten zu interpretieren.

Jedoch ist hier einzuschränken, daß dieser Anpassungsprozeß nicht notwendig in Apathie und Resignation umschlagen muß. Findet sich das stigmatisierte Individuum, das erfahren hat, daß seine Hautfarbe als sozial unerwünscht gilt, nicht resigniert mit dieser Tatsache ab, so ist eine Form der Bewältigung einer "beschädigten Identität"[4], sich aggressiv gegenüber der Rasse zu verhalten, die als Unterdrücker empfunden wird. Beispiel dafür wären Elemente in der Ideologie der "Black Muslims" und ihrer Ablehnung der

---

1) St. Clair Drake, Horace R. Cayton: Black Metropolis, a.a.O., Vol. 1, S. 211
2) Bonnie Bullogh: Alienation in the Ghetto, a.a.O., S. 477
3) Vgl.: Kenneth Clark: Schwarzes Ghetto, a.a.O., S. 113,
4) Vgl. Erving Goffman: Stigma - Über Techniken der Bewältigung beschädigter Identität, Frankfurt/Main 1967, S. 24

weißen Rasse als minderwertig. Die Funktion dieses "Rassismus" kann die Überwindung eines Gefühls "existentieller Entfremdung"[1] sein; die aggressive Selbstbejahung zum Abbau kollektiver Minderwertigkeitsgefühle führen.

Wenn jedoch das Gefühl der Dominanz und darin eingeschlossen exklusive Besitzansprüche und Privilegien Elemente des "Rassenvorurteils" der dominanten Gruppe sind,[2] so ist der "Rassismus" radikaler Negerorganisationen - selbst wenn das Vokabular, nur unter anderen Vorzeichen verwandt, das gleiche ist - von jenen qualitativ verschieden. Ebenso wie seine Funktion zur Bildung einer kollektiven Identität, sind auch die Folgewirkungen anders. Denn nur die dominante Gruppe hat tatsächlich Rechte und materielle Privilegien, die sie zugestehen, die sie aber auch verweigern kann.

5.3 Vorurteilsbildung als "kollektive Aktion"

Der Prozeß sozialer Kommunikation innerhalb der dominanten Gruppe, der die Übermittlung und Verfestigung von Vorurteilsmustern bedingt, bezieht sich nicht nur auf direkte Kontakte zwischen einzelnen Mitgliedern dieser Gruppe, sondern schließt auch den Einfluß indirekter Medien, den der "public media"[3] ein: "The extended public arena is constituted by such things as legislative assemblies, public meetings, conventions and the printed word."[4] Damit kön-

---

1) Peter Joachim Opitz: Black Power, a.a.O., S. 188, S. 197
2) Herbert Blumer: Race Prejudice, a.a.O., S. 219
3) Herbert Blumer: Race Prejudice, a.a.O., S. 225
4) Seit 1959 sind für das amerikanische Fernsehen zwar Vorschriften erlassen worden, die die Diskriminierung einer anderen Rasse oder Nationalität verhindern sollen. Allerdings war vorrangig an grob verletzende Formulierungen gedacht. Subtilere Formen von Stereotypen lassen sich weiterhin beobachten. Hinzuweisen wäre nur auf die neue Form der "Black Movies", in denen vorrangig das Bild des schwarzen, hartgesottenen Einzelgängers, der sich laut Drehbuch mit brutaler Gewalt durchzusetzen hat, vorge-

nen etwa Massenmedien, um hier einen Aspekt herauszugreifen, zur Stabilisierung und Verbreitung von Rassenstereotypen beitragen; und zwar sowohl mit sprachlichen wie mit optischen Mitteln.[1] Wenn - wie im Fall der schwarzen Ghettos - die soziale Isolierung bereits fortgeschritten ist, so kann als sicher angenommen werden, daß das negative Bild, das innerhalb der dominanten Gruppe besteht, unwidersprochen bleibt. Wiederum verstärken sich ökonomische und soziale Faktoren gegenseitig: einerseits fehlt randständigen Gruppen wie den Schwarzen in den Ghettos das finanzielle Potential in den Kommunikationssektor einzudringen.[2] Dadurch haben sie kaum eine Möglichkeit, innerhalb der "public arena" bestehende Vorurteile durch Gegeninformation aufzuweichen. Andererseits trägt dies dann wiederum dazu bei, ihre soziale Isolierung und ökonomische Benachteiligung zu verstärken.

Im Hinblick auf die grundsätzliche Frage allerdings, ob bestehende "Rassenvorurteile" einem Einstellungswandel unterliegen können, ergibt sich aus dem Konzept des "Rassenvorurteils als kollektiver Prozeß"[3] als Ansatzpunkt für mögliche Einstellungsänderungen gerade der Bereich der "public arena". Wenn dieser Bereich auch[4] den Verlauf und die Intensität der Vorurteilsbildung mitbestimmt, kann der laufende Definitions- und Typisierungsprozeß der anderen Rassengruppe auch hier unterbrochen werden.

Eine Möglichkeit die "abstrakten" Bilder der anderen Grup-

---

stellt wird. Diese Hollywood-Produktionen werden kaum dazu beitragen, bei der weißen Mehrheit Verständnis für die Lebensbedingungen der Schwarzen in den Ghettos hervorzurufen. Eher wird hier das Vorurteil "krimineller Neigungen" bei einer Verherrlichung des "Dealers" à la "Super Fly" noch verstärkt. Vgl. dazu: Robert v. Berg: Hollywood entdeckt den schwarzen Markt, in: SZ v. 28.12. 1972

1) siehe Fußnote 4, S. 55/56 dieser Arbeit
2) z.B. besitzen Neger von den 6300 kommerziellen Radiostationen nur elf; keiner der über 690 Fernsehkanäle wird von ihnen kontrolliert, vgl. dazu: Winfried Förster: Das Rassenproblem in den USA, München 1973[2], S.82
3) Herbert Blumer: Race Prejudice, a.a.O., S. 218
4) ebd.

pe zu konkretisieren bzw. zu widerlegen wäre z.B. die durch empirische Unternehmungen schon geleistete Widerlegung der Behauptung, daß die Schwarzen in den Ghettos nicht arbeiten wollen, sondern es vorziehen von Unterstützungsbeiträgen der öffentlichen Hand zu leben,[1] ein Vorurteil, daß sich als sehr beständig erwiesen hat.[2]

Wieweit bestehende Vorurteilsmuster unter bestimmten Voraussetzungen abgebaut werden können, ergibt sich z.B. auch aus einer Untersuchung von Deutsch und Collins über einen erfolgreichen Integrationsversuch zwischen schwarzen und weißen Familien. Die Autoren konnten an diesem Beispiel den Einfluß der Erwartungshaltungen von Autoritäten und der Erfahrung auf rassistische Einstellungen nachweisen.[3] Deutsch und Collins befragten weiße und farbige Hausfrauen in vier verschiedenen Wohnprojekten über ihre Einstellungen gegenüber der anderen Rasse. Zwei der Wohnkomplexe waren integriert, die anderen nach traditionellem Muster "weiß" oder "schwarz". Bei einer späteren Befragung hatten die Bewohner des integrierten Wohnkomplexes deutlich weniger "Vorurteile" gegenüber Negern als die Bewohner der segregierten Wohnkomplexe. Dieses Resultat bestätigt die Vermutung, daß mit abnehmender räumlicher Distanz die Häufigkeit sozialer

---

1) Vgl. dazu: Joe R. Feagin: America's Welfare Stereotypes, in: Social Science Quarterly, Vol. 52, No. 4, 1972, S. 921-933

2) Laut Umfrage der New York Times v. 19.1.1974, S. 50 halten z.B. 68 % der Bevölkerung in New York dies für zutreffend. Andere Untersuchungen kommen zu dem Ergebnis, daß Angehörige der Mittelschicht viel großzügiger mit gesetzlichen Bestimmungen umgingen. Besonders im Rahmen des "medicaid" Programms, das hauptsächlich für die Armen bestimmt war, sicherten sie sich auch eigene Vorurteile. Vgl. dazu: James O'Connor: Die Finanzkrise des Staates, Frankfurt/Main 1974, S. 203 (Original: The Fiscal Crisis of the State, New York 1973)

3) Morton Deutsch, Mary E. Collins: The Effect of Public Policy in Housing Projects upon Interracial Attitudes, in: Eleonore E. Maccoby, Theodore M. Newcomb, Eugene Hartley (Hrsg): Readings in Social Psychology, New York 1967^2, S. 612-623

Kontakte zu- und die soziale Diskriminierung einer anderen Rassengruppe abnimmt: "In other words, many of the woman in this type of development have not only come to respect and like the Negroe people with whom they associated, but they have also changed their notions about Negroes in general."[1] Weiterhin betonen Deutsch und Collins den entscheidenden Einfluß, den die Erwartungshaltung von "authorities" auf den Prozeß der Vorurteilsbildung haben können.[2] Interessant ist jedoch, daß alle Teilnehmer dieses Integrationsversuchs der untersten Einkommensschicht angehörten. Wie aus den Interviews hervorging, hatten die weißen Familien, die in die öffentlich finanzierten Wohnprojekte zogen, keine andere Wahl als auf "public-housing" Projekte zurückzugreifen. Versuche zu einer Rassenintegration im Wohnungssektor scheinen daher eher bei den Bevölkerungsgruppen erfolgreich eingeleitet werden können, die sich aufgrund ihrer wirtschaftlich schwachen Position dem Einfluß der "authorities" - und damit den Institutionen der öffentlichen Hand - am wenigsten entziehen können.

Abschließend ist festzustellen, daß der Prozeß der Vorurteilsbildung durch die Setzung neuer Gruppennormen deutlich beeinflußt werden kann: "It is becoming increasingly obvious that the old argument - namely, that it is impossible to pass laws against Man's prejudices - is a hollow one. It is not the prejudice of the individual but the attitudes of the group to which he belongs that determine man's actions toward members of another race. If it can be shown that the acceptance of blacks brings more advantage to the group than does rejection, the group will adopt a pattern of acceptance. Since the interests of the individuals are tied to those of the group, he will adopt whatever the dominant group finds acceptable."[3] Was die dominante Gruppe

---

1) Morton Deutsch, Mary E. Collins: The Effect of Public Policy in Housing Projects, a.a.O., S. 620
2) ebd.
3) Dietrich Reitzes: Prejudice And Discrimination - A Study in Contradictions, in: Helen McGill Hughes: (Hrsg): Racial and Ethnic Relations, Boston 1970, S. 64

allerdings in bezug auf die schwarzen Ghettos und deren weitgehende soziale Diskriminierung für "annehmbar" hält, bleibt abzuwarten.

5.4 Vorurteilsbildung und Sozialstruktur

Aus dem Blumerschen Ansatz geht weiterhin hervor, daß eine enge Beziehung zwischen der jeweiligen Gesellschaftsform und der Verlaufsform sowie der Intensität der "Rassenvorurteile" besteht. Je stärker die soziale Ordnung einer Gesellschaft Positionsdifferenzierungen aufweist, besonders wenn diese nicht mehr wie in Feudal- oder Kastensystemen starr, sondern prinzipiell variabel sind, desto wichtiger wird die Rolle, die der Selbstidentifikation mit der dominanten Gruppe zukommt. So ist das Bedürfnis, sich des eigenen Status zu versichern, am stärksten in einer "Wettbewerbsgesellschaft" ausgeprägt: "Race prejudice besomes entrenched and tenacious to the extent the prevailing social order is rooted in the sense of social position."[1] Zu den Verlaufsformen der Vorurteilsbildung läßt sich somit sagen, daß sich mit zunehmender Stabilität der sozialen Ordnung sich auch der Prozeß der Vorurteilsbildung abschwächen wird.

Es liegt daher nahe, daß in einer Gesellschaftsform, die nicht egalitär, sondern vertikal geschichtet ist, das Festhalten an bestehenden sozialen Vorurteilen, die die negative Bewertung einer anderen Gruppe einschließen, zu erwarten ist. Instabilitäten in der Sozialstruktur - z.B. Wirtschaftskrisen - verstärken deutlich den Prozeß der Vorurteilsbildung: "The remaining feeling essential to race prejudice is a fear or apprehension that the subordinate racial group is threatening, or will threaten, the position of the dominant group."[2]

---

1) Herbert Blumer: Race Prejudice, a.a.O., S. 226
2) ebd., S. 220. Der Einfluß von "Konkurrenzdruck" und "Wirtschaftskrisen" auf den Prozeß der Vorurteilsbil-

Das heißt aber auch, daß in einem Gesellschaftssystem, das tendenziell durch einen krisenhaft verlaufenden Wirtschaftsprozeß und damit einhergehend durch Instabilitäten in der Sozialstruktur charakterisiert zu sein scheint, bestehende Vorurteile, die eine andere Gruppe als eindeutig untergeordnet abwerten, eher noch zementiert als abgebaut werden, zumal es durchaus nicht nur als "irrationales Gefühl" bewertet werden kann, daß Mitglieder der anderen "Rassengruppe" die eigene Position bedrohen können. Dieses Gefühl läßt sich für einen Teil der dominanten Gruppe durchaus als realistische Beurteilung der eigenen Position in einer Gesellschaft verstehen, in der strukturell bedingt eher ein Überangebot an Arbeitskräften offenen Arbeitsstellen gegenübersteht.[1] Dieses Konkurrenzdenken kann sich noch verstärken, wenn etwa die Schwarzen in den Ghettos sich nicht mehr mit den untersten und am schlechtesten bezahlten Stellen zufriedengeben, oder wenn durch verschiedene Ausbildungsprogramme ihr Qualifikationsniveau angehoben und signifikant verbessert werden kann.

---

dung konnte auch empirisch überprüft werden: "People not in direct competition with minority groups are less likely to be prejudiced toward them." und: "There is somewhat more prejudice and discrimination in hard times than in good ones." Bernard Berelson, Gary A. Steiner: Human Behavior - An Inventory of Scientific Findings, New York 1964, S. 514

1) Daß der Kampf um einen Arbeitsplatz gerade in Zeiten wirtschaftlicher Rezession soziale Spannungen auslösen kann, zeigt auch die gerichtlichen Schritte, die weiße Amerikaner inzwischen eingeleitet haben, um sich gegen einen Fall "umgekehrter Diskriminierung" zur Wehr zu setzen: "Bei der Equal Employment Opportunity Commission, die in Washington über die Chancengleichheit amerikanischer Bürger wachen soll, haben sich fast tausend Klagen von weißen Männern angesammelt, die sich über die neue, die 'umgekehrte Diskriminierung', beschweren." SPIEGEL, No. 7, 1975, S. 93

5.5 Zusammenfassung (interaktionistische Perspektive)

Für den komplexen Zusammenhang zwischen "rassistischen Hinstellungen" und tatsächlich erfolgender Diskriminierung läßt sich somit feststellen, daß dieser Zusammenhang nicht mehr auf eine einzige Variable - wie "Einstellungen" - zurückgeführt werden kann.[1] Ebensowenig besteht eine eindimensionale Beziehung zwischen "Einstellung" und Verhalten.[2]

Gegenüber Erklärungen dieses komplexen Wirkungszusammenhangs, die die soziale Diskriminierung allein auf das Vorhandensein "rassistischer" Einstellungen zurückführen, wendet Blumer daher ein: "Discrimination in race relations as a result of feelings and attitudes of racial prejudice, in turn, is to be explained in terms of individual experience or individual make-up. Each of these premises has turned out to be highly deficient; linking them together compounds their deficiency ... Until recent years the line of thinking that blanketed the racial fields, for laymen and scholars alike, was that no deliberate change of significance could be made in race relations until individuals changed their racial feelings and attitudes and until groups changed their mores. For laymen, this thought was largely a rationalization, for scholars, it was an academic illusion."[3]

1) Laut Simpson und Yinger ist die Beziehung zwischen Vorurteil und Diskriminierung keinesfalls eindeutig: es gibt Vorurteil ohne Diskriminierung, Diskriminierung kann einer der Gründe für Vorurteile sein, Vorurteile können einer der Gründe für Diskriminierung sein. Vgl.: George E. Simpson, J. Milton Yinger: Racial and Cultural Minorities - An Analysis of Prejudice and Discrimination, New York 1953, S. 14

2) Einstellung läßt sich nicht mehr als alleinige Determinante für Verhalten ansehen, sondern geäußertes Verhalten wird sowohl durch den Einfluß von Bezugsgruppen wie durch situative Einflüsse bestimmt. Vgl.: James H. Fendrich: Perceived Reference Group Support - Racial Attitudes and Overt Behavior, in: American Sociological Review, Vol. 32, 1967, S. 960-970, sowie: Herbert Blumer: The United States of America, a.a.O.

3) Herbert Blumer: The United States of America, a.a.O., S. 124

Der komplexe Wirkungszusammenhang zwischen "Rassenvorurteilen" und "Diskriminierung" läßt sich nicht mehr allein auf psychische Faktoren reduzieren, sondern wird auch durch soziale, ökonomische und politische Faktoren bedingt. "Rassenvorurteile" allein - im Sinne individualpsychologischer Einstellungsmuster - konstituieren daher auch kein Ghettoproblem.

Denn aus der Erklärung problematischer Rassenbeziehungen im Rahmen der interaktionistischen Perspektive geht hervor, daß der Prozeß der Vorurteilsbildung und sozialen Diskriminierung keiner "natürlichen" Eigendynamik unterliegt, sondern daß die Verlaufsformen von "Rassenbeziehungen" durch politisch-situationale wie auch sozio-ökonomische Faktoren bedingt sind.

Die Frage nach den Entstehungsbedingungen der für die Beziehungen zwischen den Rassen entscheidenden "Positionsdifferenzierungen" wird jedoch vom interaktionistischen Ansatz nicht mehr aufgenommen. Wenn wie im Fall der schwarzen Ghettos vorwiegend auch die "ghettocharacteristics"[1] als Merkmal eines konstant niedrigen sozialen Status für Diskriminierung und soziale Isolierung verantwortlich sind, bleibt im Rahmen dieser Perspektive die Frage nach der Möglichkeit bzw. den Restriktionen, diese Merkmale abstreifen zu können, unbeantwortet.

Auf eine ökonomisch-politische Strukturanalyse wird jedoch verzichtet. Strukturen werden hier nicht weiter gefaßt als die sie jeweils neu bestimmenden variablen Handlungsmomente gesellschaftlicher Akteure: "Anstatt für die Erklärung der Aktivität der Organisationen und ihrer Teile organisatorische Prinzipien des Systems heranzuziehen, sucht er die Erklärung in der Art, in der die Teilnehmer die Situationen in ihren jeweiligen Positionen definieren und inter-

---

1) "Economic success would generally be correlated with loss of ghetto characteristic, in most cases probably a direct cause." Robert A. Forman: Black Ghetto, a.a.O., S. 31

pretieren und ihnen begegnen. Die Zusammenfassung dieses Wissens um die einzelnen verketteten Handlungen ergibt ein Bild von dem organisierten Bereich."[1]

Der Verzicht darauf, auch gesellschaftliche Organisationsprinzipien mit in die Analyse einzubeziehen und sich auf die Sphäre sozialer Interaktionen zwischen Individuen und Gruppen zu beschränken, bedeutet jedoch für die Problembestimmung des schwarzen Ghettos, das ein wesentliches Charakteristikum der Ghettosituation - die strukturell bedingte Armut - nicht erklärt werden kann. Die Frage nach der etablierten Verteilungsstruktur weist jedoch über das Ghettoproblem als Ausdruck problematischer Rassenbeziehungen hinaus.

Bevor jedoch die Frage nach den gesellschaftlichen Strukturbedingungen weiter verfolgt wird, soll der "Rassenvorurteilskomplex" noch in Beziehung zur Ghettoproblematik gesetzt werden. Anhand der Differenzierungsmöglichkeiten, die sich aus der Übernahme der interaktionistischen Perspektive für eine "Rassenbeziehungsdynamik" ergeben, soll daher hier versucht werden, den Einflußfaktor "weißer Rassismus" näher zu differenzieren.

---

1) Herbert Blumer: Der methodologische Standort des Symbolischen Interaktionismus, in: Arbeitsgruppe Bielefelder Soziologen: Alltagswissen, Interaktion und gesellschaftliche Wirklichkeit, Reinbek/Hamburg 1973, S. 101

6. "Rassenvorurteile" und Ghettobildung

"Rassenvorurteile" als Ausdruck der Beziehung zwischen der "dominant" und einer "subordinate group" scheinen - bezogen auf die Ghettoproblematik - qualitativ nicht von Vorurteilen gegenüber "fremdstämmigen", ethnischen Gruppen unterschieden zu sein. Verdeutlichen läßt sich diese Behauptung an dem Standardkatalog der Vorurteile. Darin reicht die Klassifikation der Ghettobewohner als faul, trunksüchtig, unmoralisch bis hin zu dem Vorwurf der Ausnützung öffentlicher Sozialleistungen und der Zuschreibung schwerer Kriminalität. Allerdings stimmen diese Vorurteile fast wörtlich mit denen überein, die früher etwa gerade eingewandertenIItalienern oder Polen entgegengebracht wurden.[1] Ähnlichen Verdächtigungen waren auch die weißen "Hillbillies", die aus den Südstaaten in den Norden kamen ausgesetzt[2]; sie werden allgemein Mitgliedern der unteren Schicht zugeschrieben.[3] Denn diese Vorurteile scheinen auch "international" zu sein, da sie z.B. auch in der BRD zur Bezeichnung von "Asozialen",[4] aber auch von Gastarbeitern[5] verwandt werden.

---

1) Vgl. dazu: Greenleigh Associates, inc.: Diagnostic Survey of Tenant Householdsin the West Side Urban Renewal Area of New York City, New York, Washington, Chicago, San Francisco, 1965, S. 9/10
M. Hunter: President's Income Plan for The Poor, in: New York Times v. 8.4.1970
2) Robert A. Forman: Black Ghettos, White Ghettos, And Slums, a.a.O., S. 32
3) Vgl.: Joe R. Feagin: America's Welfare Sterotypes, in: Social Science Quarterly, a.a.O., S. 921ff
4) Vgl.: Henner Hess, Achim Mechler: Ghetto ohne Mauern, Ein Bericht aus der Unterschicht, Frankfurt/M. 1973, S. 64 ff
5) Vgl.: Helga Neubeck-Fischer: Gastarbeiter - Eine neue gesellschaftliche Minderheit - zur sozioökonomischen und politischen Situation der Gastarbeiter in der Bundesrepublik Deutschland, München 1972 (Dissertation), S. 208ff

Zwar werden die in diesen Vorurteilen zum Ausdruck kommenden Vermutungen über negative Eigenschaften einer anderen Gruppe nunmehr den Schwarzen in den Ghettos als "rassentypische" Merkmale zugeschrieben. An der Austauschbarkeit der Zielgruppe wird jedoch deutlich, daß "Rassenvorurteile" nicht wesentlich unterschieden von Vorurteilen sind, wie sie früheren Ghettogruppen entgegengebracht wurden. Damit erscheint auch die Erklärung unzureichend, das Weiterbestehen der schwarzen Ghettos allein auf das Phänomen eines ausgeprägten "weißen Rassismus" zurückführen will. Denn so bleibt unverständlich, warum es für schwarze Familien mit höherem sozialen Status inzwischen durchaus möglich ist, eine ihrem Wunsch und Einkommen gemäße Wohnung auch außerhalb traditioneller Ghettobezirke zu beziehen.[1)]

Die Abwehrhaltung gegenüber den Ghettobewohnern kann also nicht pauschal nur auf das Vorhandensein eines "weißen Rassismus" zurückgeführt werden: Sie muß differenzierter bestimmt werden als Abwehrreaktion auf ghettospezifische Merkmale, die Anzeichen eines sozial niederen Status sind. So ist auch die "Flucht" der Weißen in die Vororte nicht nur Auswirkung rassistischer Einstellungen: "This material on immigrants and Negroes points up what is almost a paradoxical combination on long-established characteristics of the native white American urbanite in his relationship with ghetto residents. First, the native white from early in the 19th century has successfully sought isolation of himself from the residents of slum ghettos - whether such ghettos

---

1) "With the easing of the housing market in the 1950's much additional housing became accessible, and it became increasingly possible for Negroes to relocate in accord with their income and their tastes."
Karl E. Taeuber, Alma F. Taeuber: Negroes in Cities, a.a.O., S. 172
Auf die Möglichkeit auch für schwarze Familien mit höherem Einkommen in überwiegend weiße Vororte zu ziehen weist auch Bonnie Bullogh: Alienation in the Ghetto, in: American Journal of Sociology, vol. 72, 1966/67, S. 469 hin. Allerdings sind es nur wenige schwarze Familien, die in diese Gebiete ziehen.

where Negro or immigrant. Frequently all that was required was the greater economic power of the native whites who could pay enough to move into areas which the ghetto residents could not afford."[1)]

Eingedenk dieses allgemeineren Musters der Ghettobildung, das auch die Abwehrhaltung von Mittel- gegenüber Unterschichtsangehörigen einschließt, ist die Erklärung des "Ghettoproblems" als Ausdruck problematischer Rassenbeziehungen zu eng.

6.1 Der Faktor "weißer Rassismus" in der Behandlung der Ghettoproblematik

An dieser Stelle ist auf eine Position einzugehen, die von Steven Thernstrom in seiner Erklärung der Sondersituation der schwarzen Amerikaner in Boston vertreten wird. Für die hier gefundenen Ergebnisse über den Status verschiedener europäischer Einwanderergruppen und der schwarzen Minderheit in Boston wird beansprucht, sie als "Muster" für die gesamte USA verallgemeinern zu können.[2)]

Thernstrom stellt in seiner Untersuchung, die nicht "essayistisch" vorgehen, sondern durch eine quantitative Analyse historischen Materials zu empirisch abgesicherten Ergebnissen kommen will[3)], fest, daß für die Situation der schwarzen Minderheit bis 1940 eine extreme, mit keiner gegenüber anderen Einwanderergruppen geübte Praxis "rassischer Diskriminierung" entscheidend ist. Dagegen ist jedoch schon hier einzuwenden, daß der von ihm herangezogene "Segregationsindex" selber erhebliche methodische Mängel aufweist. Denn nach der zugrundegelegten Untersuchungseinheit kann

---

1) Robert Forman: Black Ghettos, a.a.O., S. 30.
Man denke nur an die sich auch in Großstädten der BRD immer deutlicher abzeichnende Tendenz einer "Stadtflucht".
2) Steven Thernstrom: The Other Bostonians, a.a.O., S.220ff
3) ders., a.a.O., S. 7

der Grad der gemessenen "Segregation" bedeutend variieren. Bei einem zu groben Meßinstrument, das sich etwa auf Census-Daten bezieht und somit, da kostensparender, in fast allen Untersuchungen über den jeweiligen Grad der "Segregation" und Ghettobildung zugrundegelegt wird, werden Bereiche, die auch "segregiert" sind, überhaupt nicht erfaßt. Auch auf den von Taeuber entwickelten Index, auf den sich Thernstrom hier bezieht, trifft daher folgende Kritik zu: "These measures are all based on the assumption that if each of a set of arbitrary spatial units (blocks, census tracts, or whatever) has the same proportion of a minority group, that group is not segregated. But if some units have too many, and others too few members of the minority, segregation is present. All the traditional measures, therefore, are based upon some index of the difference between the observed minority proportion in each unit and the assured equality of proportion for all units. Thus, all stress consideration of the uneveness of the distribution of people of various types; none is sensitive to their spatial patterning ... traditional indexes of segregation are macromeasures. They are simple, inexpensive to calculate but they reflect only rather gross imbalances in the distribution of ethnic housing. In their neglect of spatial patterning they miss a major component of the intuitive meaning of segregation."[1)]

Die Validität der von Thernstrom gewonnenen Ergebnisse zum Grad der "Ghettoisierung" und die Aussagekraft seiner Ergebnisse über den Vergleich zwischen den europäischen Einwanderergruppen und der schwarzen Minderheit ist daher zu relativieren. Denn gerade auch die Situation der "Gastarbeiter" in der BRD und der Widerstand, der vielfach einen zu engen Kontakt mit ihnen entgegengesetzt wird, läßt die Annahme über ein allgemeineres Muster der Ghettobildung und damit der sozialen Diskriminierung als gerechtfertigt er-

---

1) Linton C. Freeman, Morris H. Sunshine: Patterns of Residential Segregation, Cambridge, Mass. 1970, S. 31/32

erscheinen.

Da Thernstrom im übrigen auf die Erklärung eines "weißen Rassismus" zurückgreift, ergibt sich ein ungelöster Widerspruch in seiner Untersuchung. Denn einerseits will er diesen "Rassismus" nur bis 1940 als ausgeprägten verstanden wissen, andererseits jedoch wird dann unverständlich, warum das Ghetto auch heute noch besteht. Dieser Widerspruch scheint sich jedoch als Konsequenz der Erklärung "weißer Rassismus" zu ergeben, wird dieser nicht näher qualifiziert und zu historisch-sozialen Entwicklungsprozessen in Beziehung gesetzt.

Der zentrale Einwand gegen derartige Untersuchungen ist daher, daß hier ohne theoretische Vorüberlegungen an eine Sichtung empirischen Materials herangegangen wird. Aus den erhobenen Daten werden dann Schlußfolgerungen gezogen und Kausalbeziehungen hergestellt. Letztlich wird jedoch auf Residualkategorien - wie "weißer Rassismus" - zurückgegriffen, ohne daß veränderte Wirtschafts- und Sozialstrukturen selber berücksichtigt und in die Untersuchung einbezogen werden. Somit bleibt auch diese historische Untersuchung schließlich "ahistorisch", was an folgendem Zitat deutlich wird. Denn für die aktuelle Situation der schwarzen Ghettos läßt sich heute nicht mehr sagen, daß sie jetzt dort stehen, wo die europäischen Einwanderer vor hundert Jahren gestanden haben, nämlich am Beginn ihres sozialen Aufstiegs: "Within the past generation there has been a marked softening of these historic prejudices, and this has allowed Negroes to make unprecedented gains. Some pockets of active discrimination still remain, and there are alarming signs of growing white ethnic blacklash in some areas, but it is likely that the main factor that will impede black economic progress in the future will be the forces of inertia that have been called passive or structural discrimination, ... and that whatever may be distinctive about black culture will play some role too. By now, that is American Negroes may face opportunities and constraints that are fairly analogous to those experienced by the millions of European immigrants who struggled to survive in the American city of the late nineteenth and early twentieth century. But until very recently, it seems clear, the problems of black men in a white society were different in kind from those of earlier newcomers."[1)]

Gerade an diesem Beispiel wird deutlich, daß die Problembestimmung des schwarzen Ghettos über den Faktor bestehender sozialer Diskriminierung hinaus erweitert werden muß. Erst so können auch aktuelle Differenzierungen, die das Weiterbestehen der schwarzen Ghettos begünstigen, aufgenommen werden. Um auch Veränderungen in der Wirtschafts- und Sozialstruktur erfassen zu können, ist eine Kategorie wie "weißer Rassismus" allein jedoch ungeeignet, da wichtige Differenzierungen so eher verdeckt als geklärt werden. Denn über den Abbau bestehender Vorurteilshaltungen hinaus, sind umfassende Reformen einzuleiten, um das Problem der Armut und der Benachteiligung der schwarzen Ghettos - von denen sie jedoch in der amerikanischen Gesellschaft nicht allein betroffen sind - lösen zu können.[2)]

---

1) Steven Thernstrom: The Other Bostonians, a.a.O., S. 219
2) Auch Banfield weist auf diesen Zusammenhang hin: selbst wenn die schwarzen Ghettos "weiß" würden, wären die ökonomischen und sozialen Probleme damit noch nicht gelöst. Vgl.: Edward C. Banfield: The Unheavenly City, Boston - Toronto 1970, S. 72 ff
Zu der Praxis, das Ghetto als Resultat von "Rassenvorurteilen zu sehen, schreibt er: "... that the universal practice of 'using' 'ghetto' and 'segregated' in reference to any all-Negro neighborhood tends to condition Negroes to the idea - which is usually a half-truth at most - that white prejudice 'forces' them to live in poor housing and among other Negroes." S. 80

6.2 Das Ghettoproblem als Ausdruck Strukturell bedingte soziale Ungleichheit ?

Damit ist bereits die weiterführende Frage nach den Entstehungsbedingungen strukturell bedingter sozialer Ungleichheit angesprochen. Gerade im Hinblick auf die Annahmen der funktionalistischen Schichtungstheorie und der strukturfunktionalen Perspektive, die im folgenden diskutiert werden soll, sind die Ergebnisse der Thernstormschen Untersuchung über eine Intergenerationen-Mobilität aufschlußreich. Zwar konnte für die USA eine über die letzten hundert Jahre andauernde, relativ große Aufstiegsmobilität nachgewiesen werden - wenn auch zumeist nur innerhalb der Unter- bzw. unteren Mittelschicht ihre soziale Stellung dagegen in ungleich größerem Maße "vererben" und somit weitergeben konnten.[1] In enger Beziehung dazu scheint zu stehen, daß sich gerade für die Schwarzen ein sehr viel schlechteres Bild ergibt:

"Three-quarters of a century after Emancipation, Boston's blacks were still at the bottom of the class ladder. As late as 1940 6 out of 7 of them worked in manual occupation; more than half were still confined to traditional "Negro jobs" as unskilled laborers, janitors, porters, servants or waiters ... Despite ... undeniable gains, however, the occupational distribution of Negro males in Boston remained quite distinctive in 1970. Seven of the black men, but slightly less than half of the white males in the city, were manual workmen of some kind. As compared with the entire Boston labor force, there was a black excess of 59 percent among unskilled laborers, 81 percent among service workers, and 77 percent among semiskilled operatives. And there was a corresponding black deficit of 44 percent among professionals and 60 percent among

1) Steven Thernstrom: The Other Bostonians, a.a.O., S. 197, S. 201

managerial and sales personnel."[1]

Da bei den oberen Positionen offenbar keine beliebige Reproduzierbarkeit möglich ist - was mit der von der funktionalistischen Schichtungstheorie ja auch konstatierten Knappheit an eben diesen Positionen verbunden ist - und darüber hinaus die Weitergabe innerhalb einer Schicht erfolgt, sind diese Positionen schon von Weißen besetzt, so daß es für die Schwarzen auch aus diesem Grund schwer ist, in "qualifizierte, hoch entlohnte Positionen" aufzusteigen.

Ebenso ist auch das von Thernstrom belegte "Paradox" in der Einkommensdifferenzierung zwischen Schwarzen und Weißen im Hinblick auf die Annahme einer Lohn-Leistungsgerechtigkeit der funktionalistischen Schichtungstheorie von Bedeutung: "The explanation of the seeming paradox - abrupt occupational upgrading for Negores but virtually unchanged relative income position - lies in the fact that the upward occupational movement of blacks in these years was movement into precisely those occupational categories in which the racial gap in income was widest."[2]

Um auf die weiterführende Frage strukturell bedingter sozialer Ungleichheit näher einzugehen, wird im folgenden das Erklärungsmodell der struktur-funktionalen Perspektive, wie es der hier schon angesprochenen funktionalistischen Schichtungstheorie zugrundeliegt, herangezogen.

---

1) Steven Thernstrom: The Other Bostonians, a.a.O., S. 201
2) ebd.

7. Die struktur-funktionale Perspektive:

Das Ghettoproblem als Systemproblem oder Problem der Systemtheorie ?

Anhand des Erklärungsmodells sozialer Ungleichheit, wie es Davis und Moore[1] in ihrer funktionalistischen Schichtungstheorie entwickelt haben, sollen weiterhin auch die Konsequenzen, die sich aus der Übertragung der struktur-funktionalen Perspektive auf das Ghettoproblem ergeben, exemplarisch aufgezeigt werden. Denn angesichts der "Breitenwirkung"[2] der strukturell-funktionalen Theorie kann eine Beschäftigung mit dem Ghettoproblem in den USA über diesen Ansatz und die Implikate dieser Theorie im Hinblick auf Strukturprobleme nicht hinweggehen. Die Diskussion dieser Erklärung sozialer Ungleichheit kann daher zugleich dazu beitragen, Reichweite und Erklärungskraft dieser Form systemtheoretischer Argumentation aufzuzeigen.

7.1 Die Funktionalität sozialer Ungleichheit (Davis/Moore)

Davis und Moore gehen von der Beobachtung aus, daß keine der vorgefundenen Gesellschaften klassenlos oder ungeschichtet ist. Soziale Ungleichheit erscheint somit als universales Phänomen sozialer Systeme. Aus dieser Tatsache folgern sie, daß soziale Ungleichheit zugleich auch notwendiges Element zur Bestandserhaltung und Förderung aller Gesell-

---

1) Kingsley Davis, Wilbert E. Moore: Some Principles of Stratification, in: American Sociological Review, Vol.X, 1945, S. 242-249. Im Folgenden wird aus der deutschen Übersetzung zitiert: K. Davis, W.E. Moore: Einige Prinzipien der sozialen Schichtung, in: Heinz Hartmann: Moderne amerikanische Soziologie, Stuttgart[2] 1973, S. 396-413

2) Vgl. Heinz Hartmann: Moderne amerikanische Soziologie, Stuttgart 1967, S. 48

schaftssysteme ist und beanspruchen die Funktionalität institutionalisierter sozialer Ungleichheit nachzuweisen: "Ausgehend von der These, daß keine Gesellschaft klassenlos oder ungeschichtet ist, bemühen wir uns mit Hilfe funktionaler Bezüge um eine Erklärung der universalen Notwendigkeit, die in jedem Sozialsystem Schichtung verursachen."[1]

Jede Gesellschaft weist unterschiedliche soziale Positionen auf, die mit unterschiedlichen Belohnungen versehen werden müssen. Der Rang einer Position ergibt sich aus ihrer funktionalen Bedeutung für die Bestandserhaltung des Systems. Die Gratifikation für den Inhaber einer Position bemißt sich einerseits an derem Rang, sowie andererseits an dem vorhandenen Angebot an qualifiziertem Personal, das in der Lage ist, diese Position adäquat auszufüllen. "Im allgemeinen werfen solche Positionen die beste Belohnung ab, (und haben daher den höchsten Rang), die a) die größte Bedeutung für die Gesellschaft haben und b) die größte Begabung oder beste Ausbildung erfordern. Der erste Faktor betrifft die Funktion und damit die Frage der relativen Wichtigkeit" beim zweiten Faktor handelt es sich um die Mittel und somit ein Problem der Knappheit."[2]

Das Problem der Knappheit an geeignetem Personal ergibt sich als Folge der hier angenommenen Ressourcenknappheit an "natürlichen"[3] Talenten sowie eines angenommenen Ausbildungsengpasses. Diesen begründen Davis und Moore mit dem Preis qualifizierender Ausbildung, die erforderlich ist, um in funktional bedeutsame und damit auch hoch entlohnte Positionen zu gelangen. Selbst wenn eine genügende Menge an "natürlichen" Begabungen in der Bevölkerung vorhanden wären, so wäre doch für viele die erforderliche Aus-

1) Davis/Moore: Einige Prinzipien, a.a.O., S. 396
2) ebd., S. 398/399
3) ebd., S. 399

bildung zu kostspielig und auch zu mühevoll. Aufgrund dieses Knappheitsproblems, auf dessen Annahmen später noch eingegangen wird, ist es erforderlich, in anbetracht der Konkurrenz der Positionen um die wenigen qualifizierten Bewerber, ein Mittel bereitzustellen, daß sicherstellt, daß die funktional bedeutsamsten Positionen auch die qualifiziertesten Bewerber anziehen können. Diese Positionen müssen daher mit hohen Belohnungen ausgestattet sein, d.h. die Position: "... muß hohes Prestige, hohes Einkommen, viel Freizeit und dergleichen verbürgen."[1)]

Durch dieses System unterschiedlicher Belohnungen ist damit ein sich selbst regulierender Mechanismus institutionalisiert, der garantiert, daß wichtige Positionen adäquat besetzt werden. Damit wird zugleich der Bestand des Systems gesichert.

Die Rationalität sozialer Ungleichheit als Resultat dieser Lohn-Leistungsdifferenzierung ergibt sich aus ihrer Funktion als Bindeglied in diesem Angebot- und Nachfragemodell zwischen der Bedeutung der Position einerseits und der "Marktlage der erforderlichen Qualifikationen"[2)] andererseits. "Soziale Ungleichheit ist somit ein unbewußt entwickeltes Werkzeug, mit dessen Hilfe die Gesellschaft sicherstellt, daß die wichtigsten Positionen von den fähigsten Personen gewissenhaft ausgefüllt werden. "Daher muß jede Gesellschaft, ob primitiv oder komplex, das Prestige und die Beurteilung verschiedener Personen unterschiedlich au fallen lassen und somit ein gewisses Maß an institutionalisierter Ungleichheit aufweisen."[3)]

Die Legitimation sozialer Ungleichheit ergibt sich damit als Resultat dieses differenzierten Gratifikationensystems in der Gesellschaft. Da dieses unverzichtbar zur Bestandserhaltung erscheint, ist soziale Ungleichheit ebenso not-

---

1) Davis/Moore: Einige Prinzipien, a.a.O., S. 400
2) Ralf Dahrendorf: Pfade aus Utopia, a.a.O., S. 365
3) Davis/Moore: Einige Prinzipien, a.a.O., S. 398

wendig wie dieses selbst zur Erhaltung des Systems. Damit ist dann auch die unterschiedliche Verteilung von Einkommen, Macht und Prestige als Ausdruck institutionalisierter Leistungsgerechtigkeit in einer Gesellschaft legitimiert.

Die Annahme des hier als grundsätzlich behaupteten Knappheitsproblems an Talenten erscheint allerdings problematisch und ist, wie von Kritikern dieses Modells hervorgehoben wurde, auch empirisch nicht zu belegen.[1] Als Erklärungsmuster erinnert das hier vorgestellte Knappheitsproblem an die traditionell zur Legitimation sozialer Ungleichheit behauptete Deckungsgleichheit von natürlichen und sozialem Status.[2] Da jedoch dieses Knappheitsproblem selber nicht auf "natürlichen", sondern auf gesellschaftlichen Faktoren beruht, wird auch die hier vorgenommene Legitimation sozialer Ungleichheit brüchig. Denn eine "künstliche" Verknappung von Talenten wie sie an der unterschiedlichen Möglichkeit deutlich wird, eine qualifizierende Ausbildung zu erhalten, läßt damit auch die Annahme der unumgänglichen Notwendigkeit hoher Belohnungen, mit der die Positionen um wenige qualifizierte Bewerber konkurrieren, problematisch werden. Am Beispiel der schwarzen Ghettos zeigt sich, daß die Möglichkeit, eine qualifizierende Ausbildung zu erhalten und damit die Voraussetzungen für eine funkt o-nal bedeutsame Position erst erfüllen zu können, schon strukturellen Restriktionen unterliegt. Eine dieser Schranken wären die qualitativ schlechteren Ghettoschulen, die kaum dazu geeignet sind, vorhandene natürliche Begabungen zu fördern und sie mit dem notwendigen Qualifikationsniveau zu versehen.

---

1) z.B. Melvin Tumin: Some Principles of Stratification - A Critical Analysis, in: American Sociological Review, Vol. 18, 1953, sowie auch: Renate Mayntz: Kritische Bemerkungen zur funktionalistischen Schichtungstheorie, in: KZFSS, Sonderheft 5, 1968, S. 10ff

2) Vgl. S. 44 ff

Aufgrund des strukturell bedingten Defizits an Ausgangsgleichheit, das auf den Arbeitsmarkt fortwirkt, wird auch die Annahme der Leistungsgerechtigkeit dieses sich selbst regulierenden Mechanismus problematisch. In den mit höheren "Belohnungen" ausgestatteten Positionen sind die Schwarzen, gemessen an ihrem Bevölkerungsanteil, unterproportional vertreten; dagegen in den mit niedrigen Belohnungen ausgestatteten überproportional. Dieser Sachverhalt läßt sich kaum ausreichend damit begründen, daß die Mehrheit der Schwarzen sich nicht den Mühen einer besseren Ausbildung unterziehen will - wenngleich dies bei der starken Resignation im Ghetto denkbar und verständlich wäre. Selbst wenn es daher in subjektiven Beurteilungen so erscheinen mag, sind doch objektiv andere Gründe für ihre Unterrepräsentation in diesen Positionen mitverantwortlich.

Da zudem soziale Ungleichheit dahin zu tendieren scheint, sich von einer auf die nächste Generation zu übertragen - belegen läßt sich diese Tendenz mit dem traditionell niedrigen Status vieler Ghettobewohner - verlangt diese Theorie auch dort Märkte, wo diese nicht funktionieren können.[1)]

In bezug auf das Ghettoproblem wird das Ungenügen dieser Erklärung sozialer Ungleichheit besonders deutlich, da der systemhafte Grundzug jede Modifizierung des postulierten "natürlichen Kräftespiels" ignoriert. Die Folgen sozialer Ungleichheit, wie sie in den schwarzen Ghettos in Erscheinung treten, werden nicht zum "Problem", sondern dem abstrakten Prinzip einer postulierten Systemrationalität untergeordnet.

Allerdings stellt sich die Frage nach dem Kriterium, um funktional bedeutsame Beiträge zur Bestandserhaltung des Systems erkennen zu können. Zu denken wäre hier z.B. an die sogenannte ökologische Krise oder aber auch durch Rationalisierungsinvestitionen hervorgerufene Arbeitslosig-

---

1) Vgl. Renate Mayntz: Kritische Bemerkungen, a.a.O., S. 11

keit, die von Entscheidungsträgern in "hoch belohnten" Positionen zwar nicht bewußt erzeugt, dennoch als Folgewirkungen, als soziale Kosten, einer spezifischen Systemrationalität zu beobachten sind.

Fixpunkt ist der Systembegriff, dem, da er mit vorhandenen Gesellschaften gleichgesetzt wird, Wirklichkeit zugesprochen wird. Aus einer nicht näher explizierten Systemrationalität werden für das Überleben des Systems unverzichtbare Stabilitätsbedingungen abgeleitet. Daß spezifische Systemrationalitäten möglicherweise auch destruktive Elemente aufweisen können, und damit Momente einer "Systemirrationalität", wird nicht aufgenommen.

Hier könnte man daher von einer Herrschaft abstrakter Systemrationalität gegenüber konkreten Bedürfnissen sprechen. Gegenstrukturen ergeben sich aus dem Versuch, die nicht befriedigten Bedürfnisse gegenüber einer nur postulatorischen Erfüllung der "Systemrationalität" einzuklagen, um somit politischen Legitimationsdruck zu erzeugen.

Wird jedoch nicht aufgenommen, daß empirisch beobachtbare Phänomene wie soziale Ungleichheit - wie sie in den schwarzen Ghettos zum Ausdruck kommt - auch Folgeerscheinungen spezifischer gesellschaftlicher Entwicklungen sind, sondern werden diese ebenso wie bestehende Systeme unproblematisch vorausgesetzt, so ist ausgeschlossen, daß Legitimationsfragen überhaupt noch thematisiert werden.

Gerade die Annahme eines Selbststeuerungsmechanismus im Sinne des Angebot- und Nachfragemodells zeigt jedoch, wie sehr diese Position dem Marktmodell und einer freien, sich selbst zum Besten regelnden Wirtschaft verpflichtet bleibt. Die damit zugleich behauptete Leistungsgerechtigkeit kann jedoch nur für ein idealtypisches Modell beansprucht werden. Schon dem Argument, daß nur die Qualifiziertheit in hoch entlohnte Positionen gelangen, wäre entgegenzuhalten, daß "extrafunktionale" Qualitäten wie schwarze versus weiße Hautfarbe auch als Selektionskriterium wirken.

Darüber hinaus ergeben sich die Belohnungen nicht quasiautomatisch, sondern werden auch "politisch" vermittelt. In weiten Bereichen der Gesellschaft wird die Höhe der jeweiligen Belohnungen nicht nur durch den Rang der Position und die Marktlage der Qualifikationen bestimmt, sondern - das ist etwa bei gewerkschaftlichen Verhandlungen der Fall - auch durch die Organisations- und Konfliktfähigkeit einer gesellschaftlichen Gruppe.

Wird die Problemstellung darauf eingeengt, vorgefundene Strukturen nur unter abstrakten Gesichtspunkten einer postulierten Systemrationalität zu diskutieren und damit ein institutionalisiertes Wertmuster konstant gesetzt, kann der Zusammenhang zwischen der Entstehung struktureller Benachteiligung auf der einen und den Werten als Ausdruck einer bestimmten Sozialstruktur auf der anderen Seite nicht mehr hergestellt werden. Zu fragen bleibt jedoch, ob in der Ghettoproblematik nicht selbst ein Verhältnis zur gesellschaftlichen Organisation zum Ausdruck kommt und ob nicht die strukturelle Unterentwicklung der schwarzen Ghettos selber Folgewirkung einer spezifischen, kapitalistischen Systemrationalität ist.

7.2 Zusammenfassung (Struktur-funktionale Perspektive)

Rückbezogen auf die Ausgangsfrage nach der Erklärung sozialer Ungleichheit im Rahmen der struktur-funktionalen Theorie läßt sich zusammenfassend sagen, daß das hier entwickelte Modell der sich selbst zum Besten regelnden Gesellschaft - "soziale Ungleichheit ist ein unbewußt entworfenes Werkzeug ..." - für die schwarzen Ghettos nur die Fortsetzung bestehender Ungleichheit und die ideologische Rechtfertigung bedeuten kann. Ohne bewußte und geplante Eingriffe in die sich angeblich selbst regelnden Kräfte können die schon bestehenden Benachteiligungen nicht überwunden werden.

An der struktur-funktionalen Erklärung sozialer Ungleichheit wurde deutlich, daß hier ein allerdings unausgewiesenes Vorverständnis einging[1]. Die zu untersuchenden Gesellschaftssysteme wurden mit der Form einer Wettbewerbs- und Marktgesellschaft in eins gesetzt, deren historischer Existenz jedoch universale Gültigkeit zugesprochen.

Damit erscheinen gegebene Strukturen als "naturwüchsige", die auf theoretischer Ebene nicht zu hinterfragen, auf praktischer nicht zu ändern sind.

Somit kann auch der Widerspruch zwischen den immanenten Wertvorstellungen eines demokratischen Systems und der Realität, d.h. zwischen dem Anspruch auf Basisgleichheit und strukturell verfestigter Ungleichheit, wie sie in einem Ghettoproblem ersichtlich wird, nicht mehr thematisiert werden. Ein vorgefundenes Wertmuster und vorgefundene Strukturen werden als universell gegeben behauptet. Abgekoppelt von einem Begründungszusammenhang kann deren Problematik gerade auch für die Situation der schwarzen Amerikaner nicht mehr hinterfragt werden. Fragen nach der Möglichkeit weiterer Demokratisierung und verminderter sozialer Benachteiligung bleiben, da diese Position nicht über den status quo hinausweist, unbeantwortet.

---

1) Vgl. auch: Renate Mayntz: Kritische Bemerkungen, a.a.O., S. 12

8. Funktionalistische Analyse und Politikberatung: Das Ghettoproblem und "funktionale Äquivalente"

Mit der Funktionalität sozialer Ungleichheit befaßt sich auch eine Arbeit von Herbert Gans.[1] Das für eine Politikberatung offensichtlich ungeeignete Modell des sich selbst regelnden Systems der struktur-funktionalen Perspektive soll durch eine veränderte Form funktionaler Analyse ersetzt werden.[2] Die funktionalistische Analyse des Problems der sozialen Ungleichheit von Gans will den Beweis erbringen, daß der konservative Grundzug der von Davis und Moore formulierten Schichtungsprinzipien durch die Aufnahme von funktionalen Äquivalenten überwunden werden kann.

Darüber hinaus soll diese Form der funktionalistischen Analyse das Problem der Armut besser als traditionelle Untersuchungen erklären können, da diese sich ausschließlich mit der Beshhreibung der Folgeerscheinungen von Armut für die Betroffenen begnügen.[3]

Dieser Versuch, das Problem der Armut anhand der positiven Funktionen, die die Armen für die Gesellschaft erfüllen, zu erklären, ist weiterhin in praktisch-politischer Absicht konzipiert. Als Diskussionsbeitrag für eine Konfe-

---

1) Herbert Gans: The Positive Functions of Poverty, in: American Journal of Sociology, Vol. 78, No. 2, 1972, S. 275ff

2) Auf neue "nachparsonianische" Anpassungsforderungen an die sozialwissenschaftliche Forschung in den USA weist Gouldner hin: "Die angewandte Sozialtheorie, die jetzt benötigt wird, den Politikern und der Verwaltung zur Seite zu stehen, darf sich nicht einfach damit gegnügen zu zeigen, daß es mit den bereits existierenden sozialen Einrichtungen - manifest oder latent - zum besten stehe. Was der Staatsapparat jetzt braucht, ist eine Sozialtheorie, die sich zentral ... damit auseinandersetzt, wie Probleme im Innern reduziert werden können..." Alvin W. Gouldner: Die westliche Soziologie in der Krise, a.a.O., Bd. 2, S. 416

3) Herbert Gans: The Positive Functions of Poverty, a.a.O., S. 276

renz über den "Krieg gegen die Armut" geschrieben, sollen anhand der funktionalistischen Analyse auch alternative Reformmodelle und -strategien entwickelt werden können: "... once a functional analysis is made more complete by the addition of functional alternatives, however, it can take on a liberal and reform cast, because alternatives often provide meliorative policies that do not require any drastic change in the existing social order."[1)]

8.1 Die Funktionalität sozialer Ungleichheit II

Die hier vorgestellte funktionalistische Analyse hat in Abgrenzung zur struktur-funktionalen Perspektive von Davis und Moore drei zentrale Annahmen aufgegeben:

1. daß die Gesellschaft eine funktionale Einheit bildet,
2. daß alle Strukturen und Prozesse eine positive Funktion erfüllen und
3. daß ein positiv funktionales Objekt auch gleichzeitig unentbehrlich ist.[2)]

Gans knüpft an die Mertonsche Version des Funktionalismus an: "Ebenso wie das gleiche Objekt mehr als eine Funktion haben kann, so kann die gleiche Funktion verschiedentlich durch alternative Objekte erfüllt werden. Funktionale Notwendigkeiten können also von den verschiedenen Sozialstrukturen erfüllt werden; sie bedingen nicht bestimmte Strukturen."[3)] Damit ist ein Spielraum für die Suche nach möglichen funktionalen Äquivalenten für ein gegebenes Objekt eröffnet.

Um der Schwierigkeit zu entgehen, das, was vielleicht positiv funktional für eine Gruppe in der Gesellschaft ist,

---

1) Herbert Gans: The Positive Function of Poverty, a.a.O., S. 276
2) Vgl.: Robert K. Merton: Social Theory and Social Structure, a.a.O., S. 19-36, dtsche Übers.: R.K. Merton: Zur Kodifikation der funktionalen Analyse in der Soziologie, in: H. Hartmann: Moderne amerikanische Soziologie, a.a.O., S. 169ff
3) R.K. Merton: Zur Kodifikation, a.a.O., S. 187

auch schon als positiv funktional für die gesamte Gesellschaft behaupten zu müssen, geht Gans davon aus, daß unterschiedliche gesellschaftliche Gruppen unterschiedliche Wertbezüge und unterschiedliche Interessen haben, die einander daher auch widersprechen können. Soziale Phänomene, die sich positiv funktional für eine gesellschaftliche Gruppe auswirken, können somit durchaus "dysfunktionale" Folgewirkungen für eine andere Gruppe haben. Funktionen werden folgendermaßen bestimmt: "Consequently, functions are defined as those observed consequences which are positive as judged by the values of the group under analysis; dysfunctions as those which are negative by these values."[1)]

Ausgangsüberlegung für Gans ist die Vermutung, daß soziale Ungleichheit und Armut nicht zufällig in einem Gesellschaftssystem bestehen noch als pathologischer Grenzfall in einem sonst zum besten geregelten System anzusehen sind. Seine These lautet, daß Armut nicht nur als temporäre, sondern als strukturell verfestigtes Phänomen existiert, weil die Armen positive Funktionen für andere gesellschaftliche Gruppen erfüllen. Zwei Gruppen lassen sich daher in Beziehung setzen: die Armen (the poor) und die Wohlhabenden (the affluent).

Die von Gans getroffene Bestimmung sozialer Ungleichheit in einer Gesellschaft ist deutlich unterschieden von der, die Davis und Moore geben. Die Funktionalität sozialer Ungleichheit wird nicht aus der Notwendigkeit abgeleitet, funktional bedeutsame Positionen adäquat besetzen zu müssen, sondern - so wird erklärt - erst durch bestehende soziale Ungleichheit ist sichergestellt, daß gerade die unbeliebtesten und am schlechtesten bezahlten Positionen besetzt werden können, da die Armen eben keine andere Wahl haben. Die wichtigste ökonomische Funktion der Armen liegt daher in ihrer Einsatzmöglichkeit als billiges Arbeitskräftereservoir: "First, the existance of poverty makes sure

---

1) Herbert Gans: The Positive Functions, a.a.O., S. 276

that 'dirty work' is done. Every economy has such work: physically dirty or dangerous, temporary dead-end and underpaid, undignified, and menial jobs. These jobs can be filled by paying higher wages than for 'clean' work or by requiring people who have no other choices to do the dirty work and at low wages. In America, poverty functions to provide a low-wage labor pool that is willing - or, rather, unable to be unwilling - to perform dirty work at low cost ... Furthermore, many economic activities which involve dirty work depend heavily on the poor; restaurants, hospitals, parts of the garment industry, and industrial agriculture, among others, could not persist in their present-form without their dependence on the substandard wages which they pay to their employees."[1)]

Die Armen erfüllen noch drei weitere ökonomische Funktionen: Eben weil sie für so niedrige Löhne arbeiten müssen, ermöglichen sie es den "Wohlhabenden", die davon profitieren, entweder mehr zu sparen oder mehr zu konsumieren. Hinzu kommt, daß durch das regressive Steuersystem die Armen die Regierung "subventionieren"[2)], da sie, verglichen mit den "Wohlhabenden" proportional zu ihrem Verdienst unverhältnismäßig mehr Steuern bezahlen.[3)]

Drittens bedingt die Existenz von Armut in den USA, daß neue Arbeitsplätze geschaffen werden, z.B. für sozialfürsorgerische Institutionen.[4)] Darüber hinaus sind die Armen gerade in Ghettosituationen gezwungen, schlechtere Waren zu überhöhten Preisen zu kaufen.[5)]

Die sozialpsychologischen Funktionen, die die Armen für die Gesellschaft erfüllen, bestehen vorrangig darin, daß sie durch ihr bloßes Vorhandensein bestehende Leistungsnormen abstützen. Ihre Armut kann so als "Strafe" inter-

---

1) Herbert Gans: The Positive Functions, a.a.O., S. 278
2) ebd., S. 279
3) ebd.
4) ebd.
5) ebd., S. 281

pretiert werden, da sie sich der geforderten Arbeitsdisziplin nicht unterziehen wollen. Die Funktionalität von Armut in einer Gesellschaft liegt weiterhin darin, daß sie bestehende Statusunterschiede bewahren hilft. Die Armen dienen so als Orientierungspunkt, um sich zu vergewissern, wo man selber steht: "... poverty helps to guarantee the status of those who are not poor. In a stratified society, where social mobility is an especially important goal and class boundaries are fuzzy, people need to know quite urgently where they stand. As a result, the poor function as a reliable and relatively permanent measuring rod for status comparison ..."[1)]

Weiterhin fördern die Armen den Aufstieg anderer gesellschaftlicher Gruppen. Beispiel für diese "Funktion" wären etwa die "Slumlords", die Wohnungen und Häuser zu überhöhten Preisen an die Ghettobewohner vermieten oder verkaufen.[2)] Das gleiche gilt für illegale Unternehmen wie Glücksspiele oder auch Drogenhandel im Ghetto.[3)]

Die kulturellen Funktionen der Armen bestehen unter anderem darin, daß sie - in der Art einer Gegenkultur - immer wieder neue Impulse wie etwa durch "schwarze Literatur" in den traditionellen Kulturbereich einbringen: "The pro-

---

1) Herbert Gans: The Positive Functions, a.a.O., S. 281
2) Ebd. Tatsächlich bezahlen viele schwarze Familien höhere Preise und einen größeren Teil ihres Einkommens als weiße Familien der gleichen Einkommensklassen für ihre Wohnungen: "In a single block which had changed from all-white to all-Negro, with heavy involvement by speculators, the differential between the price paid by the speculator and that paid by the Negro buyer upon purchase under an installement contract ranged from 35 to 115 percent, with an average of 73 percent ..." George Grier, Eunice Grier: Equality and Beyond-Housing Segregation and the Goals of the Great Society, in: Harold G. Vatter, (Hrsg): The Economics, a.a.O., S. 168, vgl.: Karl E. Taeuber, Alma F. Taeuber: Negroes in Cities, a.a.O., S. 22
3) Herbert Gans: The Positive Functions, a.a.O., S. 281

test of the poor sometimes becomes literature; in 1970, for example, poetry written by ghetto children became popular in sophisticated literary circles."[1]

Wichtiger sind jedoch die politischen Funktionen der Armen. Abgesehen von mehr peripheren Funktionen[2] haben sie, bezogen auf den faktischen politischen Prozeß, wichtige Stabilisierungsfunktionen. Einmal gewähren sie schon durch ihre weitgehende Machtlosigkeit den reibungslosen Ablauf von Stadtplanungsprojekten. Damit absorbieren sie die Kosten des gesellschaftlichen Fortschritts, da es, nach Gans, wohl keine andere Gruppe gibt, die sich für Projekte wie Hochstraßen oder Appartmenthäuser, die nicht für sie selbst bestimmt sind, so widerspruchslos aus angestammten Gebieten vertreiben läßt.

Die hauptsächliche "Stabilisierungsfunktion" der Armen besteht jedoch in ihrer vielzitierten politischen Apathie, die von selbst schon stabilisierend auf den politischen Prozeß wirken soll.[3] Einmal können ihre Stimmen, da sie keine eigene Organisation zur Interessenartikulation haben, beliebig interpretiert werden. Zum anderen ist durch ihre politische Machtlosigkeit gewährleistet, daß sie keine eigenen Forderungen, wie besser bezahlte Arbeitsplätze, bessere Wohnungen oder vermehrte öffentliche Unterstützungsgelder erheben. Alles Ansprüche, die kostenspielig wären, d.h. dysfunktional für die "affluent": "... the poor have played an important role in shaping the American political process; because they vote and participate less than other groups, the political system has often been free to ignore them. This has not only made the American politics more centrist than otherwise would be the case, but it has also added to the stability of the political process. If the 15 % of the population below the federal

---

1) Herbert Gans: The Positive Functions, a.a.O., S. 282
2) Vgl. ebd., S. 283
3) ebd., S. 284

'poverty line' participated fully in the political process, they would almost certainly demand better jobs and higher incomes, which would require income redistribution and would thus generate further political conflict between the have and the have-nots."[1]

Als Schlußfolgerung ergibt sich aus dieser funktionalistischen Analyse des Problems der sozialen Ungleichheit, daß deren Existenz sich durchgehend positiv für die "Wohlhabenden" auswirkt.

Bei der Suche nach möglichen funktionalen Äquivalenten kommt Gans zu dem Schluß, daß es am leichtesten sein wird, die sozialpsychologischen Funktionen der Armen zu ersetzen.[2]

Am schwersten, besonders da dies mit höheren Kosten verbunden sein wird, lassen sich funktionale Äquivalente für die ökonomischen und politischen Funktionen finden. Gans schlägt vor, die schmutzige Arbeit durch weitgehende Automatisierung oder durch das Zahlen höherer Löhne zu "säubern". Allerdings ist auch diese Maßnahme kostspielig und damit dysfunktional für die "affluent". Die Erklärung für das Weiterbestehen der Armut lautet somit: "... a functional analysis must conclude that poverty persists not only because it satisfies a number of functions but also because many of the functional alternatives to poverty would be quite dysfunctional for the more affluent members of the society."[3]

---

1) Herbert Gans: The Positive Functions, a.a.O., S. 284
2) Ebd., S. 285
3) Ebd., S. 287

8.2 Der gesamtgesellschaftliche Aspekt: Dysfunktionale Folgen sozialer Ungleichheit

Im Gegensatz zu der Erklärung sozialer Ungleichheit bei Davis und Moore wirkt diese - in der Interpretation von Gans - nicht mehr quasi als Systemimperativ, dem sich, ihre Interessenkongruenz voraussetzend, die einzelnen Systemmitglieder zu fügen haben. Die positive Funktion sozialer Ungleichheit ergibt sich ebenso wie der Widerstand, der ihrer Aufhebung entgegengebracht wird, aus einander entgegengesetzten Interessenlagen zweier gesellschaftlicher Gruppen. Problematisch erscheint allerdings, daß hier ein fixes Verhältnis sich widersprechender Interessen konstruiert wird. Das Weiterbestehen der Armut basiert dabei allein auf den Interessen der Nicht-Armen. Dies setzt jedoch voraus, daß beide Gruppen sich eindeutig voneinander abgrenzen lassen. Gans nimmt hierzu als Kriterium die Armutsgrenze, die offiziell festgelegte "poverty line". Eine Aufhebung der Armut ist somit an die Angleichung dieses rein quantitativen Maßstabes gebunden, ohne daß weiter problematisiert wird, inwieweit dieser selber nur willkürlich festgelegt ist.

Darüber hinaus scheint auch die These von der ausschließlich positiven Funktionalität der Armut für die Gruppe oberhalb der Armutslinie so undifferenziert kaum belegt werden zu können. Dagegen läßt sich einwenden, daß nicht mehr wie in frühkapitalistischen Zeiten die Armen prinzipiell eine "industrielle Reservearmee" darstellen, die bei Bedarf eingesetzt, sich sonst aber selbst überlassen bleibt. Die neue Qualität eines großen Teils der Armut ergibt sich sowohl aus veränderten ökonomischen Strukturen[1)]

1) Dazu gehören u.a. die zunehmende Verwendung der Technologie in der Produktion, die vorwiegend qualifizierter Arbeitskräfte bedarf. "It is more rational to combine technological scientific labor power with capital-intensive technology than to combine raw labor power

wie auch aus staatlichen Unterstützungszahlungen, sei es zur Kaufkrafterhaltung wie auch zur, wie immer begrenzten, Einlösung selbstgesetzter wohlfahrtsstaatlicher Programmatik. Die hier behauptete ausschließliche Funktionalität der Armut für die Gruppe der "affluent" erscheint angesichts staatlicher Arbeits- und Ausbildungsprogramme, Lohnkostenzuschüsse, Rehabilitationsprogrammen und allgemeiner Transferzahlungen in dieser pauschalen Bestimmung wenig überzeugend, da die erforderlichen Steuerabgaben zur Finanzierung dieser Initiativen für eine große Zahl der "affluent" als dysfunktionale Folge existierender Armut oder sozialer Ungleichheit eingeschätzt werden können.

Zu den sozialen Kosten der Armut für die Gesamtgesellschaft läßt sich weiterhin sagen, daß die Armen - von der Entstehungsseite des Bruttosozialprodukts her gesehen - weitgehend ökonomisch funktionslos sind. Zwar produzieren sie rd. 3 % des Gesamtprodukts, konsumieren aber rd. 5 %. Diese Differenz wird durch staatliche Transferzahlungen ausgeglichen, die aus Steuermitteln finanziert und somit von der Mehrheit der Nicht-Armen mitgetragen werden.[1)]

---

with labor-intensive technology in production, due to the fact that the costs of training technical-scientific labor power are met by taxation falling of the population at large ... There is thus a large and growing stratum of unskilled, untrained workers, chiefly blacks, and other minorities, who constitute a post-industrial proletariat." ... this group does not constitute a reserve army of the unemployed." James O'Connor: Some Contradictions of Advanced U.S. Capitalism, in: Social Theory and Social Practice, Vol. 1, No. 1, 1970, S. 3

1) "The poor part of the population contributes very little to the national output. At the same time they consume very little. They produce about three per cent of the total ... but they consume about five per cent of the total product. The difference between five and three is largely explained by the fact that the lowest fifth gets 30 per cent of the total transfer payments, ... To the extent that the present poor can raise their incomes by more productive effort, less transfer in-

Darüber hinaus kann sich auch der Verzicht auf Reformmaßnahmen ebenso dysfunktional für die Gruppe der "affluent" auswirken wie eine Institutionalisierung "funktionaler Äquivalente". Denn die sozialen Folgekosten der Armut bedingen schon jetzt auch ohne den Einsatz kostspieliger und umfassender Sozialreformen vermehrte Ausgaben. Denn die durch soziale Ungleichheit hervorgerufenen Spannungen und Konflikte bedingen zumindest vermehrte Ausgaben für eine verschärfte soziale Kontrolle. Ansteigende Kriminalitätsraten etwa, als Folgeprobleme bestehender sozialer Ungleichheit können somit direkt wie auch indirekt dysfunktionale Folgen der Armut für die Nicht-Armen sein: Einmal werden ihr Leben und Eigentum direkt bedroht. Und zum anderen müssen wenigstens Mittel zur Symptombekämpfung, d.h. verstärktem Polizeieinsatz, bereitgestellt werden. Die Kosten auch nur symptomorientierter Maßnahmen jedoch werden wiederum von der Mehrheit der Nicht-Armen mitgetragen.[1)]

Gerade in bezug auf die Sicherung der sozialen Integration wird ein möglicher Aspekt der Dysfunktionalität von "Armut" in einer Gesellschaft deutlich, der von Gans nicht berücksichtigt wurde. Denn wenn sich die Armut nicht mehr nur

---

come will be required to allievate poverty. Hence, a burden can be taken off the n npoor population." Robert J. Lampmann: Income Distribution and Poverty, in: Margaret S. Gordon: Poverty in America, a.a.O., S. 102/111

1) Anstatt für die Verbesserung von relevanten sozialen Institutionen werden heute schon ein Großteil der öffentlichen Gelder, die zur Bekämpfung der städtischen Probleme bereitgestellt wurden, für diese symptomorientierten Maßnahmen verwandt. Gelder wie die von der Nixon-Regierung 1972 den Einzelstaaten ohne Verwendungskontrolle zur Verfügung gestellten 30 Milliarden Dollar wurden wie folgt investiert: Nur 1 Prozent wurde für Sozialdienste aufgewandt, 2 Prozent für den Wohnungssektor und "community development", 5 Prozent für das Gesundheitswesen. Ein Großteil wurde jedoch verbraucht, um die Gehälter von Polizeibeamten zu finanzieren, da die steigenden Kriminalitätsraten eine Ausweitung der Polizeikräfte erforderlich machte. New York Times vom 5.12.1974, S. 19

auf wenige beschränkt, sondern Tendenzen wie eine Zunahme der Arbeitslosenzahlen, einer Dauerinflationierung der Einkommen nichtorganisierter Erwerbstätiger oder der Bezieher staatlicher Transferzahlungen abzeichnen, kann das politisch-administrative System in Zugzwang kommen, eine selbstgesetzte sozialstaatliche Programmatik auch einzulösen. Da damit auch die Stabilität des Gesamtsystems gefährdet wird, kann - wird die Grenze zwischen Armen und Nichtarmen nach unten hin tendenziell durchlässiger - auch soziale Ungleichheit zunehmend dysfunktional werden, d.h. nicht mehr funktional wie noch bei Davis und Moore, aber auch bei Gans zur Stabilisierung des politischen Prozesses.

Da das amerikanische Gesellschaftssystem in der Form einer Massendemokratie verfaßt ist, bedürfen die Regierenden der Legitimation wie andererseits ein offensichtliches Versagen, kann dies nicht mehr als "äußeren" Faktoren geschuldet, entkräftet werden, Legitimationsentzug zur Folge haben wird. Damit ist jedoch ein Ansteigen sozialer Konflikte zu erwarten, die die angestrebte soziale Integration vermindern, wenn nicht ernsthaft bedrohen können.[1)]

Bevor jedoch abschließend auf die hier von Gans vorgestellte Form funktionalistischer Analyse eingegangen wird, sollen an dieser Stelle die Unterschiede zwischen der funktionalistischen und der interaktionistischen Perspektive durch eine Gegenüberstellung beider Ansätze deutlicher als bisher hervorgehoben werden. Denn gerade das Beispiel der sozialen Folgekosten gesellschaftlicher Ungleichheit - der Kriminalität - bietet sich dafür an, da von beiden Ansätzen eine unterschiedliche Einordnung dieses sozialen Phänomens vorliegt.

---

1) Vgl. Jürgen Habermas: Legitimationsprobleme im Spätkapitalismus, Frankfurt/Main 1973, S. 96 ff

9. Funktionalistische und interaktionistische Perspektive

In dieser Gegenüberstellung funktionalistischer und interaktionistischer Perspektive läßt sich die unterschiedliche Erklärungskapazität beider Ansätze im Hinblick auf die Ghettoproblematik aufzeigen. Die folgenden Ausführungen sind daher vorrangig unter diesem Aspekt zu verstehen - und nicht etwa als Diskussion über die Entstehungsbedingungen von "Kriminalität".

Beide Ansätze scheinen - das wird im folgenden aufzuzeigen sein - jeweils für die Situation der schwarzen Ghettos wichtige Teilbereiche abdecken zu können. Allerdings ist dazu eine auf den jeweiligen Bereich ausgerichtete Gewichtung dieser theoretischen Perspektiven erforderlich.

Aufzunehmen sind weiterhin auch die Konsequenzen, die sich im Hinblick auf einen politisch-administrativen Verwendungszusammenhang in der Form sozialwissenschaftlicher Politikberatung - wie Gans ihn etwa anstrebt - ergeben können. Denn problematisch erscheint vor allem, wenn aus der jeweiligen Blickrichtung her ein Ausschließlichkeitsanspruch erhoben wird. Die Erklärungskapazität beider Ansätze ergibt sich m.E. gerade aus der Möglichkeit einer bereichsspezifischen Einordnung.

9.1 Soziale Ungleichheit und Kriminalität (Merton)

Merton, als Vertreter der funktionalistischen Perspektive, weist auf den engen Zusammenhang zwischen sozialer Ungleichheit und dem Ansteigen kriminellen Verhaltens hin. In der amerikanischen Gesellschaft, die er als "offenes Klassensystem" beschreibt, werden auch die Mitglieder der Unterschicht dahingehend sozialisiert, dieselben Ziele anzustreben wie die Mittelschicht.

"It is only when a system of cultural values extols, virtually above all, certain common success goals for the population at large while the social structure rigourously restricts or completely closes access to approved modes of reaching these goals for a considerable part of the same population, that deviant behavior ensues on a large scale."[1) Für diejenigen, denen somit weitgehend die Möglichkeiten zu legitimen Erfolgen versperrt sind, läßt sich Kriminalität als rationaler Lösungsversuch dieses Wertkonflikts interpretieren.[2) Kriminalität wird, bezogen auf Unterschichtsmitglieder, als Folgewirkung sozialer Ungleichheit gesehen und als Konfliktlösungsversuch interpretiert. Im Vordergrund stehen somit die strukturellen Restriktionen, die einigen gesellschaftlichen Gruppen systematisch den Zugang zu legitimen Erfolgen verwehren. Eine Untersuchung über Kriminalität im Ghetto hätte somit auch die bestehende Verteilungsstruktur einzubeziehen. Clark interpretiert die hohe Kriminalitätsrate in den Ghettos ähnlich: "... speaking as a psychologist, it seems to me that a great deal of the crime in the black community grows from the disparity in income which has translated itself into significant levels of frustration. It is a truism that deprivation equals frustration and frustration inevitably leads to aggression."[3) Ebenso wie Clark führt auch Ohlin das Ergebnis einer Untersuchung über Kriminalität im Ghetto, die 1973 von der NEW YORK TIMES durchgeführt wurde[4) und eine überdurchschnittlich hohe Kriminalitätsrate in den ärmsten Wohngebieten verzeichnete, auf die allgemeine Unterprivi-

---

1) Robert K. Merton: Social Structure and Anomie, in: Social Theory and Social Structure, a.a.O., S. 146
2) Die Forderung Cloward und Ohlins, deren Untersuchung auf der Mertonschen Anomie-Theorie basiert, nach einer erweiterten "opportunity structure" zum Abbau kriminellen Verhaltens gerade in den Ghettos wurde im Rahmen des "Community Action Programms" aufgenommen. Vgl. in dieser Arbeit, S. 168
3) Kenneth Clark: in: New York Times, vom 30.7.1973, S. 20
4) David Burnham: Precinct Crime Compared with People's Age, Wealth, in: New York Times v. 30.7.1973, S. 1/20

ligierung der Bewohner dieser Gebiete zurück: "... that some portion of the relatively higher rates of crime found in the poorest neighborhoods are a response of young men denied conventional awards because of poor schools, racial discrimination and lack of contacts."[1)]

9.2 Abweichendes Verhalten als kollektive Aktion (Becker)

Für Becker[2)], als Vertreter der interaktionistischen Perspektive, ist abweichendes Verhalten, also kriminell definiertes und geahndetes Verhalten, Produkt eines Prozesses, der die Reaktionen anderer auf dieses Verhalten einschließt. Weder läßt sich in diesem Sinne abweichendes Verhalten nur aus individueller Motivation erklären, noch als eine durch die Gesellschaft ausgelöste Reaktion, wenn darunter nicht mehr als die traditionell aufgeführten Sozialfaktoren wie Einkommen, Bildungsstand usw. verstanden werden.[3)] Die Entstehung abweichenden Verhaltens wird als "kollektive Aktion" gesehen.[4)]

Als neue Dimension in der Erklärung abweichenden Verhaltens kommt somit die Rolle hinzu, die die verschiedenen Organe der Justiz, der Polizei oder auch der Sozialarbeit als jeweils Mitbeteiligte sowohl im Hinblick auf das Erfassungsproblem wie auch bei der später erfolgenden Festsetzung des Strafmaßes spielen.

Diese Überlegung, daß das Strafmaß auch von dem Eindruck des "Regeldurchsetzers" vom "Abweichenden" mitbestimmt wird, ist hinsichtlich der überdurchschnittlich hohen Kriminalitätsrate in den Ghettos wahrscheinlich ein wichtiger Faktor

---

1) Lloyd Ohlin, ebd.
2) Howard S. Becker: Außenseiter, Frankfurt/Main 1973
3) Howard S. Becker: Außenseiter, a.a.O., S. 8
4) Vgl. zum Theorem der "kollektiven Aktion" die Ausführungen zum Blumerschen Ansatz, in dieser Arbeit S. 48 ff

bei der Interpretation statistischer Befunde.[1] Die überdurchschnittlich hohe Kriminalitätsrate in den Ghettos ist daher auch unter dem Aspekt dieses Erfassungsproblems und auch Definitionsproblems zu sehen. Die Datenerhebung unter "rassischen" Gesichtspunkten erscheint ohnehin problematisch, da keine formellen Vorschriften zu bestehen scheinen, wie die "Rasse" des Straffälligen zu bestimmen ist.[2]

Zusammenfassend läßt sich sagen, daß im Rahmen der interaktionistischen Perspektive, abweichendes Verhalten vorrangig als Konsequenz der Zuschreibung delinquenter Rollen sowie deren Annahme als Reaktion dieser Zuschreibung gesehen wird.[3] Diese Version des "abweichenden Verhaltens

---

1) Ähnlich argumentiert auch Angela Davis, wenn sie auf den Zusammenhang zwischen der Zahl der Straftäter in den Ghettos und der negativen Einstellung von Polizei und Justiz Ghettobewohnern gegenüber hinweist: "Der Teufelskreis, der Armut, Polizei und Gerichte miteinander koppelt, ist ein wesentlicher Bestandteil der Existenz im Ghetto. Ungleich den Verhältnissen bei der Masse der Weißen, wurzelt der Anfang der Bahn in Gefängnisse und Zuchthäuser tief in den aufgezwungenen Bahnen des Daseins der Schwarzen ... Die Gerichte sehen nicht nur durchweg davon ab, kriminelles Verhalten auf seiten der Polizei zu verfolgen, sondern verurteilen auf vorweg beeinflußte Zeugenaussagen ungezählte schwarze Männer und Frauen. Gerichtlich bestellte Pflichtverteidiger treten in den verworrenen Interessenüberschneidungen überfüllter Gerichte auf und überreden 85 % ihrer Mandanten dazu, sich schuldig zu bekennen. Sogar die offenkundig Unschuldigen erhalten den Rat, ein Bittgesuch um Milde vorzubringen, damit ein langwieriger und aufwendiger Prozeß eines Schwurgerichtsverfahrens vermieden wird. Das ist die Konstruktion des Mechanismus, mit dem man summarisch schwarze Menschen in Gefängnisse und Zuchthäuser befördert." Angela Davis: (Hrsg.): Materialien zur Rassenjustiz, Neuwied-Berlin 1972, S. 45. Vgl. auch: Harold Garfinkel: Research Notes on Inter- and Intra-Racial Homicides, in: Social Forces, Vol. 27, (Mai) 1949, S. 369-381
2) Vgl.: New York Times vom 5.8.1973, S. 46
3) Howard S. Becker: Außenseiter, a.a.O., S. 31 ff

als kollektive Aktion" scheint geeignet zu sein, gerade Mechanismen eines "institutionellen Rassismus" aufzudekken: "... institutional racism does not necessarily intend to discriminate. Institutional racism consists of institutional practices that indidentally but inevitably perpetuate inequality. If institutions simply persue their central goals - profit making, service to members etc. - they are almost certain to be practising institutional racism."[1] Dies wäre dann der von Blumer angesprochene wechselseitige Einfluß zwischen individuellen Handlungsmustern und überindividuellen Institutionen, der auch für das Beibehalten von "Rassen-Vorurteilen" und damit möglicherweise der negativen Behandlung einer anderen Gruppe entscheidend ist.[2]

Ebenso ist unter diesem Aspekt die Funktionalität bürokratischer Normen unter Effizienzgesichtspunkten und dem Selbstverständnis gerade sozialfürsorgerischer Institutionen zu problematisieren.[3]

---

1) Jack Sayer, David B. Senn: Institutional Racism and the American Psychological Association, in: The Journal of Social Issues, Vol. 29, 1973, S. 69
2) Vgl. in dieser Arbeit S.55 ff
3) "In the human relations and helping professions, and specially in social work, the bureaucratic framework has still other functions for professional performance ... rigid adherence to administrative regulations and categorization of clients in terms of abstract criteria ... often interferes with the very goals the professional wants to achieve." Nina Toren: Semi-Professionalism and Social Work - A Theoretical Perspective, in: Amitai Etzioni: The Semi-Professions and Their Organization, New York 1969, S. 159. Vgl. in dieser Arbeit zur Rolle der Verwaltung das "Community Action Program", S. 165 ff

9.3 Institutioneller Rassismus und Chancenstruktur

Im folgenden ist der Anspruch Beckers auch als Sozialwissenschaftler auf der Seite der "underdogs" zu stehen[1] in Beziehung zum Ghettoproblem zu setzen. Zu fragen ist dabei, inwieweit der von Becker vorgeschlagene Weg, sich bei der Untersuchung auf die "unmittelbaren Teilnehmer"[2] zu beschränken, tatsächlich das Ausmaß ökonomischer und sozialer Diskriminierung, wie sie am Beispiel der schwarzen Ghettos deutlich wird, erfassen kann.

Becker argumentiert hier mit einer Art "Automatismus": Wenn die unteren Ebenen kritisiert werden, fällt damit automatisch auch ein Schatten auf die Spitze der Hierarchie.[3] Kann z.B. die New Yorker Polizei der Korruption geziehen werden, so ist damit zugleich die oberste Regierungsbehörde, der die Polizei unterstellt ist, angegriffen. Im Sinne einer anzustrebenden Forschungsökonomie sei es problematisch, die Untersuchung gesellschaftlicher Mißstände zu weit zu treiben. Jeder habe schließlich jemanden, der ihm vorgesetzt sei. Gegen die Gefahr des hier vorgestellten "infiniten Regresses"[4] ist allerdings einzuwenden, daß somit hauptsächlich diejenigen ins Schußfeld der Kritik geraten, die die unteren Chargen ausfüllen. Es bleibt jedoch offen, ob mit dieser Partialkritik an etablierten Institutionen die Rückbindung an gesellschaftliche Strukturvoraussetzungen - wie z.B. die Frage nach der Ver-

---

1) "We may sometimes feel that studies of deviance exhibit too great a sympathy with the people studied, a sympathy reflected in the research carried out ... We usually take the side of the underdog. We are for Negroes and against Fascist." Howard S. Becker: Whose Side Are We On? in: Jack D. Douglas: (Hrsg.): The Relevance of Sociology, a.a.O., S. 100, S. 107
2) Howard S. Becker: Außenseiter, a.a.O., S. 185ff
3) Howard S. Becker: Whose Side Are We On?, a.a.O., S. 103
4) Ebd., S. 110

teilungsstruktur und ihrer Folgen - gelingen kann. Zumindest ökonomische Strukturen werden so als gegeben erachtet und dieser Bereich aus der Untersuchung sozialer Phänomene ausgespart. Damit ist jedoch auch die Möglichkeit an der "underdog"-Situation grundsätzlich etwas ändern zu können, nur noch beschränkt.[1)]

Die Kritik dagegen trifft so vorrangig diejenigen, die eben nur einen "mopping-up-job"[2)] ausführen, wie eben Polizeistreifen im Ghetto oder die offiziellen Sozialarbeiter, die jedoch selbst nicht über eine Änderung institutionalisierter Normen befinden können. Denn über Strukturprobleme, wie die Schaffung von ausreichend entlohnten Arbeitsplätzen oder andere grundlegende Reformvorhaben, wird eher an der Spitze der Hierarchie bestimmt.

Als Ergebnis der Gegenüberstellung funktionalistische-interaktionistische Perspektive läßt sich somit feststellen, daß die funktionalistische Perspektive - da hier auch bestehende Unterschiede in der Sozialstruktur einbezogen werden - deutlich weiter greift. Mit diesem Ansatz kann daher nicht nur eine soziale, sondern auch eine sozial-

---

1) Alvin Gouldner wirft dieser theoretischen Richtung eine sublime Version der "Zoowärter-Mentalität" und damit den Zynismus des phänomenologischen Beobachters vor: "... that their prell to the underdog is sometimes part of a titullated attraction to the underdog's exotic difference and easily takes the form of "essays of quaintness" ... and like the zookeeper, he whishes to protect his collection ... But neither is he eager to tear down the bars and let the animals go. The attitudes of these zookeepers of deviance is to create a comfortable and humane Indian Reservation, a protected social space within which these colorful specimen may be exhibited unmolested and unchanged." Alvin W. Gouldner: The Sociologist as A Partisan, in: Jack D. Douglas (Hrsg): The Relevance, a.a.O., S. 121

2) So Alvin W. Gouldner: The Sociologist As a Partisan, a.a.O., S. 122

strukturell bedingte - wie etwa weitgehende ökonomische Benachteiligung - aufgenommen und untersucht werden. Der "funktionale" Aspekt der Unterschichtskriminalität und damit auch die Annahme der funktionalistischen Analyse über den Einfluß der Sozialstruktur auf "abweichendes Verhalten" erscheint zudem plausibel, da gerade nach Konjunktureinbrüchen ein deutliches Ansteigen der Jugendkriminalität und der Bandenbildung in den Ghettos zu beobachten ist.[1)]

Für eine bereichsspezifische Differenzierung beider Ansätze ergibt sich damit, daß Phänomene eines "institutionellen Rassismus" und bislang verdeckte Grauzonen sozialer Diskriminierung anhand der interaktionalistischen Analyse aufgedeckt und bewußt gemacht werden können.

Dagegen können Strukturprobleme - wie sie etwa am Zustand der Ghettoökonomie deutlich werden - besser mit Hilfe des der funktionalistischen Analyse zugrundeliegenden Gedankens eines "systembildenden Zusammenhangs" erfaßt werden. Allerdings wird im folgenden noch darauf einzugehen sein, inwieweit die funktionalistische Analyse - wie sie von Gans entwickelt wurde - diesem Anspruch genügen kann.

---

1) Vgl.: New York Times vom 2.12.1974, S. 1/38

10. Funktionalistische Analyse ohne Strukturprinzip

Angesichts des negativen Befundes bei der Suche nach funktionalen Äquivalenten, den Gans als Ergebnis seiner funktionalistischen Analyse des Problems sozialer Ungleichheit feststellt, wurde der Anspruch, Alternativen, die das Armutsproblem mindern können, aufzuzeigen, nicht eingelöst. Allerdings verzichtete Gans darauf, die Frage nach der Struktur des gesellschaftlichen Zusammenhangs zu stellen, der die beiden untersuchten Gruppen, die Armen und die Nicht-Armen in einen "funktionalen" Zusammenhang bindet. Damit erweckt diese Version funktionalistischer Analyse den Eindruck, daß, während Davis und Moore ein spontan sich regulierendes Marktmodell vor Augen hatten, hier nurmehr Folgeprobleme berücksichtigt werden, ohne daß die Entstehungsbedingungen der "Armut" selbst noch thematisiert werden. Die Suche nach funktionalen Aquivalenten bzw. die Entwicklung neuer Ordnungsstrukturen, ohne daß die zugrundeliegende Ordnung selbst problematisiert wird, erscheint jedoch erst als zweiter Schritt. Auch im Hinblick auf die angestrebte praktische Verwendung der aufgefundenen funktionalen Aquivalente bleibt daher fraglich, - erfolgt die Suche nach der Lösung der Folgeprobleme der Ordnung ohne Berücksichtigung der Struktur dieser Ordnung - inwieweit soziale Probleme und Konflikte auf Dauer oder nur temporär gelöst werden bzw. welche Folgeprobleme sich wiederum aus nur kurzfristigen, ad-hoc Strategien ergeben können.

11. Eine erweiterte Perspektive: Das Ghettoproblem und die Ebene politisch-administrativer Maßnahmen

Eine neue Perspektive bei der Analyse des Ghettoproblems ergibt sich, was auch schon bei der Behandlung der "Rassenproblematik" anklang[1], aus der zunehmend wichtiger werdenden Rolle politisch-administrativer Maßnahmen und Eingriffe in eine bestehende Sozialdynamik.

Dabei zeichnet sich die Möglichkeit ab, den von Gans eingeschlagenen Weg - allerdings unter einer veränderten Sichtweise - weiterzugehen. Denn die funktionale Erklärung, die das Weiterbestehen der Armut nur auf den Interessenaspekt der Nicht-Armen zurückführt, bleibt offensichtlich zur Erklärung der aktuellen Ghettoproblematik zu undifferenziert. Wie darüber hinaus auch an dem Ergebnis dieser funktionalen Analyse deutlich wurde, da keine funktionalen Äquivalente angegeben werden konnten, letztlich statisch. Zwar wird das Problem der Armut und sozialer Ungleichheit bei Gans als Verteilungsproblem gesehen. Es ist jedoch nicht zwingend, daß es damit auch schon ein "Null-Summen-Spiel" sein und bleiben muß.[2] Denn erstens kann angesichts der neuen Qualität der Armut sowie der staatlichen Intervention in diesen Bereich und der zumindest teilweisen Übernahme sozialer Folgekosten, das Verteilungsproblem nicht mehr als eines zwischen zwei Gruppen, die einander in einem fixen Verhältnis gegenüberstehen, gedacht werden.

Daher ist als neuer Einflußfaktor auch die Ebene politisch-administrativer Maßnahmen einzubeziehen. Der zweite Einwand ergibt sich aus der mangelnden Berücksichtigung dieses Bereichs im Gansschen Modell. Denn hier konnte z.B.

---

1) Vgl. S. 55 ff
2) Vgl. auch: Fritz W. Scharpf: Krisenpolitik, in: Peter v. Oertzen, Horst Ehmke, Herbert Ehrenberg: Thema: Wirtschaftspolitik, Bonn 1975, S. 27

nicht aufgezeigt werden, inwieweit nicht ein ständig steigendes Wirtschaftswachstum und, bedingt durch politische Eingriffe, eine Stabilisierung des Wirtschaftsprozesses, eine gerechtere Verteilung der Produktionsgewinne ermöglichen könnten und dies auch unter einer Umgehung der Bedingungen des Null-Summen-Spiels.

Eine Erklärung für das Weiterbestehen der schwarzen Ghettos - und damit dessen Problembestimmung - müßte somit auch die Durchsetzungsfähigkeit von Ghettointeressen im Hinblick auf diesen politisch-administrativ vermittelten "Verteilungskampf" einbeziehen.

In dieser erweiterten Perspektive stellt sich damit weiterhin die Frage nach der Reichweite und der jeweiligen Entscheidungskompetenz des politischen Systems. Damit sind in die Problembestimmung des schwarzen Ghettos auch die Restriktionen einzubeziehen, die sich als Folge des vorherrschenden gesellschaftlichen Organisationsprinzips, d.h. der privatwirtschaftlich organisierten Wirtschaftsstruktur, im Hinblick auf diese Entscheidungs- und damit auch Verteilungskompetenz ergeben.

Bevor jedoch auf diesen Aspekt näher eingegangen werden kann, ist erst noch abzuklären, inwieweit der Anspruch der hier als "marktwirtschaftliche Lösung" bezeichneten Position, im Hinblick auf den Zustand der Ghettoökonomie, eingelöst werden kann: Nurmehr auf einen - hier marktwirtschaftlichen - Selbststeuerungsmechanismus zu setzen und auf so wenig Staatseingriffe wie möglich zu vertrauen.

12. Die marktwirtschaftliche Lösung des Ghettoproblems (Friedman)

Der allgemeinste und zugleich als Grundlösung propagierte Vorschlag ist im Rückgriff auf die konkurrenzwirtschaftliche Argumentation zu sehen. Im Vertrauen auf die dem Marktmodell zugesprochene Dynamik sind wirtschaftliche Probleme wie die der schwarzen Ghettos bei größtmöglicher Annäherung an das idealtypische Marktmodell prinzipiell lösbar. Diese Vorstellung leitet sich aus der Einsicht her, daß Privateigentum und Unternehmerinitiative als Motor und Vehikel nicht nur wirtschaftlichen, sondern auch gesellschaftlichen Fortschritts anzusehen sind.

Charakteristisch für die Argumentation des Wirtschaftsliberalismus ist die These Milton Friedmans von der Identität zwischen Kapitalismus und Demokratie, gewährleistet durch die weitgehende Trennung zwischen Staat und Wirtschaft.[1] Basismodell des liberalen Wirtschaftssystems ist das des Marktes, der sich durch das Zusammentreffen vieler einzelner konstituiert, die dort ein System von Angebot und Nachfrage schaffen. Das Prinzip der Konkurrenz bestimmt die Preise, die Arbeitsproduktivität und das Produktionsziel.

Der Markt ist als sich selbst regulierender Koordinationsmechanismus gedacht; sind die Marktbedingungen gegeben, reguliert er sich bei Ungleichgewichten von selbst. Das Prinzip der Konkurrenz verbürgt den Ansporn zu immer besseren Leistungen.[2] Hieraus wird die dem marktwirtschaftlichen System als Charakteristikum zugesprochene Dynamik abgeleitet, da vermittelt über das Konkurrenzprinzip, eine Art permanenter gesellschaftlicher Lernprozeß institutionali-

---

1) Vgl. Milton Friedman: Capitalism and Freedom, Chicago-London 1962, S. 9, S. 12
2) So wird die Übertragung des Konkurrenzprinzips auch für Bereiche wie Schulausbildung oder öffentlichen Wohnungsbau gefordert: Friedman, a.a.O., S. 91, S. 178

siert sei, was in der Folge zu immer besseren und rationaleren Wirtschafts- und auch Lebensverhältnissen führen werde.

Jeder Zuwachs an Staatsgewalt bedeutet dagegen gemäß der liberalen Tradition die Bedrohung individueller Freiheit. Der Markt ist also als staatsfreie Sphäre dem freien Spiel der Kräfte zu überlassen. Auch für die Lösung wirtschaftlicher Ungleichgewichte lautet somit die Forderung nach so wenig Staatseingriff wie möglich. Wirtschaftliche Krisen und Zeiten hoher Arbeitslosigkeit werden nicht als Ergebnis des Wirtschaftsprozesses selbst gesehen, sondern auf fehlgelenkte Staatseingriffe zurückgeführt: "The fact is, that the Great Depression, like most other periods of severe unemployment, was produced by government mismanagement rather than by an inherent instability of the private economy."[1] Ausgehend von der Annahme, daß das Prinzip des individuellen Eigennutzes, ausgerichtet auf Profit- und Nutzenmaximierung und vermittelt über den Marktmechanismus die optimale Bedürfnisbefriedigung, auf die gerade die liberale Theorie in ihrem Anspruch sich bezieht, aller Wirtschaftssubjekte - sei es als Käufer oder Verkäufer - garantieren kann, wird auch zur Lösung sozialer Probleme weitgehende Privatisierung sowie auch die Reprivatisierung schon bestehender Staatsfunktionen gefordert.[2]

Nicht mit einbezogen wird allerdings, daß die Berücksichtigung von "Gemeinwohlinteresse" in der unternehmerischen

---

1) Milton Friedman: Capitalism, a.a.O., S. 38
2) Ders.: "The greater part of the ventures undertaken by government in the past few decades have failed to achieve their objectives. The United States has continued to progress, its citizen have become better fed, better clothed... minority groups have become less advantaged... All this has been the product of the initiative and drive of individuals co-operating through the free-market. Government measures have hampered not helped this development." S. 198 sowie zur Forderung der Reprivatisierung: M. Friedman: The Nixon Budget, in: Newsweek vom 2.4.1973

Einzelentscheidung nur begrenzt sein kann, da in der geforderten freien Wirtschaft durch den Konkurrenzmechanismus selbst ein Zwang zur Rentabilität und zum Gewinn institutionalisiert ist, der den Spielraum für möglicherweise weniger rentable Gemeinwohlüberlegungen einengt.

Einerseits wird an dem Anspruch universeller wirtschaftlicher Teilhabe festgehalten, andererseits werden jedoch Probleme bestehender sozialer Ungleichheit nicht dazu in Beziehung gesetzt. Nicht die Evidenz der schwarzen Ghettos wird zum Anlaß genommen, das Postulat der vorhandenen Basisgleichheit zu revidieren, sondern umgekehrt gefolgert, daß bei Befolgen traditioneller bürgerlicher Tugenden, wie Sparsamkeit und Fleiß, sich auch wirtschaftliche und gesellschaftliche Anerkennung einstellen werden. Allerdings werden qualitative Unterschiede gesellschaftlicher Gleichheit nicht berücksichtigt, sondern die Probleme des schwarzen Ghettos wie weitgehende Armut, Verslumung, schlechtere Schulqualität werden nunmehr auf die Möglichkeit individuellen Konsums reduziert: "Ask yourself, in what respect the inhabitant of a low-income neighborhood let alone a Negro neighborhood in a large city, is most disadvantaged. If he attaches enough importance, say to a new automobile, he can, by dint of saving, accumulate enough money to buy the same car as a resident of a high-income suburb. To do so, he need not move to the suburb. On the contrary, he can get the money partly by economizing on his living quarters and this goes equally for clothing, furniture or books."[1]

Da angenommen wird, daß individuelle Leistung und Produktivität ausschlaggebend für wirtschaftlichen Erfolg sind, und gerade der Marktmechanismus soziale Diskriminierung unmöglich mache[2], muß das konzentrierte Auftreten offen-

1) Milton Friedman: Capitalism and Freedom, a.a.O., S. 21
2) "No one who buys bread knows where the wheat from which it is made is grown ... by a Negro or a White. This illustrates how an impersonal market seperated economic activities from political views and protects men from being discriminated against in their productivity...", ebd.

sichtlich unproduktiver, wirtschaftlich benachteiligter gesellschaftlicher Gruppen - wie der Bewohner der schwarzen Ghettos - dann auf "äußeren" Faktoren beruhen. Auch hier wird schließlich auf eine "natürliche" Erklärung dieses Problems zurückgegriffen.[1)]

Die Voraussetzungen,überhaupt produktiv sein zu können, werden nicht mit einbezogen bzw. sind per definitionem gegeben. Da jedoch Ausbildung oder andere Formen einzubringenden Kapitals erst den Eintritt in die Marktsphäre ermöglichen wie auch das Ausmaß individueller Produktivität bestimmten, scheint es ein problematisches Vorgehen zu sein, einerseits Chancengleichheit zu postulieren, andererseits von sozialstrukturell bedingten schichten- oder wie im Fall der Neger auch gruppenspezifischen Merkmalen zu abstrahieren, die individuelle Markterfolge entscheidend mitbedingen.

Bezogen auf das schwarze Ghetto ist daher zu fragen, inwieweit es als realistische Möglichkeit eingeschätzt werden kann, zur Überwindung der ökonomischen Benachteiligung auf so wenig Staatseinfluß wie möglich zu vertrauen. Im Sinne der konkurrenzwirtschaftlichen Argumentation wäre die Lösung demnach, eigene wirtschaftliche Macht durch einen "Schwarzen Kapitalismus" aufzubauen. Denn als Anspruch auf Leistungsgerechtigkeit der reinen Marktfunktionen bleibt festzuhalten: "The maintenance of the general rule of private property and of capitalism have been a major source of opportunity for Negroes and have permitted them to make greater progress than otherwise they would have made."[2)]
Daher ist gerade am Beispiel eines "Schwarzen Kapitalismus" zu überprüfen, inwieweit auch das entwickelte kapitalistische System die Möglichkeit bietet, aus eigener Kraft wirtschaftliche Unabhängigkeit zu erreichen.

---

1) "The man which is hard working and thrifty is to be regarded as 'deserving', yet these qualities owe much to the genes he was fortunate (or unfortunate) enough to inherit." Friedman, a.a.O., S. 166, vgl. auch in dieser Arbeit S. 40 ff
2) Milton Friedman: Capitalism and Freedom, a.a.O., S. 109

12.1. Ein "Schwarzer Kapitalismus" als Sozialprogramm ?

Die Idee, mit Hilfe eines "Schwarzen Kapitalismus" und durch den Besitz von Produktionsmitteln in schwarzer Hand wirtschaftliche Gegenmacht aufbauen zu können sowie die Benachteiligung der Neger durch wirtschaftliche Unabhängigkeit aufheben zu können, wurden immer wieder in der Geschichte der schwarzen Amerikaner propagiert.[1] Zu allen Zeiten wurde die Vorstellung eigener wirtschaftlicher Macht zugleich im Sinne eines umfassenden Sozialprogramms gesehen, das gesellschaftliche Anerkennung garantieren sowie gemäß den Versprechungen unternehmerischer Eigeninitiative erzieherisch wirken und den amerikanischen Negern mehr Selbstvertrauen geben sollte.[2] In Zusammenhang mit der Möglichkeit eines "Schwarzen Kapitalismus" wurde - auch von weißen Befürwortern dieser Idee - immer wieder betont, daß "business" in Amerika Unabhängigkeit und Macht bedeutet, daß damit letztlich ein "Schwarzer Kapitalismus" erfolgversprechender als jedes andere Sozialprogramm sei: "... inasmuch as independence is so often equated with 'financial independence' in our society it is quite natural that the recent experience should generate on controlling resources through ownership of business."[3]

---

1) So z.B. von Booker T. Washington oder Marcus Garvey. Immer jedoch auch von weißen Amerikanern wie auch von Nixon als bedeutsame Initiative für die Probleme des schwarzen Amerika angesehen. Vgl.: Gunnar Myrdal: An American Dilemma, a.a.O., S. 800 ff, sowie: Saturday Review v. 23.8.1969, S. 15

2) So lauteten schon die traditionellen Versprechungen, die mit einem "Schwarzen Kapitalismus" verbunden wurden: "Business will stimulate the Negro's initiative, give him valuable training, and experience, increase his self-confidence, increase his wealth, create a relatively secure middle and upper class, give employment to Negroes in the lower classes, and provide a reservoir of resources which can be used in competition with the whites." Gunnar Myrdal: An American Dilemma, a.a.O., S. 801

3) Gerson Green, Goeffrey Faux: The Social Utility of Black Enterprise, in: William Haddad, Douglas Pugh (Hrsg): Black Economic Development, New Jersey 1969, S. 32/33

Da hier vorrangig die Entwicklungsmöglichkeiten eines "Schwarzen Kapitalismus" als Sozialprogramm für die Ghettoproblematik untersucht wird, sollen zwei Vorhaben exemplarisch angeführt werden. So gibt es Programme, die offiziell unterstützt werden. Diese Unterstützung besteht vorwiegend in einem erleichterten Zugang zu Krediten. In diese Kategorie fällt z.B. die Initiative schwarzen Unternehmern den Weg ins Baugewerbe zu öffnen[1)] oder auch das noch von Robert Kennedy mitbegründete "Bedford-Stuyvesant-Projekt."[2)]

Eine andere Möglichkeit, die auf Selbsthilfe innerhalb der schwarzen Gemeinde basiert, ist die des "wohltätigen Unternehmertums".[3)] Ein Pfarrer in Philadelphia, Leon Sullivan unternahm den Versuch ohne staatliche Unterstützung mit Hilfe einer Kollekte, die innerhalb der schwarzen Gemeinde durchgeführt wurde, eine von Schwarzen kontrollierte Anlagebörse zu gründen. Die hier erzielten Gewinne fließen als Stipendien oder Darlehen in die Gemeinde zurück. Darüber hinaus wird versucht, auch eigene Unternehmen einzurichten, in denen ausschließlich Schwarze beschäftigt werden sollen. In eigenen Ausbildungsstätten werden Arbeitskräfte für die eigenen wie aber auch prinzipiell für "weiße" Betriebe geschult.

---

1) Vgl. Howard Samuels: How to Even the Odds, in: Saturday Review v. 23.8.1969, S. 23, zu anderen Modellen und Versuchen: William F. Haddad, G. Douglas Pugh: Black Economic Development, a.a.O., darin besonders: Howard Samuels: Compensatory Capitalism, S. 60 ff und A. Wright Elliott: Black Capitalism and the Business Community, S. 74 ff

2) In Bedford-Stuyvesant wurden im Rahmen dieses Projekts zusammen mit Farbigen 32 kleine Betriebe eröffnet, unter denen sich auch die erste schwarze Autovertretung im Staat New York befindet. In Mineapolis half z.B. die First National City Bank bei der Gründung einer von Schwarzen geleiteten Bank. Vgl.: Charlayne Hunter: The Black Business Man, in: Saturday Review v. 23.8.1969, S. 27

3) Vgl. Sabine Lietzmann: Leon Sullivans Ein-Mann-Konglomerat, in: FAZ v. 13.1.1973

Selbst wenn diese Projekte, die wegen ihres Modellcharakters herausgegriffen wurden, partiell durchaus die Situation einzelner Schwarzer in den Ghettos verbessern können, so bleibt doch die Frage offen, ob sie als Sozialprogramm und eigenständige Sozialorganisation im Sinne eines "Schwarzen Kapitalismus" verallgemeinerungs- und entwicklungsfähig sind.

Die bisherige Entwicklung hat gezeigt, daß unternehmerische Eigeninitiativen im Ghetto nur in sehr begrenztem Maße möglich sind. Traditionell handelt es sich dabei um speziell auf einen "schwarzen" Markt ausgerichtete Dienstleistungsbetriebe.[1)]

Stellt man heute eine Rangordnung der Berufe auf, in denen selbständige Schwarze der prozentualen Verteilung nach vertreten sind, so stehen an erster Stelle noch immer landwirtschaftliche Betriebe, was aber für das Ghettoproblem nicht relevant ist. Dann folgen an zweiter Stelle Dienstleistungen (personal services). An dritter Stelle stehen Einzelhandelsgeschäfte. Fünfzehn Prozent der schwarzen Selbständigen betreiben Einzelhandelsgeschäfte. Verglichen mit den Weißen insgesamt macht das jedoch kaum mehr als drei Prozent aus. An vierter Stelle steht das Baugewerbe - wobei allerdings in den Statistiken nichts über die Größe der Unternehmen ausgesagt wird. Es kommen somit auch handwerkliche Betriebe in Frage. Mit großem Abstand folgen dann erst Banken und Versicherungsunternehmen - Bereiche, in denen wirtschaftliche Einflußnahme auch für weitere Ghettoprojekte erst möglich wäre. Verglichen mit der USA insgesamt macht der Anteil der Schwarzen in diesem Bereich jedoch nur 2 % aus.[2)]

---

1) Vgl.: St. Clair Drake, Horace Cayton: Black Metropolis, a.a.O., Bd. 2, S. 434 ff, S. 438 ff, S. 449 ff, sowie: Gunnar Myrdal: An American Dilemma, a.a.O., S. 308, S. 310
2) Die Angaben wurden entnommen aus: The Social and Economic Status of the Black Population in the United States, a.a.O., S. 57 (1972). Allerdings gibt es keine neuere Untersuchung, die sich auf die Ghettounternehmen beschränkt.

Festzustellen bleibt so, daß die schwarzen Unternehmer immer noch hauptsächlich im Dienstleistungsbereich konzentriert sind. Und auch hier vorwiegend auf einem vor weißer Konkurrenz geschützten Markt.

Doch selbst im Ghetto haben die schwarzen Unternehmer abgesehen von kleineren Geschäften, Beerdigungsinstituten oder Kosmetiksalons, keineswegs eine marktbeherrschende Position. Mit lokalen Unterschieden werden rund 80 - 90 % der Geschäfte in den Ghettos von Weißen geleitet.[1)]

Die Tatsache, daß überhaupt Schwarze unternehmerisch tätig werden konnten, scheint die These von der prinzipiell möglichen Chancengleichheit in dem "free enterprise system" der USA zu bestätigen. Die prozentuale Unterrepräsentierung ließe sich etwa mit dem verspäteten Eintritt der amerikanischen Neger als formal Gleichberechtigte in die ökonomische Sphäre erklären. Damit wäre dann eine tendenzielle Angleichung zwischen schwarzen und weißen Unternehmen in der Zeitdimension zu erwarten. Obwohl die Neger 11 Prozent der US-Bevölkerung ausmachen, beziehen sie jedoch nur 6,5 % der persönlichen Einkommen und besitzen weniger als 1 Prozent des gesamten finanziellen Guthabens in den USA[2)]. Rein mathematisch gesehen hätten die amerikanischen Neger allerdings erst im Jahr 2000 den persönlichen Besitzstand erreicht, den die Weißen gegen Ende des Bürgerkriegs aufwiesen.[3)]

---

1) Vgl. Earl Ofari: Black Capitalism, in: David Mermelstein (Hrsg): Economics - Mainstream Readings and Radical Critiques, New York 1973, S. 320
2) Statistical Abstracts of the United States, 1971. Vgl. auch: Anita B. Pfaff, Martin Pfaff: Wege aus der Armut - Einkommensicherung für die Armen der Vereinigten Staaten von Amerika, in: Bernhard Külp, Wolfgang Stützel (Hrsg): Zu einer Theorie der Sozialpolitik, Festschrift für Elisabeth Liefmann-Keil, Berlin 1973, S. 137ff
3) Vgl. Lee Soltow: Age and Color in a Century of Personal Wealth Accumulation (unveröffentlicht), Auszüge in: Harold G. Vatter u.a.: The Economics of Black America, a.a.O., S. 80 ff

Im Hinblick auf das Gesamtwirtschaftspotential der USA müssen die Entwicklungsmöglichkeiten für einen "schwarzen Kapitalismus", der entsprechend seiner Bedeutung auch wirtschaftliche Macht ausüben könnte, gering eingeschätzt werden.

Was den Unterschied zwischen wirtschaftlicher Macht bzw. "Ohnmacht" angeht, ist die statistische Unterteilung in Selbständige und Unselbständige nicht sehr aussagekräftig. Traditionellerweise werden z.B. Generaldirektorengehälter auf der Arbeitnehmerseite verbucht, während Kleinstunternehmer statistisch zusammen mit den Produktionsgiganten auf der Seite der Selbständigen erscheinen. Die so erreichte Nivellierung läßt das Ausmaß tatsächlich vorhandener wirtschaftlicher Konzentration geringer erscheinen als es in Wirklichkeit ist. Wenn man berücksichtigt, daß ein typisches schwarzes Geschäftsunternehmen auch heute noch vorwiegend ein Einmannbetrieb ist, der einen Umsatz von unter 20.000 Dollar jährlich erzielt, ein Drittel aller schwarzen Firmen Familienbetriebe sind und kaum eines unter zehn mehr als zehn Angestellte beschäftigt - durchschnittlich verdienen 80 % der schwarzen Firmeninhaber weniger als 5.000 Dollar im Jahr, während schon 60 % der weißen über 5.000 Dollar verdienen -[1] scheint zwar für einige der Schwarzen die Möglichkeit zu bestehen, selbständig unternehmerisch tätig zu werden. Jedoch nur in sehr beschränktem Umfang, da in entwickelten kapitalistischen Gesellschaften unternehmerischer Eigeninitiative enge Grenzen gesetzt sind hinsichtlich Größe, Art und Gewinnmarge der Produktion.

Denn interessant ist im Hinblick auf die Entwicklungsmöglichkeiten eines "Schwarzen Kapitalismus" nicht nur der Vergleich mit weißen Unternehmen in derselben Branche, sondern auch die branchenmäßige Verteilung selbst. Aufgrund des erforderlichen hohen Kapitaleinsatzes sowie

---

1) Vgl.: Earl Ofari: Black Capitalism, a.a.O., S. 322

einer zunehmenden Organisierung der Märkte, ist es für Neuankömmlinge nicht mehr möglich, in den Bereich der Großproduktion vorzudringen. So besteht auch in langfristiger Perspektive für den Aufbau eines eigenen industriellen "Schwarzen Kapitalismus" keine Aussicht mehr.

Da auch im Bereich der Banken und Versicherungen kein nennenswerter Durchbruch des "Schwarzen Kapitalismus" zu verzeichnen ist, erweist sich die Prognose Myrdals als zutreffend: "... the difference in performance between Negro- and white-managed institutions may, in part, be a difference in the stage of development. This is not to say, however, that there is much prospect that there will be a second stage in the development when Negro institutions will grow strong enough to be comparable in quality with white financial establishments. The Negro-managed bank and insurance company will not get away from the fact that the Negroes are poor and that the segregated Negro community cannot offer any range of investment opportunities such that investment risk can be minimized. Indeed, it is difficult to see a real future for a segregated Negro financial system. Basically, it is nothing but a poor substitute for what the Negroes really need: employment of Negroes in white-dominated financial institutions and more consideration for them as insurance or credit seekers."[1]

Auch heute konzentriert sich ein "Schwarzer Kapitalismus" - wie an der Rangordnung der Tätigkeitsgebiete deutlich wurde[2] - auf die Bereiche, in denen das unternehmerische Risiko und, aufgrund der Größe der Unternehmen, auch die Kosten höher, damit aber die Gewinnerwartungen niedriger sind.

Angesichts dieser geringen Möglichkeiten für die Entwicklung eines machtvollen, wirtschaftlich einflußreichen

---

1) Gunnar Myrdal: An American Dilemma, a.a.O., S. 318
2) Vgl. S.108

"Schwarzen Kapitalismus" ist es schwer vorstellbar, daß mit seiner Hilfe ein wirksames, für die schwarzen Ghettos insgesamt gültiges Sozialprogramm erstellt und durchgeführt werden könnte.[1] Der kleinen Gruppe schwarzer Unternehmer, selbst wenn sie wie im Modell der "Zion Investment Associates" des Leon Sullivan ausschließlich Schwarze beschäftigen, wird es in absehbarer Zeit kaum möglich sein, ausreichend Arbeitsplätze für die schwarzen Ghettos bereitzustellen. Ohne staatliche Hilfe reicht die geringe wirtschaftliche Macht bestehender schwarzer Unternehmen nicht aus, zur Lösung der Ghettoprobleme beizutragen.

Eventuell kann im Sinne eines "verlängerten Marktmodells" - unterstützt durch Spezialkredite oder in Form von staatlichen Aufträgen zur Sicherung eines beständigen Absatzmarktes - ein geringer Prozentsatz der Schwarzen seine wirtschaftliche Position verbessern.[2] Für die Macht der Ghettobewohner wird jedoch das Konzept des "Schwarzen Kapitalismus" unverbindlich bleiben und ihnen kaum eine reale Änderung ihrer Lebensbedingungen ermöglichen. Denn auch für die USA insgesamt besteht die Tendenz, daß die Anzahl selbständiger Unternehmer abnimmt, dagegen die Zahl der in ab-

---

1) So Dunbar S. McLaurin, Gründer der Beratungsfirma für Ghettounternehmen "Ghettonomics": "Black Capitalism', however, defined, must be tied into the main economic system of the nation or it will be meaningless. The development of management skills, the development of markets - all of these are items of great importance but they achieve their importance only insofar as they become part of the entire economic system - i.e. insofar as they contribute to the economic development and growth of the ghetto." Dunbar S. McLaurin, Cyril D. Tyson: The GHEDI-Plan for Economic Development, in: William F. Haddad u.a.: Black Economic Development, a.a.O., S. 127

2) Von den 100 bedeutendsten schwarzen Firmen wurden 53 nach den Initiativen des "War on Poverty" gegründet. Jedoch sind dies Firmen mit 15 bis zu 200 Angestellten, was im Vergleich mit anderen amerikanischen Unternehmen bescheiden wirkt. Vgl. Erich Gysling: Der Traum vom schwarzen Bürgertum, in: Weltwoche v. 22.8.1973

hängigen Positionen Beschäftigten jedoch ansteigt.[1)]

Bezieht man darüber hinaus ein, daß rund zwei Drittel der Familien, die in den USA ein Einkommen unterhalb der Armutsgrenze beziehen, Weiße sind, so erscheinen die Aussichten für einen "Schwarzen Kapitalismus" als Sozialprogramm noch geringer, da schon ein "weißer" Kapitalismus nicht in der Lage zu sein scheint, bestehende Ungleichheit und Armut aufzuheben. Der Einwand des Interessenvertreters der gewerkschaftlich organisierten Arbeiterschaft gegen die weitere Propagierung eines "Schwarzen Kapitalismus" als Sozialprogramm erscheint unter diesem Gesichtspunkt berechtigt: "Attempts to build seperate economic enclaves with substantial federal tax subsidies within specific geographically limited ghetto areas is apartheid, antidemocratic nonsense."[2)]

Zusammenfassend läßt sich sagen, daß das von der liberalen Theorie propagierte Ideal unternehmerischer Eigeninitiative im Zeitalter des organisierten Kapitalismus eine kaum einzulösende Versprechung bleiben muß. Da die bestehenden Konzentrationstendenzen die Ausgangsposition derjenigen in ökonomisch schwachen Positionen noch verschlechtern, kann daher auch der Anspruch, durch einen "Schwarzen Kapitalismus" die Integration der Ghettobewohner in die amerikanische Gesellschaft verwirklichen zu können, kaum eingelöst werden. Dies läßt sich jedoch nicht auf die prinzipielle Unwilligkeit oder sogar Unfähigkeit schwarzer Unternehmer

---

1) "Nine out of ten persons who work are employees ... only a small number of people can move into the economy's mainstream through self-employment and small business." Leitartikel in WALL STREET JOURNAL: Labor and Black Capitalism (ohne Datum) zitiert in: Harold G. Vatter u.a.: The Economics, a.a.O., S. 243

2) George Meany: Economic Progress and Minorities, Stellungsnahme des AFL-CIO Executive Council, Bal Harbour, Florida, v. 21.2.1969 (zitiert nach: Harold G. Vatter u.a.: The Economics, a.a.O., S. 244

zurückführen[1], sondern die geringe Entwicklungsmöglichkeit eines "Schwarzen Kapitalismus" ist durch systematische Restriktionen bedingt, die, verbunden mit einer ungünstigen Ausgangsposition, individuelle Leistungsfähigkeit leerlaufen lassen.

Bezogen auf die wirtschaftlichen Probleme des schwarzen Ghettos ist daher auch die Forderung nach weitgehender Beibehaltung der "reinen Marktfunktionen" und damit einhergehend der Verzicht auf lenkende staatliche Eingriffe angesichts der geringen Möglichkeit selbst unternehmerisch tätig zu werden, problematisch. Denn besonders im Wohnungswesen wirkt sich der Marktmechanismus ungünstig für die Schwarzen in den Großstädten aus. Da in den Slumgebieten die Nachfrage nach Wohnungen immer höher als das Angebot war[2], schlug sich diese Tendenz in hohen Mieten nieder, ohne daß dafür jedoch Sonderleistungen der Wohnungsbesitzer erbracht werden mußten. Im Sinne der Marktgesetzlichkeit waren aufgrund des Wohnraummangels die Mieten schon so hoch, daß Renovierungsmaßnahmen oder der Einsatz durch Neubauten unter Rentabilitätsgesichtspunkten nicht mehr erforderlich waren.[3]

---

1) Beispielhaft für andere "Mentalitätserklärungen" die Aussage Eugene Foleys von der "Small Business Administration": I do not really know why the Negro businessmen are not successful. I think the lack of success probably relates to ... the feeling of powerlessness. An entrepreneur has to have several qualities: thrift, self-confidence, hope, riskiness." Eugene P. Foley: Limitations of the Black Businessman, in: Harold G. Vatter u.a.: The Economics, a.a.O., S. 139

2) Besonders die Wanderungsbewegungen der Neger aus den Südstaaten verstärkten immer wieder die Nachfrage auf dem Wohnungsmarkt in den nördlichen Großstädten. Vgl. sowie: Karl E. Taeuber u.a.: Negroes in Cities, a.a.O., S. 25, S. 172

3) Vgl.: John K. Galbraith: Die moderne Industriegesellschaft, München - Zürich 1968, S. 393 ff sowie: Glenn H. Beyer: Housing and Society, New York - London 1965, S. 348

Hinzu kam weiterhin, daß die privaten Grundstücksbesitzer, zusammen mit Maklern und auch der privaten Bauwirtschaft sich lange Zeit erfolgreich gegen staatliche Eingriffe in diesen Wohnungsmarkt zur Wehr setzten.[1)]

Die Überfüllung und der zunehmende Verfall der Ghettowohnungen wurden durch das "freie Spiel der Kräfte" keineswegs aufgehoben, sondern, da Angebot und Nachfrage sich zu keiner Zeit automatisch anglichen, noch verstärkt.

---

1) Vgl.: St. Clair Drake, Horace Cayton: Black Metropolis, a.a.O., S. 212, sowie: Robert Weaver: The Negro Ghetto, a.a.O., S. 164 "... the Negro was late in participating in any form of war housing and funds for public housing were always limited by the Congress on the ground that private industry could and would do the bulk of the job." S. 164

13. Das Ghettoproblem als Symptom für einen Funktionszuwachs des Staates

Die wirtschaftlichen Probleme der Mehrheit der Schwarzen in den Ghettos sind nicht gleichzusetzen mit denen einer schwarzen Mittelklasse.[1] Die ökonomische Situation der Schwarzen in den Ghettos ist zunächst gekennzeichnet durch eine - verglichen mit dem amerikanischen Durchschnitt - überproportional hohe Arbeitslosenrate (insbesondere auch Jugendarbeitslosigkeit), die sich traditionell an der Depressionsgrenze bewegt.[2] Dazu kommt eine weitverbreitete Unterbeschäftigung, von der in den Ghettobezirken rund 40 % der Beschäftigten betroffen sind. Den Arbeitslosen und den nur Teilbeschäftigten ist weiterhin die besonders seit dem 2. Weltkreig ständig steigende Zahl der Sozialhilfeempfänger sowie die große Zahl derjenigen hinzuzurechnen, die laut Schätzungen berechtigt wären, Unterstützungsgelder zu beziehen, dies aus verschiedenen Gründen jedoch unterlassen.[3] Das Recht auf staatliche Unterstützungsleistung steht denjenigen zu, die die "poverty line"[4] - das jeweilige offiziell festgelegte Existenzminimum - unterschreiten.

---

1) Vgl. auch S. 25 ff
2) Bei den Zahlen über die Arbeitslosenrate ist jedoch zu berücksichtigen, daß hier nur diejenigen aufgenommen werden, die als arbeitslos registriert sind und schon längere Zeit einen festen Arbeitsplatz hatten. Nach einer allerdings von 1967 (undatiert) stammenden Spezialuntersuchung des Arbeitsministeriums, lagen in den Ghettogebieten selbst die Zahlen weit über dem nationalen Durchschnitt. Zu der Zahl derjenigen, die nicht mehr als Arbeitssuchende registriert sind, kam schon damals der hohe Prozentsatz von Unterbeschäftigten. Vgl.: Edward C. Banfield: The Unheavenly City, a.a.O., S. 286, Anm. 52, sowie S. 110 ff
3) Vgl. Joe R. Feagin: America's Welfare Stereotypes, a.a.O., S.925
4) The Social and Economic Status of the Black Population, a.a.O., 1972, S. 106

In 1972 waren es noch 33 % der Schwarzen, die durch eigenen Verdienst diese Grenze nicht erreichen konnten. Die Zahl der Sozialhilfeempfänger beträgt in Städten wie New York 15 %, in Newark mehr als 20 % der Stadtbevölkerung[1], verglichen mit der Rate für die USA insgesamt von 6 %.

Während diese Entwicklung anfangs damit erklärt wurde, daß vorwiegend vorübergehend Arbeitslose zu unterstützen sind, reichte diese Erklärung nicht mehr aus, als selbst zu Zeiten annähernder Vollbeschäftigung kein Rückgang der Unterstützungsberechtigten stattfand.[2] Anscheinend zeichnet sich somit die Tendenz ab, daß gerade auch aus Ghettogebieten eine größer werdende Zahl von Bürgern über immer längere Zeiträume hinweg zur alleinigen Daseinsversorgung auf den Staat angewiesen ist.

Die genannten Zahlen veranschaulichen, welchem Problemkomplex sich die städtischen und staatlichen Behörden allgemein, insbesondere aber in den schwarzen Ghettos gegenüberstehen. Sie machen zugleich deutlich, daß Lösungsversuche der Ghettoproblematik weder allein einer Regelung durch den Marktmechanismus noch den begrenzten Möglichkeiten eines Sozialprogramms des "Schwarzen Kapitalismus" überlassen werden können, da diese Probleme nicht mehr individuell, sondern nur noch mit staatlicher Unterstützung einer Lösung nähergebracht werden können.

Um die zunehmende Bedeutung staatlicher Eingriffe in die Behandlung des Ghettoproblems deutlich zu machen, soll im folgenden am Beispiel der Ausbildungsprogramme die Reichweite staatlicher Ersatzhilfen zur Unterstützung des Marktmechanismus aufgezeigt und problematisiert werden.

---

1) Vgl. Herbert Gans: The Welfare Problem, in: D. Mermelstein u.a.: Economics, a.a.O., S. 282. Besonders seit 1963 (vorher 4 %) ist ein ständiges Ansteigen der jährlichen Zuwachsrate in New York City zu verzeichnen: v. 1963-1964 stieg sie um 14 %, von 1966-1967 um 28 %. Zahlen aus: The First National City Bank: Poverty and Economic Development in New York City, New York, S. 19
2) Vgl.: Herbert Gans: The Welfare Problem, a.a.O., S. 282

13.1. Staatliche Ersatzhilfen: Das Beispiel berufsbezogener Ausbildungsprogramme

Angesichts der großen Zahl jugendlicher Arbeitsloser sowie des hohen Prozentsatzes derjenigen, die keine abgeschlossene Schulausbildung aufzuweisen haben, schien mangels Qualifikation das Haupthindernis zu sein, eine Anstellung zu finden. Daher wurden besonders auch im Rahmen des "Krieges gegen die Armut" verstärkte Anstrengungen unternommen, das Qualifikationsdefizit vieler Schwarzer in den Ghettos durch kompensatorische Maßnahmen zu beheben. Neben Programmen zur Vorschulerziehung[1)] wurden vorrangig berufsbezogene Ausbildungsprogramme aus öffentlichen Geldern finanziert.

Zu nennen sind hier Programme wie "Training-on-the-Job" oder "Jobs Corps". Darüber hinaus wurden auch direkt Subventionen an verschiedene Unternehmen bezahlt, um sie zur Übernahme der bisher Unbeschäftigten zu bewegen. So sollten z.B. in Zusammenarbeit mit der National Alliance of Businessmen in der Zeit von 1967 bis 1971 641 000 Arbeitslose in 125 Städten ausgebildet und angestellt werden. Spezielle Teams wurden zusammengestellt, um sowohl die Unternehmer aufzufordern, Arbeitslose einzustellen, wie auch die bislang als "hard-core unemployable" eingeschätzten Arbeitslosen selber zu motivieren, sich an diesen Ausbildungsprogrammen zu beteiligen. Finanziert wurde diese Ausbildung vorwiegend aus öffentlichen Geldern. An die Unternehmen wurden pro auszubildenden Arbeitslosen 3.000 Dollar bezahlt. Nach einjähriger Anlaufzeit wurde jedoch schon deutlich, daß die meisten Ausgebildeten keinen Arbeitsplatz erhielten.[2)]

---

1) Vgl.: Manuela du Bois-Reymond: Strategien kompensatorischer Erziehung, a.a.O., S. 120 ff
2) Vgl.: Richard A. Cloward, Frances F. Piven: The Rise and Fall of Welfare Rights, in: RAMPARTS, Sept. 1974, Vol. 13, No. 2, S. 25. Vgl. Heiko Flottau: Armut in Gottes eigenem Land, a.a.O., S. 81 ff

Auch die Mehrzahl der anderen Ausbildungsprogramme trug kaum dazu bei, die Arbeitslosenrate herabzudrücken. Für die meisten Jugendlichen, die an den "Jobs Corps" Programmen teilnahmen, zahlte sich dies nicht in einem ausreichend entlohnten Arbeitsplatz aus.[1] Andere "Manpower"-Programme erbrachten ähnlich geringe Resultate in der Placierung der Ausgebildeten in Arbeitsplätze. Erfolgreich waren die Programme vorrangig bei schon qualifizierten, vorwiegend weißen Arbeitskräften, die in der Nähe von Industriegebieten wohnten.[2] Besonders für die Schwarzen in den Ghettos erbrachten auch spätere Initiativen wie das "Work Experience and Training Program" der Nixon-Administration weder eine größere Nachfrage nach Arbeitskräften noch führten diese Initiativen zu bedeutend höheren Lohnsätzen.[3]

Zwar wird durch diese Programme das Ausbildungsniveau derjenigen, die sie erfolgreich beenden, angehoben. Eine Gewähr für einen sozialen Aufstieg ist damit jedoch noch nicht gegeben. Einmal sind Vorurteile gegenüber den "ghettocharacteristics" immer noch einer der Haupthindernisse für eine erfolgreiche Integration in weiße Unternehmen. Darüber hinaus bewirkt die jahrzehntelange Vernachlässigung der Ghettos selbst eine soziale Dynamik, die nicht mehr durch nur kurzfristige Maßnahmen aufgehoben und stillgestellt werden kann. Viele der Arbeitslosen, die aus den

---

1) So nach einer Untersuchung des U.S. General Accounting Office über die Erfolge des "Jobs Corps" Programms: "It is questionable whether Job Corps training has resulted in substantial economic benefit thus far for those youth who participated in the program." Nach: U.S. News & World Report v. 31.3.1969, S. 58

2) Garth L. Mangum: The Why, How, and Whence of Manpower Programs, in: The Annals of the American Academy, of Political and Social Sciences, Sept. 1969, S. 53

3) Vgl.: James O'Connor: Die Finanzkrise des Staates, a.a.O., S. 300

Ghettos für eine Anstellung angeworben wurden, fühlten sich den Anforderungen des neuen Arbeitsplatzes nicht gewachsen: "Consider the case of the hard-core young black male adult who successfully completes a training course and für whom a job is available... So far his life has been one humilitating failure after another. As a result, he has little confidence in his ability to cope with the difficulties emanating from his being black and poor in a white man's society. He gets a job as a result of a highly publicised employment program in the city ... He is thus greeted by a white personal manager, a white foreman and white co-workers. They resent the special treatment he is getting and they let him know. The pressure on him to succeed becomes enormous and in a few weeks he drops out. He adds another failure to his personal history and then turns to the economically less satisfactory but psychologically tolerated life in the streets."[1] Kurzfristig und ohne umfassende Integrationsmaßnahmen, die sich auch noch auf eine Betreuung am Arbeitsplatz selbst ausdehnen, kann der Mechanismus der "self-fulfilling prophecy" offenbar nicht außer Kraft gesetzt werden.

So bleibt es auch für diejenigen, die einen Arbeitsplatz erhalten haben, weiterhin schwierig, in qualifizierte und besser bezahlte Positionen aufzurücken. Verschlossen sind den Schwarzen insbesondere die Positionen, in denen sie Weißen vorgesetzt sären.[2] Da zudem einige Unternehmen, wie z.B. General Motors, die Ghettobewohner im Rahmen der Ausbildungsprogramme einstellten, jedoch in der Folge den Arbeitsfrieden in ihren Unternehmen gestört sahen - häufige Verspätungen, Streitigkeiten und Handgreiflichkeiten waren die neuen Probleme, denen sich das Firmenmanagement

1) Gerson Green, Geoffrey Faux: The Social Utility of Black Enterprise, a.a.O., S. 25/26
2) Vgl.: Raymond Franklin; Solomon Resnick: The Structure of Racial Discrimination, in: David Mermelstein u.a.: Economics, a.a.O., S. 317

gegenübersah - befürchteten sie einen nachteiligen Effekt auf die Arbeitsproduktivität. Das Interesse an Sonderanstrengungen zur Integration von Ghettobewohnern nahm daher schnell ab.[1)]

Im Hinblick auf die geringe Erfolgsquote und die niedrige Zahl derjenigen Ausgebildeten, die anschließend einen ausreichend bezahlten Arbeitsplatz erhielten, zeigt sich deutlich die Grenze jedes Rehabilitationsansatzes, der über staatliche Ersatzhilfen, wie Übernahme der Ausbildungskosten und finanzielle Anreize für die Unternehmen, Arbeitsplätze zur Verfügung zu stellen, nicht hinausgeht. Denn selbst wenn die Regierung für jeden ausgebildeten Arbeitslosen 3 000 Dollar an das Unternehmen zahlt, kann damit noch nicht die spätere Übernahme in ein Anstellungsverhältnis garantiert werden. Die staatlichen Ersatzhilfen finden somit ihre Grenze an der Autonomie der privaten Unternehmerschaft, auf die im Rahmen dieser Programme nur unspezifisch, d.h. durch finanzielle Mittel Einfluß genommen werden kann, ohne daß jedoch eine Kontrolle über die exakte Verwendung der zur Verfügung gestellten Gelder möglich ist. Der Versuch, zwar Integrationsvoraussetzungen bei den Betroffenen zu schaffen, ohne jedoch auch reale Integrationsmöglichkeiten bereitstellen zu können, läuft letztlich darauf hinaus, daß das Problem der Arbeitslosigkeit nur kurzfristig, d.h. für die Zeit der Ausbildung umgangen wird. Das besagt aber nicht, daß die Ausbildungsprogramme überflüssig sind.[2)] Wirkungsvoll wären sie jedoch nur in Verbindung mit einer Arbeitsplatzgarantie: "The relationsship between occupational training and unemployment is very

---

1) Vgl.: Vernon Briggs, jr.: The Negro in American Industry- A Review of Seven Studies, in: The Journal of Human Resources, Vol. 5, No. 3, 1970, S. 371 ff

2) Eine bessere Ausbildung ist gerade für viele der jugendlichen Ghettobewohner dringend erforderlich, da mehr als die Hälfte jedes Jahrgangs die weiterführende Schule nicht abschließt. Vgl.: Manuela de Bois-Reymond: Strategien, a.a.O., S. 37

low ... we have done a much better job rehabilitating people than of preparing society to receive them."[1)]

Durch die Abhängigkeit dieser Programme von der allgemeinen Arbeitsmarktsituation in den USA können sie höchstens partielle Lösungsversuche sein, die vorwiegend das Ausbildungsniveau der jeweiligen Teilnehmer verbessern. Denn seit dem Koreakrieg zeichnet sich auch für die USA insgesamt das langsame Ansteigen der allgemeinen Arbeitslosenrate ab, nur zeitweilig von konjunkturellen Aufschwüngen verdeckt.[2)] Die Mitte der 60er Jahre als Vollbeschäftigung definierte Grenze von 96 % der Arbeitskräfte[3)] wird also in immer geringerem Maße erreicht.

Höhere Arbeitslosenraten scheinen damit auch für die USA insgesamt zu einem strukturell bedingtem Phänomen zu werden. Wenn aber berufsbezogene Ausbildungsprogramme nur dann ihr Ziel erreichen können, Arbeitslosigkeit und Wohlfahrtsabhängigkeit zu reduzieren, wenn die Situation auf dem Arbeitsmarkt dem Zustand einer Vollbeschäftigung zumindest angenähert ist[4)], sind auch in längerfristiger Perspektive ausreichende Beschäftigungsmöglichkeiten be-

---

1) Martin Rein, S. M. Miller: Poverty Programs and Policy Priorities, in: Louis A. Ferman: Poverty in America, Ann Arbor 1965, S. 645

2) "Following the Korean war, unemployment rose persistently, though camouflaged by recurrent business cycles." Garth L. Mangum: The Why, How, and Whence of Manpower Programs, in: The Annals of the American Academy of Political and Social Sciences, Sept. 1969, S. 52

3) Vgl.: Paul S. Samuelson: Volkswirtschaftslehre, a.a.O., Bd. 2, S. 525

4) "These are important programs but their effectiveness is highly dependent on the existance of a tight labor market which provides the incentives of employers to undertake extraordinary efforts in behalf of the poor ... it seems evident that if every time some inflationary pressure appears, a rise in unemployment is going to be generated to halt it, employers are not going to feel that the pains to training and learning to deal with marginal workers are worthwhile ... The National Alliance of Businessmen's jobs for hiring the hard-core has a three years goal of 500.000 jobs. Thus, if every job, three persons are lifted out of poverty, it would

sonders für die jugendlichen Arbeitslosen in den Ghettos nicht zu erwarten.

Diese Situation wird durch weitere Belastungen der ohnehin strukturschwachen Ghettoökonomie noch verschärft. Denn - infolge der Standortverlegung vieler Industriebetriebe und Unternehmen - hält weiterhin die Tendenz an, daß Arbeitsplätze vorwiegend außerhalb der Ghettogebiete zur Verfügung stehen.[1)]

Solange die Erfüllung gesamtgesellschaftlicher Bedürfnisse, wie Slumbereinigung, Verbesserung der Gesundheitsfürsorge und Ausbildung als "unproduktiv" eingestuft bleibt[2)] und nur die Möglichkeit besteht, die Privatindustrie indirekt zu beeinflussen - zumeist durch steuerliche Anreize -, im Ghetto zu investieren, wird auch das Hauptproblem der schwarzen Ghettos, die strukturelle Unterversorgung mit ausreichend entlohnten Arbeitsplätzen[3)] nicht wirksam zu lösen sein.

Die bisherigen staatlichen Subsidärmaßnahmen, wie Übernahme von Ausbildungskosten zur Anhebung der Arbeitsqualifikation und teilweise Subventionierung von Privatunternehmen in der Hoffnung, dadurch die wirtschaftliche Entwicklung der Ghettos fördern zu können, haben - so zeigt sich - eine zu geringe Reichweite. Für die umfassenden wirtschaftlichen Probleme der schwarzen Ghettos reicht diese Form der Ersatzhilfe zur Belebung der Marktfunktion offenbar nicht mehr aus. Ebenso kann auch eine Verbesserung der

---

seem that one percent ... rise in unemployment would wipe out the entire gains of the three years program." Robinson Hollister, John H. Palmer: Impact on Inflation on the Poor, in: Harold F. Vatter u.a.: The Economics, a.a.O., S. 287

1) Vgl.: Will Lissner: City Loses over 28,000 Jobs in June While Employment Climbs in Suburbs, in: New York Times v. 24.7.1973, S. 35

2) Vgl.: Joan Robinson: Kleine Schriften zur Ökonomie, Frankfurt/Main 1969, S. 34

3) Vgl.: Garth L. Mangum: The Why, How, and Whence of Manpower Programs, a.a.O., S. 54

Wohnungssituation in den Ghettos nur noch durch Umgehung der reinen Marktgesetzlichkeit erreicht werden.[1]

Den staatlichen Bemühungen um Lösung der Ghettoprobleme steht nach wie vor der marktwirtschaftliche Anspruch nach so wenig Staatseingriffen wie möglich gegenüber. Die Forderung nach einer weitgehenden "Reprivatisierung" staatlicher Funktionen und die Wiederherstellung der "reinen Marktfunktionen"[2] ist jedoch angesichts der wachsenden Zahl derjenigen, die in steigendem Maße auf vermehrte Sozialleistungen und Sozialinvestitionen angewiesen sind, keine Alternative.

Denn auch wer an einem möglicherweise reichhaltigeren Angebot vermehrter Güterproduktion und reprivatisierter staatlicher "Dienstleistungen" sich beteiligen kann, wird entscheidend von der Einkommensseite her bestimmt. Daher dürfte für einkommensschwache Gruppen sowie besonders auch für diejenigen ohne eigenständiges Einkommen die Problematik einer möglicherweise weniger effizienten staatlichen Dienstleistung im Vergleich zu der geforderten, dem Wettbewerbsdruck ausgesetzten privaten, kaum relevant sein, da sie aufgrund ihrer schwachen wirtschaftlichen Position

---

1) "Without government inducements, profits are low in ghetto areas - a deterrent to private investment. Despite higher prices, retail business has difficulty thriving in the ghetto. Investing in new housing for low-income families - particularily in big cities - is usually a losing proposition. Indeed, the most profitable investment is often one that demolishes the homes of low-income families to make room for business and higher income families. Much of the blemished reputation of early urban renewal programs came from pursuing the most profitable development of renewal areas." U.S. Council of Economic Advisors: Economic Report of the Resident Together With the Annual Report of the Council of Economic Advisor, Washington D.C., Januar 1969, S. 174 ff (zitiert nach: H.F. Vatter u.a.: The Economics, a.a.O., S. 254)

2) Vgl. S. 102 ff

keine andere Alternative als staatliche Unterstützung haben. Der Widerspruch zwischen Gewinnerwartung und sozialer Verantwortung[1] ist durch die Reprivatisierung von Staatsfunktionen nicht zu überwinden. Denn schon an der Entwicklung der "reinen"[2] Marktwirtschaft wird deutlich, daß die Allgemeininteressen - und damit auch Versorgungsbereiche, auf die einkommensschwache Gruppen angewiesen sind - vernachlässigt werden. Vorschläge, diesen Gruppen aus öffentlichen Geldern Mittel zur Verfügung zu stellen, damit sie die geforderten Preise der neuen Dienstleistungen - der privaten Schulen, privaten Slumsanierung[3] - überhaupt bezahlen können, sind - ebenso wie die oben vorgestellten staatlichen Ersatzhilfen - auch unter dem Kostenaspekt zu problematisieren[4], vor allem, wenn damit nicht zugleich die Möglichkeit einer adäquaten Erfolgskontrolle gegeben ist. Denn die Steuermittel zur Finanzierung dieser Vorhaben müssen zu einem überwiegenden Teil von der arbeitenden Mittel- und Unterschicht aufgebracht werden.[5]

Diese - wenn auch indirekte - Subventionierung privater Ge-

---

1) Friedman konstatiert diesen Widerspruch selbst: "In such an economy - there is one and only one social responsibility of business - to use its resources and engage in activities designed to increase its profits so long as it stays within the rules of the game, which is to say, engages in open and free competition ..." Milton Friedman, Capitalism and Freedom, a.a.O., S. 133
2) Vgl. auch zu diesem Widerspruch: John K. Galbraith: Industriegesellschaft, a.a.O., S. 162
3) So Friedman: Capitalism and Freedom, a.a.O., S. 101, S. 178 ff, S. 91
4) Vgl. zu diesem Zusammenhang: Chester Hartmann: Statement vor dem U.S. Joint Committee, Subcommittee on Urban Affairs, v. 4.9.1967 Washington D.C., auszugsweise in: Vatter u.a.: Economics, a.a.O., S. 338 ff
5) So Garth L. Mangum: The Why, How, And Whence of Manpower Programs, a.a.O., S. 60 sowie: Pamela Roby: Inequality - A Trend Analysis, in: Annals of the American Academy, Sept. 1969, S. 116/117

winne kann somit kaum zu einer größeren Verteilungsgerechtigkeit beitragen.

Darüber hinaus ist zweifelhaft, ob durch derartige Maßnahmen nachträglich eine Ausgangsgleichheit für einkommensschwache Gruppen hergestellt werden kann. Denn angesichts der immer deutlicher sich abzeichnenden Ressourcenknappheit der öffentlichen Hand scheinen auch die notwendigen "Handgelder", um die privaten Dienste dann tatsächlich kaufen zu können, nicht in ausreichendem Maße an diese Gruppen verteilt werden zu können. Daß die Dienstleistungen selbst erheblich kostengünstiger angeboten werden, ist jedoch wenig wahrscheinlich. Denn selbst wenn private Unternehmen effizienter und rationeller arbeiten sollten - das gewichtigste Argument in dieser Diskussion - so werden sie ihre Dienste kaum nur "kostendeckend" anbieten. Inwieweit weiterhin der erforderliche und geforderte Konkurrenzdruck die ihm zugesprochene Funktion erfüllen wird, kann - angesichts der Entwicklung in anderen Branchen - keineswegs als sicher angenommen werden.

Der Rückgriff auf das Instrumentarium der "reinen" Marktwirtschaft ist daher - angesichts der Situation in den schwarzen Ghettos und des Zustandes der Ghettoökonomie - nicht geeignet, die hier vorhandenen Strukturschwächen zu beheben. Gerade zur Verminderung des erheblichen Einkommensdefizits in diesem Bereich sind schon jetzt zunehmend kompensatorische Staatsleistungen erforderlich.

13.2 Kompensatorische Staatsleistungen

Direkte staatliche Arbeitsbeschaffungsprogramme zur Bekämpfung der Arbeitslosigkeit wurden bisher in den USA nur in wirtschaftlichen Notzeiten, z.B. im Rahmen des "New Deal" als kurzfristige Maßnahme organisiert[1] und die da-

1) Vgl.: William E. Leuchtenberg: Franklin D. Roosevelt and the New Deal, New York - Evanston - London 1963, S. 122

für erforderlichen Finanzmittel vom Kongreß bewilligt. Ähnliche Maßnahmen zum Abbau der Arbeitslosigkeit in den Ghettos, die den Staat zum "employer to last resort"[1] machen würden, sind jedoch nicht ernsthaft erwogen worden, vor allem auch, weil die private Unternehmerschaft dieser Möglichkeit Widerstand entgegensetzt.[2] So blieb es bis jetzt vorrangig bei staatlichen Unterstützungs- und Ausgleichszahlungen sowie anderen kompensatorischen Staatsleistungen.

Das Ziel, diese Leistungen allmählich abzubauen und die Zahl derjenigen, die auf staatliche Unterstützungen angewiesen sind, nach und nach zu vermindern, ist jedoch bisher nicht erreicht worden. Trotz der Anstrengungen, die im Rahmen des "Krieges gegen die Armut" unternommen wurden, um die Not in den schwarzen Ghettos zu beheben, ist noch rund ein Viertel aller Schwarzen in irgendeiner Form auf staatliche Unterstützung angewiesen,[3] sei es in Form des geforderten, jedoch noch nicht realisierten "guaranteed annual income"[4], sei es durch die schon praktizierten Er-

---

1) Vgl. Edward C. Banfield: The Unheavenly City, a.a.O., S. 111 ff

2) "Solutions to the problems of chronically unemployed workers should give the priority to programs that offer basic education and training on skills leading to jobs in the competetive labor market ... Massive federally financed employment programs in public and nonprofit jobs should be avoided. Such programs could lead to the development of a locked-in class of workers unprepared for the transition of regular jobs." Standpunkt der Chamber of Commerce, zitiert nach H.F. Vatter u.a.: The Economics, a.a.O., S. 216. Diese eindeutige Ablehnung erklärt sich daher, daß befürchtet wird, diese Maßnahmen hätten einen ungünstigen Einfluß auf die bisherige Lohnstruktur. Vgl.: Martin Rein: Choice and Change in the American Welfare System; in: The Annals of the American Academy, Sept. 1969, S. 90 ff

3) Vgl.: Tom Wicker: Up The Ladder, But How Fast, in: New York Times v. 22.7.1973, S. 13

4) Vgl.: A.Philip Randolph Institute: A Freedom Budget for All Americans - Budgeting our Resources 1966 - 1975 To Achieve 'Freedom from Want', New York, New York 1966, S. 12

gänzungszahlungen für Familien, die ein Einkommen unterhalb des Existenzminimums - d.h. der offiziell festgelegten "Poverty line" - beziehen, oder durch Unterstützungszahlungen an Arbeitslose, die keine Zuwendungen mehr von der Arbeitslosenversicherung erhalten.

Auf die unterschiedlichen Formen und Modell dieser teils verwirklichten, teils geplanten Unterstützungsmaßnahmen soll hier nicht im einzelnen eingegangen werden. Zu fragen ist jedoch, welche Konsequenzen sich aus dieser Form kompensatorischer Staatsleistungen für die Ghettoproblematik ergeben und welche Reichweite diese Leistungen als Lösungsversuche für die wirtschaftlichen Schwierigkeiten in den Ghettos beanspruchen können.

Abgesehen von den Kritikern, die gegen jede Form wohlfahrtsstaatlicher Maßnahmen einwenden, daß dadurch bei den einkommensschwachen Gruppen nur deren Arbeitswille geschwächt und Arbeitsunwilligkeit unterstützt wird[1], ist gegen die bisher geübte Praxis kompensatorischer Leistungen vor allem einzuwenden, daß diese Maßnahmen kein Ersatz für grundlegende Reformen zur Bereitstellung ausreichend bezahlte Arbeitsplätze sein können, zumal sich die Tendenz abzeichnet, die staatlichen Unterstützungsleistungen zum Hauptteil politisch-administrativer Behandlung des Ghettoproblems zu machen.[2] Problematisch erscheint dies besonders unter dem Aspekt, daß viele der Unterstützungsempfänger, auch der Mütter, die aus den Familienprogrammen - AID FOR DEPENDENT CHILDREN - (AFDC)[3] Gelder beziehen, bereit sind, für einen auch nur annähernd ausreichend entlohnten Arbeitsplatz auf

---

1) So z.B. Henry Hazlett: Man versus Welfare State, New Rochelle, N.Y., 1970, S. 76 sowie: Edward C. Banfield: The Unheavenly city, a.a.O., S. 121/122
2) Vgl. Martin Rein: Choice and Change in the American Welfare System, a.a.O., S. 94
3) im folgenden abgekürzt (AFDC)

diese Unterstützung zu verzichten.[1]

Darüber hinaus scheinen diese Programme dazu beizutragen, daß die Probleme der Unterbeschäftigung sowie der niedrigen Lohnsätze gerade auch in Ghettogebieten, nicht gelöst, sondern eher verdeckt werden. Da ein großer Teil der Unterstützungsempfänger zwar arbeitet, jedoch zu Löhnen, die unter dem Mindestlohnsatz liegen, und somit oft ein Einkommen unterhalb der Armutslinie bezieht[2], werden somit wiederum private Unternehmen aus öffentlichen Mitteln subventioniert. Zumindest indirekt, da so das niedrige Lohnniveau beibehalten und nur durch Unterstützungszahlungen das Minimum an Subsistenzmitteln für die hier Beschäftigten gesichert werden kann. Mit dieser Form kompensatorischer Maßnahmen wird jedoch eine Unterstützungsabhängigkeit weiter verfestigt, wird nicht gleichzeitig auch auf eine "wage-level-policy"[3] - d.h. eine Verbesserung der allgemeinen Lohnstruktur - hingearbeitet.[4] Gegen einen Verzicht auf Strukturreformen und die ausschließliche Verwendung von Ausbildungsprogrammen sowie kompensatorischer Unterstützungszahlungen wendet sich hauptsächlich M. Rein: "As long as we ... rely ... upon an incentive system combined with a service and training strategy, which is not supported by a systematic policy to raise the wage level of the low-earning sector of the society, then we have, in effect chosen a policy which encourages not economic independence, but overlap of supplementation between the wage

---

1) Vgl.: Martin Rein: Choice and Change, a.a.O., S. 100 sowie: Joe Feagin: America's Welfare Stereotypes, a.a.O., S.925
2) Martin Rein: Choice and Change, a.a.O., S. 103
3) ebd., S. 106
4) Das Problem zu niedriger Lohnzahlungen, die kein Einkommen über der "poverty line" sichern können, gewinnt zunehmend an Bedeutung. Mindestens 10 Millionen Arbeitsplätze in den USA schaffen nur ein Einkommen unterhalb des Existenzminimums. Vgl.: Anita B. Pfaff, Martin Pfaff: Wege aus der Armut, a.a.O., S. 136

and the benefit sectors."[1] Er fordert daher nicht nur eine Politik der Vollbeschäftigung[2], sondern auch ein Einwirken zur Verbesserung der Lohnstruktur in disparitären Sektoren wie den schwarzen Ghettos.[3]

Ein weiterer Einwand gegen die ausschließliche Beschränkung auf kompensatorische staatliche Unterstützungszahlungen bezieht sich auf die Konsequenzen, die sich daraus ergeben könnten, daß eine wachsende Zahl von Unterstützungsberechtigten - darunter gerade auch zahlreiche jugendliche Arbeitslose in den Ghettos - in immer stärkerem Maße zur direkten Einkommenssicherung an den Staat verwiesen sind. Eine der Forderungen des "Freedom Budget"[4] - die Bereitstellung eines "guaranted annual income" für diejenigen, die keine Arbeitsplätze finden können - ist auch dahingehend zu problematisieren, daß somit tendenziell deren Ausgliederung aus dem Arbeitsprozeß institutionalisiert wird. Wenn jedoch eine Reintegration in den Wirtschaftsprozeß nicht mehr angestrebt wird, sondern eine Art Sozialbonus - aus Steuermitteln finanziert - zugeteilt wird, so kann auch diese Entwicklung kaum zur Lösung und Überwindung der bisherigen ökonomischen Benachteiligung beitragen.

Denn bleibt den Ghettobewohnern weitgehend der Zugang zu politischer Einflußnahme versperrt, so bestimmt sich ihr Schicksal nach der jeweiligen Höhe des ihnen zugestandenen Betrages. Im Hinblick auf diesen Zuteilungsaspekt scheinen daher auch die Möglichkeiten, wie gerade einkommensschwache Gruppen ihre Interessen bei politisch-administrativ vermittelten Umverteilungsmaßnahmen durchsetzen können, zunehmend an Bedeutung zu gewinnen. Denn wenn für einen

---

1) Martin Rein: Choice and Change, a.a.O., S. 106
2) ebd.
3) ebd.
4) A. Philip Randolph Institute: A Freedem Budget, a.a.O., S. 12. Allerdings wird auch hier die Forderung nach einer Politik der Vollbeschäftigung nicht aufgegeben.

Teil der Bevölkerung nicht mehr das wesentliche Charakteristikum des kapitalistischen Wirtschaftssystems, nämlich die Entlohnung nach der jeweiligen Leistung gelten soll, sondern diese durch staatliche Subventionierung vorab ersetzt wird, tritt die Möglichkeit politischer Einflußnahme auf die Bestimmung der jeweiligen Sozial- und damit auch Zuteilungsnormen als neues - allerdings jetzt als politisch zu lösendes - Problem in den Vordergrund.

13.3 Das System des "contractual public sector"

Eine Möglichkeit zum Abbau der wirtschaftlichen Probleme der schwarzen Ghettos, deren Komplexität durch das Zusammenwirken ökonomischer und sozialer Benachteiligung und daher auch durch verfestigte Vorurteilsmuster und Diskriminierungspraktiken bedingt wird, scheint in einer tendenziellen "Politisierung" der Ökonomie zu liegen. Daher könnte für die Ghettoproblematik eine Ausweitung des Systems des "contractual public sectors" - des durch Vertragsbeziehungen geregelten quasi-öffentlichen Sektors - eine Verminderung ökonomischer Benachteiligung und sozialer Diskriminierung bedeuten.

Schließt ein Privatunternehmen einen Vertrag mit der Regierung ab, so können hier Auflagen gemacht werden, die sonst außerhalb staatlicher Einflußmöglichkeiten liegen: "When a business firm enters into a contract with the government, the contract gives the government a handle for imposing requirements that would be beyond its authority in the absence of the contract. The quasi-public nature of the contracting firm is given implicit recognition by requirements that the conduct itself similarily to a government ment agency in abiding by policies that bind such an agency. The range of policies includes non-segregation in employment, adherence to prevailing wages in the area of the contractor's plants ..."[1)]

Daß diese vertraglich festgelegten Auflagen der Regierung positive Auswirkungen für die schwarzen Ghettos haben können, läßt sich an einem Beispiel wie der im Rahmen des Model City Programs verwandten Gelder belegen. Die private Bauindustrie verpflichtete sich mit der Unterzeichnung der Beschaffungsverträge, in ihren Unternehmen keine rassische Diskriminierung zu dulden und darüber hinaus vorrangig die Bewohner des zu sanierenden Gebietes zu beschäftigen.[2)] Hier zeigt sich, daß der Staat in den Bereichen, in denen er als Arbeitgeber[3)] oder als Vertragspartner im quasi-öffentlichen Sektor auftritt, auch Einfluß auf die Firmenpolitik nehmen und Anti-Diskriminierungsmaßnahmen durch Auflagen verbindlich machen kann. Die Gleichstellung bisher diskriminierter Minderheiten kann im staatlichen Einflußbereich wirksamer verfolgt werden als im privatwirtschaftlichen Sektor.

---

1) Michael D. Reagan: The Managed Economy, New York 1963, S. 193. Auch Myrdal weist auf den Zusammenhang hin, daß es zwar möglich wäre, Vorurteilshaltungen bei weißen Arbeitern und Angestellten zu überwinden, daß jedoch die Firmenleistung oft kein Interesse daran zeigt: "Under ordinary circumstances, however, there are few employers who would take much trouble voluntarily, just for the purpose of contributing to the solution of the race problem. After all, the employer's main interest is to run a business. To continue using white labor only is always the easier way out." Gunnar Myrdal: An American Dilemma, a.a.O., S. 389
2) "Under Model Cities legislation ... authorities not only are required to observe existing anti-discrimination statutes but also are directed to provide opportunities for employing residents of the areas (designated to Model Cities Funds) in all phases of the program." Thomas J. Bray: Negro Drive For Jobs in Construction Unions Is Gaining Momentum, in: Wall Street Journal v. 26.9.1969, S. 10
3) Vgl.: Herbert Blumer: The United Staates, a.a.O., S. 98, sowie: Bernd Rüster: Rassenbeziehungen in den USA, a.a.O., S. 184 ff

Das System des "contractual public sectors" könnte es den Unternehmen z.B. auch erleichtern, bisher nicht vermittlungsfähige Dauerarbeitslose - "hard-core unemployable" - zu beschäftigen oder andere Vermittlungs- und Integrationsschwierigkeiten zu überwinden, die bisher der Arbeitsplatzbeschaffung für Ghettobewohner entgegenstanden, da durch die Regierungsaufträge ein gesicherter Absatzmarkt in Aussicht steht. Allerdings ist bisher von diesen Möglichkeiten nur wenig Gebrauch gemacht worden. Auch wurde bisher kein Vertrag rückgängig gemacht, selbst wenn das betreffende Unternehmen die Auflagen nicht oder nur ungenügend erfüllte, noch waren finanzielle Einbußen oder andere Sanktionsmaßnahmen bei der Berücksichtigung zukünftiger Verträge die Folge, wenn Unternehmen die Bestimmungen umgingen.[1)]

Mit dem Bürgerrechtsgesetz von 1964[2)] wurde zwar die rechtliche Grundlage erweitert, Unternehmen zur Anstellung von Minderheiten zu bewegen. Das Gesetz verpflichtet Firmen im Rahmen des Kontraktsystems "affirmative Action" Programme zu entwickeln. Aus diesen Plänen muß hervorgehen, wie und in welchem Maße sie Angehörige von Minderheitengruppen - auch die Anstellung von Frauen fällt unter diese Bestimmung - beschäftigen werden. In den letzten Jahren wurden auf Antrag der "Equal Employment Opportunity Commission", die mit der Überwachung der Unternehmen betraut ist, einige Firmen zu Schadenersatzzahlungen verpflichtet: 1973 die Telephongesellschaft A.T. & T. und 1974 neun Stahlgesellschaften.[3)] Nach einem Bericht der "Commission" verlagerte sich der Schwerpunkt in den Diskriminierungspraktiken von Minderheitsangehörigen jetzt mehr auf die Berücksichtigung bei einer Beförderung.[4)] Allgemein ist jedoch die Durchset-

---

1) Richard P. Nathan: Jobs And Civil Right, in: Harold E. Vatter u.a.: The Economics of Black America, a.a.O., S. 230
2) siehe auch S. 29
3) SPIEGEL Mo. 7, 1975, S. 93
4) Eileen Shanahan: 4 to 6 Giant Companies Being Picked as Federal Target on Discrimination, in: New York Times v. 30.7.1973, S. 17

zungsmöglichkeit für derartige Kontrollfunktionen noch schwach. Häufig treten zudem Schwierigkeiten mit den Gewerkschaften auf[1] die Sondermaßnahmen für Minderheitsangehörige - werden dadurch eigene Privilegien berührt - ablehnen. Eine Interessenvertretung durch die Gewerkschaften scheint daher für diese partikularen Interessen nicht stattzufinden, sondern eher noch gegen sie verwirktlicht werden zu müssen.

Vom Ansatz her könnte jedoch die weitere Anwendung des Kontraktsystems, besonders bei Sozialinvestitionen wie Slumsanierung, durchaus zur Lösung der Ghettoprobleme beitragen, wenn damit zugleich Ausbildungs- und Arbeitsmöglichkeiten für die Bewohner der betroffenen Gebiete verbunden sind. Allerdings dürfen auch in diesem Fall die Integrationsschwierigkeiten als Folgewirkungen der Lebensbedingungen in den Ghettos nicht unterschätzt werden. Das Ghetto kann nicht wie ein Entwicklungsland behandelt werden[2], für das es ausreicht, Kapital von außen einzubringen, damit die Gleichung Kapital plus Arbeitskräfte gleich Entwicklung aufgeht. Ebensowenig wie für Entwicklungsländer ist dies eine adäquate Strategie für die Entwicklung der Ghettoökonomie.

Angesichts der psychologischen Probleme vieler Ghettobewohner[3] und der immer noch vorhandenen Vorurteilshaltung vieler Weißer erscheint gerade das System des "contractual public sectors" auch im Hinblick auf eine Abänderung von noch bestehenden Diskriminierungspraktiken entwicklungsfähig zu sein. Denn mit Hilfe dieses Systems kann von der

---

1) So meint Herbert Hill, Nation Labor Director der NAACP: "Wages in unionized building trades on the average are three times higher than wages in industry. If the racist ban was lifted, there could be jobs for thousands of men." in: New York Times v. 27.1.1974, S. 43
2) Vgl. zu dieser Auffassung: Daniel Fusfeld: Welfare Payments in a Ghetto Economy, in: Kenneth A. Boulding, Martin Pfaff, Anita B. Pfaff: (hrsg): Transfers in an Urbanized Economy, Belmont, Calif. 1972, S. 13
3) Vgl. S. 51 ff

Möglichkeit Gebrauch gemacht werden, Einfluß auf die Situation zu nehmen, die das Weiterbestehen von diskriminierenden Verhaltensweisen begünstigt.[1] Denn offensichtlich kann eine bestehende Diskriminierungsdynamik - ebenso wie schon am Beispiel des Wohnsektors aufgezeigt[2] - auch im wirtschaftlichen Bereich erst durch eine Einflußnahme von "Autoritäten" und damit durch politisch-administrative Maßnahmen stillgestellt werden.

Inwieweit jedoch die Interessen von Minderheitengruppen - wie der Schwarzen in den Ghettos -, möglicherweise auch gegen die anderer gesellschaftlicher Gruppen, weiterhin auch tatsächlich in politisch-administrative Maßnahmen sich umsetzen lassen, ist auch eine Frage politischer Durchsetzungsfähigkeit und damit auch eines eigenen politischen Machtpotentials.

13.4. Zusammenfassung (Das Ghettoproblem als Symptom für einen Funktionszuwachs des Staates)

Zusammenfassend läßt sich also sagen, daß auch die verstärkten Anstrengungen, die besonders im Rahmen des "Krieges gegen die Armut" zur Eingliederung bisher benachteiligter gesellschaftlicher Gruppen in den Wirtschaftsprozeß unternommen wurden, langfristig gesehen nicht zu einem Abbau der hohen Arbeitslosenrate[3] geführt haben. Für die

---

1) "... through firm exercise of legal or administrative regulations discriminatory practices may be effectively leasened or eliminated even though no effort is made to alter feelings of racial prejudice. Research studies also indicate the likelihood that such feelings will be modified as people adjust themselves to non-discriminatory situations which have been established." Herbert Blumer: The United States, a.a.O., S. 104, vgl. in dieser Arbeit S.
2) Vgl. S.114 ff
3) Die Arbeitslosenrate war sowohl für Schwarze (wie auch für Weiße) 1972 höher als 1967. Die niedrigsten Raten

jugendlichen Schwarzen hat sich die Situation eher noch verschlechtert.[1] Die wirtschaftlichen Probleme wie Arbeitslosigkeit, Unterbeschäftigung und Unterstützungsabhängigkeit bestehen weiterhin. Da auch bisher nicht in signifikantem Maße neue Arbeitsplätze geschaffen werden konnten,[2] noch die verbesserte Ausbildung zu höheren Lohnsätzen führte, sowie auch für die USA insgesamt die Arbeitslosenrate ständig zunimmt, ist in Zeiten wirtschaftlicher Rezession mit einer - überproportional stärkeren - Verschärfung der Situation in den schwarzen Ghettos zu rechnen.

Wie an der Entwicklung der schwarzen Ghettos deutlich wird, zeichnen sich somit folgende Tendenzen ab:

1., daß das marktwirtschaftliche System diese Probleme nicht mehr durch Selbststeuerung lösen kann, sondern daß marktextern Initiativen zu entwickeln sind. Die

---

seit 1960 waren in den Jahren 1968/69 zu verzeichnen:

Schwarze:	Weiße:
1960 = 10.2 %	= 4.9 %
1967 = 7.4 %	= 3.4 %
1968 = 6.7 %	= 3.2 %
1969 = 6.4 %	= 3.1 %
1972 = 10.0 %	= 5.0 %

(Schwarze steht hier für: Negro and other Races) Zahlen aus: The Social and Economic Status of the Black Population, a.a.O., 1972, S. 38

1) jugendliche Schwarze (16-19): jugendliche Weiße:

jugendliche Schwarze (16-19):	jugendliche Weiße:
1960 = 24.4 %	= 13.4 %
1967 = 26.3 %	= 11.0 %
1970 = 29.1 %	= 13.5 %
1971 = 31.7 %	= 15.1 %
1972 = 33.5 %	= 14.2 %

(The Social and Economic Status, a.a.O., S. 39

2) "A recent evaluation of the extensive job training and referrral programs in New York City showed that about 7 percent of those designated 'employable'ended up in jobs. The report concluded that without a substantial improvement in the employment market, the results would be the same in the future." Richard A. Cloward, Frances I. Piven: The Rise and Fall of Welfare Rights, in: Sept. 1974, Vol. 13, No. 2, S. 25

Lösung der wirtschaftlichen Probleme des schwarzen Ghettos hängt somit eng mit der Ausweitung von Staatsfunktionen zusammen; wie an dem Beispiel der "Erfolgskontrolle" im Rahmen der Arbeitsvermittlungsprogramme deutlich wurde, auch mit einer Ausweitung des Kompetenzbereichs politisch administrativer Einflußnahme.

2., daß Maßnahmen, die zwar notwendige pädagogisch-soziale Forderungen aufnehmen, die jedoch nicht in der Lage sind eine Verkopplung mit der Arbeitsmarktsituation herzustellen, ungenügend bleiben. Solange berufsbezogene Ausbildungs- und Rehabilitationsprogramme von den Instabilitäten des Konjunkturzyklus unterlaufen werden und darüber hinaus Arbeitsplätze in steigendem Maße wegrationalisiert werden, bleiben alle Anstrengungen, potentielle oder schon registrierte Fürsorgeempfänger wieder in den Wirtschaftsprozeß zu integrieren, unvollkommen oder sogar wirkungslos.

3., daß durch die verschiedenen Formen staatlicher Subventionsmaßnahmen - wie z.B. durch die zumindest mittelbare Subventionierung privater Unternehmer durch staatliche Ergänzungszahlungen bei einem Lohnniveau, das teilweise unter dem Existenzminimum liegt - Strukturkrisen verdeckt und darüber hinaus nur die sozialen Kosten auf alle Einkommensschichten verteilt werden. Soll der Anspruch des "Krieges gegen die Armut" verwirklicht werden, eine umfassende Lösung des Armutsproblems zu finden und mehr zu tun, als die Folgewirkungen zu behandeln, so kann der Funktionszuwachs des Staates nicht ausschließlich darauf beschränkt bleiben, die Kosten der privatwirtschaftlich organisierten Produktion zu sozialisieren.

14. Der wohlfahrtsstaatliche Anspruch: Umverteilungsinstanz und Sozialgestaltung

Ging man auch auf Regierungsebene lange Zeit davon aus, daß ein stetiges Wirtschaftswachstum eine gleichmäßige Anteilnahme aller Bevölkerungsschichten - etwa im Sinne des "trickle-down-effects" -[1] gewährleistete, begann sich Anfang der sechziger Jahre die Erkenntnis durchzusetzen, daß einige gesellschaftliche Gruppen systematisch benachteiligt würden. Man sprach vom "Anderen Amerika"[2], von "insularer Armut"[3]. Offensichtlich erreichte das wirtschaftliche Wachstum einkommensschwache Gruppen - wie an der Entwicklung der schwarzen Ghettos deutlich wird - nicht.[4]

Der von der damaligen Regierung ausgerufene "Krieg gegen die Armut"[5], das Einsetzen von Untersuchungskommissionen sowie die offizielle Definition einer "Armutsgrenze" schienen radikalen Wandel, verglichen mit der nachlässigen Politik früherer Regierungen, zu signalisieren. Durch verstärkte Regierungsinitiative - sei es durch das Bereitstellen von Geldern, sei es durch die Errichtung neuer Behörden, wie des "Office of Economic Opportunity", um die verschiedenen Initiativen zu koordinieren, sollte jetzt - im

---

1) Vgl.: Thomas H. Greer: What Roosevelt Thought - The Social and Political Ideas of Franklin D. Roosevelt, Michigan-State University Press 1958, S. 51
2) Vgl.: Michael Harrington: The Other America - Poverty in the United States, New York 1962
3) Vgl.: John K. Galbraith: The Affluent Society, New York 1958
4) "Turning to the United States income distribution, we find that between 1947 and 1967, despite the decline in the share of the total income going to the top 5 percent, little progress was made in increasing the share of the bottom 20 percent." Pamela Roby: Inequality - A Trend Analysis, in: The Annals of the American Academy of Political and Social Science, Sept. 1969, S. 112/113
5) Vgl. S. 31

Vertrauen auf die eigene, sozialgestalterische Kompetenz - eine umfassende Lösung des Armutsproblems angestrebt werden: "... I have called for a national war on poverty. Our objective: total victory ... Because ... for the first time in our history, it is possible to conquer poverty, I submit ... the Economic Opportunity Act ... It strikes at the causes not just the consequences of poverty."[1]

Daß überhaupt ein "Krieg gegen die Armut" initiiert wurde, weist auf eine Abkehr von traditionellen liberalen Positionen hin: einerseits wird zumindest implizit anerkannt, daß Armut und Ungleichheit strukturell - und nicht durch individuelles Unvermögen - bedingt sind[2]; andererseits wird eine wohlfahrtsstaatliche Programmatik vertreten, die die soziale und ökonomische Benachteiligung bedürftiger gesellschaftlicher Gruppen verhindern soll.

Der sich abzeichnende tendenzielle Zuwachs von Staatsfunktionen sowohl zur Stabilisierung des Wirtschaftsprozesses[3] wie auch im sozialen Bereich wird vielfach schon gleichgesetzt mit weitgehender Autonomie des Staates in der Bestimmung und Ausführung der erforderlichen sozialgestaltenden

---

1) Lyndon B. Johnson, State of the Union Message 1964, zitiert nach: Marvin Gettleman u. David Mermelstein u.a.: The Great Society Reader, a.a.O., S. 182

2) Deutlich wird dies aus den Schlußfolgerungen einer vom Präsidenten eingesetzten Kommission zur Einkommensverteilung: "It is often argued that the poor are to blame for their own circumstances and should be expected to lift themselves out from poverty. The Commission has concluded that these assertions are incorrect. Our economic and social structures virtually guarantee poverty for millions of Americans. Unemployment and underemployment are basic facts for American life. The risks of poverty are common to millions more who depend on earnings for their income." The Report of the President's Commission on Income Maintenance Programms Poverty Amid Plenty - The American Paradox, zitiert nach: Jack L. Roach, Janet K. Roach: Poverty, London 1972, S. 114

3) Vgl.: Andrew Shonfield: Geplanter Kapitalismus, Köln 1968, bes. S. 365 ff, sowie: Paul A. Samuelson: Volkswirtschaftslehre, Köln 1970, Bd. I, S. 212

Maßnahmen. Im Vertrauen auf wachsende wirtschaftliche Prosperität scheinen somit auch vermehrte Sozialinvestitionen unproblematisch realisiert werden zu können.[1] Es sei vorrangig eine Sache des guten Willens - so argumentiert man - durch vermehrten Mitteleinsatz bestehende Ungleichheit zu "eliminieren"[2] und so das demokratische Versprechen auf Chancengleichheit nachträglich einzulösen.

Dem Staat wird hierbei die Rolle einer autonomen Umverteilungsinstanz zugesprochen, die in zunehmendem Maße eine gerechte Verteilung verwirklichen und durchsetzen kann.[3]

Aus dem Funktionszuwachs des Staates gleich schon auf eine weitgehende Autonomie schließen zu wollen, was die Bestimmung des Ausmaßes sowie Richtung und Reichweite dieser Funktionen betrifft, scheint jedoch der Rolle des Staates in einem marktwirtschaftlich organisierten System auf der Basis des Privateigentums nicht gerecht zu werden. Wurde zwar die Legitimation des Privateigentums als "Motor gesellschaftlichen Fortschritts" mit der fortschreitenden Entwicklung des Kapitalismus brüchig[4], so besteht eine wichtige Funktion dieser Institution jedoch weiterhin darin, "vor der politischen, ministeriellen und legislativen Einmischung"[5] Schutz zu gewähren. Wie schon oben angesprochen, liegen die Grenzen staatlicher Sozialgestaltung - etwa bei Versuchen zur Arbeitsplatzbeschaffung - dort, wo die Entscheidungsautonomie der Unternehmensleitungen berührt wird.

---

1) So etwa Michael Harrington: "The abolition of poverty is a social investment and should be thought of in those terms." M. Harrington: A Social Reformer's View on Poverty, in: Margaret S. Gordon: Poverty in America, a.a.O., S. 32
2) Vgl.: Daniel P. Moynihan: Three Problems in Combating Poverty, in: Margaret S. Gordon: Poverty in America, a.a.O., S. 41
3) Vgl. Paul A. Samuelson: Volkswirtschaftslehre, a.a.O., Bd. I, S. 212
4) Vgl.: Andrew Shonfield: Geplanter Kapitalismus, a.a.O., S. 451
5) ebd.

Der Eingriffsspielraum für politisch-administrative Maßnahmen zur Sozialgestaltung endet demnach dort, wo nicht nur kompensatorische oder marktkomplementäre Funktionen zu erfüllen sind, sondern wo qualitative Strukturveränderungen erforderlich werden. Die Verwirklichung des wohlfahrtsstaatlichen Anspruches scheint daher ebenso wie die von einigen Autoren unproblematisch unterstellte sozialgestaltende Kompetenz, noch unabhängig von anderen, einschränkenden Faktoren zu sein. Auch die behauptete Umverteilungsfunktion scheint davon berührt und daher nicht wahrgenommen zu werden.

Das angestrebte Ergebnis des Verteilungsprozesses - die umfassende Lösung des Armutsproblems - scheint sich somit nicht automatisch einzustellen. Etwa vorhandenen Störfaktoren, die eine abgestrebte Verteilungsgerechtigkeit verhindern, werden jedoch von Vertretern der These einer "umfassenden sozialgestalterischen Kompetenz" zumeist ausgespart. Diese Faktoren wären jedoch erst zu benennen, da sie offenbar nicht nur auf eine temporäre, konjunkturell bedingte Ressourcenknappheit der öffentlichen Hand zurückgeführt werden können. Denn gewährleistet etwa wirtschaftliche Macht auch eine bevorzugte Behandlung im politisch-administrativ vermittelten Verteilungskampf, wird die Durchführung und Finanzierung sozialstaatlicher Programmatik nicht durch den tatsächlichen vorhandenen Bedarf, sondern auch durch die Organisations- und Konfliktfähigkeit einer gesellschaftlichen Gruppe bestimmt. Wenn zudem - bedingt durch strukturelle Vorentscheidungen wie einer bestehenden gesellschaftlichen Machtverteilung - der angestrebte Umschichtungsprozeß weiterhin einen systematischen 'bias' aufweist, werden auch im politischen Bereich neue Mechanismen zur Interessendurchsetzung bisher weitgehend benachteiligter gesellschaftlicher Gruppen erforderlich. Um den Verteilungsprozeß daher auf diese unterschiedlichen Chancenstrukturen auszurichten, scheinen auch neue politische Kanäle erforderlich zu sein, soll in einem umfassenderen Sinn der plurale Charakter einer Gesellschaft verwirklicht werden.

15. Interessenausgleich im demokratisch-pluralistischen Prozeß

Eine gesonderte Behandlung des Bereichs der "Ghettopolitik" und damit des "politischen" Bereichs - ist auch nach der Diskussion der Staatsfunktionen und der jeweiligen Eingriffe in die Ghettoökonomie erforderlich. Zwar wird gerade am Beispiel der schwarzen Ghettos die zunehmende Interdependenz zwischen beiden Sektoren deutlich. Denn wie in den vorangegangenen Kapiteln aufgezeigt wurde, weisen die zahlreichen Ghettoprobleme auf die Notwendigkeit einer zunehmenden "Politisierung" der Ökonomie hin.

Dennoch weisen beide Sektoren nach wie vor unterschiedliche Systemimperative auf[1], die trotz einer tendenziell zunehmenden Verflechtung nicht ohne weiteres ineinander aufgehen.[2]

---

1) Vgl.: Niklas Luhmann: Soziologische Aufklärung, Opladen 1972[3]

2) Dies wird jedoch von einer Position unterstellt, die aus dem Tatbestand der schwarzen Ghettos und damit deren Benachteiligung auf sozio-ökonomischem und politischen Gebiet schon folgert, daß dieser Zustand darauf zurückzuführen sei, daß eine kleine Gruppe - eine Oligarchie in Regierung und Wirtschaft - die gesamte amerikanische Gesellschaft beherrscht. (So auch Paul A. Baran, Paul M. Sweezy: Monopolkapital - Ein Essay über die amerikanische Wirtschafts- und Gesellschaftsordnung, Frankfurt/Main 1973, bes. Kap. IX, S. 239 ff). Daher müsse sich zwingend ein Entsprechungsverhältnis herstellen zwischen kapitalistischen Verwertungsinteressen und den jeweiligen Staatsfunktionen. Doch ebensowenig, wie dieses Entsprechungsverhältnis von den Autoren als je gegebenes und notwendiges nachgewiesen werden kann, ist damit schon viel über die tatsächlichen Wirkungsmöglichkeiten von Staatsfunktionen in kapitalistischen Systemen ausgesagt. Denn gerade die zahlreichen Nicht-Entsprechungen des politisch-administrativen Systems gegenüber den Anforderungen des ökonomischen Sektors - die eher auf eine Nicht-Komplementarität hinweisen - bedürfen der Erklärung. (Vgl. zu den Mindestanforderungen an eine differenzierte Analyse dieses Problems: Volker Ronge, Günter Schmieg: Restriktionen po-

Daher sind im folgenden nunmehr die Durchsetzungsmöglichkeiten für Ghettobewohner und damit die auch schon angesprochene Ebene eines politisch-administrativ vermittelten

---

litischer Planung, Frankfurt/Main 1973). Wenn zudem noch gefordert wird, für die Schwarzen in den Ghettos sei eine "revolutionäre" Neugestaltung des gesamten amerikanischen Systems die einzige Lösungsmöglichkeit, zeigt sich daran ein - zumindest latenter - Zynismus. Denn schon die mit dieser "Revolution" verbundenen Gefahren werden geleugnet:
So Brandes/Burke: "Auch die psychische Selbstbefreiung, die durch die Betonung des schwarzen Rassenstolzes und der schwarzen Kultur unter der Parole "Black Power" eingeleitet wurde, muß in ihr Gegenteil - die Anpassung an die bestehende Ordnung durch freiwillige Abkapselung in den Ghettos umschlagen - wenn der schwarze Widerstand nicht eine neue politische Qualität erreicht. Nicht in begrenzten Reformen innerhalb des schwarzen Ghettos kann die Lösung liegen, sondern nur in deren Umwandlung in einen der Ansatzpunkte zur revolutionären Neugestaltung der gesamten amerikanischen Gesellschaft." Volkhard Brandes, Joyce Burke: USA - Vom Rassenkampf zum Klassenkampf, a.a.O., S. 189
Zudem erscheint die hier gezogene Schlußfolgerung keineswegs zwingend. Denn weder wird in dieser Analyse auf die bisher unternommenen Reforminitiativen eingegangen, bzw. auf Schwierigkeiten, die bei deren Implementierung auftraten, noch wird - aufgrund des einfach unterstellten Entsprechungsverhältnisses zwischen privater Produktion und Staatsfunktionen - überhaupt in betracht gezogen, daß umfassende Reformen möglicherweise auch ohne eine "revolutionäre" Neugestaltung eingeleitet werden könnten. ("Revolutionäre" Neugestaltung fordert etwa auch Conrad Schuhler: Black Panther - Zur Konsolidierung des Klassenkampfes in den USA, TRIKONT, Schriften zum Klassenkampf 12, S. 57). Damit setzten die Vertreter dieser Position sich jedoch folgendem Vorwurf aus: "Gerade diejenigen, die die Gesellschaft unter dem Gesichtspunkt ihrer totalen Veränderung analysieren, verkennen die sozialen Zwänge, die jede revolutionäre Situation enthält. Damit verstoßen sie gegen ihr eigenes Prinzip, daß die Analyse der sozialen Tatsachen die erste Bedingung für die Maximierung von Freiheit ist." (Helge Pross: Zur Kritik der abstrakten Utopie, in: Helge Pross: Kapitalismus und Demokratie, Frankfurt 1972, S. 99.
Um diese Analyse jedoch vorzunehmen, kann es nicht ausreichen, a priori ein Entsprechungsverhältnis zwischen Staatsfunktionen und privatwirtschaftlichem Bereich und damit ein problemloses Mit- und Ineinander zu unterstellen.
Vgl. zu einer differenzierteren Analyse der Rolle des

Verteilungskampfes[1], aus der Ghettoperspektive her betrachtet, zu untersuchen.

Auch für die Problembestimmung des schwarzen Ghettos ist es erforderlich, durch die Frage nach den bestehenden bzw. zu entwickelnden Möglichkeiten politischer Einflußnahme die Analyse der sozialen und wirtschaftlichen Strukturbedingungen durch den politischen Bereich zu ergänzen. Dazu bietet sich das theoretisch durch die "pluralistische Lösung" aufbereitete demokratisch-pluralistische Selbstverständnis der amerikanischen Gesellschaft an, um den Realitätsbezug dieser Eigencharakterisierung zu überprüfen.

Denn der Tatbestand der weitergehenden Benachteiligung bleibt. Bezogen auf den wohlfahrtsstaatlichen Anspruch müßten jedoch auch ghettospezifische Interessen berücksichtigt und die Aufhebung bestehender Benachteiligung durchgesetzt werden können. Schließt zudem der demokratisch-pluralistische Anspruch des amerikanischen Gesellschaftssystems die kategoriale Diskriminierung und systematische Benachteiligung gesellschaftlicher Gruppen aus, müßte das so erzielte Ergebnis des politischen Prozesses einen optimalen Interessenausgleich darstellen. Dieser Anspruch soll im folgenden als "pluralistische Lösung" bezeichnet werden. An dem Grad seiner Verwirklichung ist dann der politische Bereich in der Bestimmung des Ghettoproblems zu differenzieren.

15.1 Die pluralistische Lösung (Dahl)

Die wohl kürzeste Definition der Demokratie gab Lincoln 1863 in Gettysburg als "government of the people, by the people, for the people."[2] Die geforderte Identität von

---

Staates in "spätkapitalistischen Gesellschaften" auch: Claus Offe: Strukturprobleme des kapitalistischen Staates, a.a.O.

1) s. S. 100

2) nach: Collier's Encyclopedia, 1964, Bd. 8, S. 75

Herrschenden und Beherrschten hatte mithin die Funktion, die Machtausübung der Regierenden gegenüber den Regierten zu legitimieren.[1] Dieses Postulat von der "sovereign majority"[2] wurde später durch die Vorstellung des demokratisch-pluralistischen Prozesses erweitert. Das Pluralismusmodell erfaßt damit sowohl die sich etablierenden Interessengruppen und Verbände wie den Einfluß, den sie auf Regierung und Gesetzgebung ausüben können.

Die ursprünglich nur den gewählten Repräsentanten des Volkes zugesprochene Funktion ist damit auch auf die Ebene nicht gewählter gesellschaftlicher Interessengruppen transponiert.[3] Mit der "pluralistic solution"[4] soll schließlich die Frage beantwortet werden, wie - wenn Demokratie per definitionem die systematische Bevorzugung, beziehungsweise Benachteiligung einer gesellschaftlichen Gruppe ausschließt - die Zentralinstanz einen gerechten Interessenausgleich zwischen den Forderungen unterschiedlicher gesellschaftlicher Gruppen erreichen und möglicherweise konfligierende Interessen durch einen auszuhandelnden Kompromiß zu einem Konsens bringen kann.

Die "pluralistische Lösung" erfordert weiterhin eine offene Diskussion über alle gesellschaftlichen Belange, um sicherzustellen, daß einige gesellschaftliche Gruppen nicht durch einseitige Machtkonzentration und bevorzugte Einflußmöglichkeiten dominiert werden und sie von ihrem Vetorecht gegen Entscheidungen, die für sie ungünstig sind, Gebrauch machen können.

---

1) Vgl. E.E. Schattschneider: Two Hundred Millions Americans in Search of a Government, New York 1969, S. 18
2) Vgl.: Robert A. Dahl: Pluralist Democracy in the United States - Conflict and Consent, Chicago 1967, S. 18
3) Robert A. Dahl: Pluralist Democracy, a.a.O., S. 22
4) ebd.

Nach Dahl entspricht der faktische politische Prozeß in der amerikanischen Gesellschaft diesem pluralistischen Interessenausgleich: "The fundamental axiom in the theory and practise of American pluralism is ... Instead of a single center of sovereign power there must be multiple centers of power, non of which is or can be wholly sovereign ... Because one center is set against another, power itself will be tamed, civilized, controlled, and limited to decent human purposes ... Because even minorities are provided with opportunities to veto solutions they strongly object to, the consent of all will be won in the long run ... Because constant negotiations among different centers of power are necessary in order to make decisions, citizens and leaders will perfect the precious art of dealing respectfully with their conflicts."[1]

Drei Annahmen liegen diesem Pluralismusmodell zugrunde, die im folgenden anhand des Ghettoproblems konkretisiert werden sollen.

Erstens wird dem pluralistischen Prozeß - im Sinne eines sich selbst regulierenden Mechanismus - eine Art "Prozeßrationalität"[2] zugesprochen, die zum gerechten Interessenausgleich der unterschiedlichen gesellschaftlichen Gruppen führt. Damit sind auch die Distributionsfunktionen qua Prozeß institutionalisiert. Das erzielte Ergebnis stellt somit eine weitgehende Verteilunggerechtigtkeit dar.

Zweitens repräsentiert der ausgehandelte Kompromiß das je bestmögliche Ergebnis, da davon ausgegangen wird, daß alle Gruppen gleichen Zugang zur Entscheidungsfindung haben und alle Interessen sich gleichermaßen artikulieren können.

---

1) Robert A. Dahl: Pluralist Democracy, a.a.O., S. 24
2) Vgl.: Wolf-Dieter Narr; Frieder Naschold: Theorie der Demokratie, Stuttgart - Berlin, Köln - Mainz 1971, S. 156

Damit sei drittens ein zwar möglicherweise langsamer, aber stetiger Wandel institutionalisiert, da irgendwann jede Gruppe zu Vorteilen und Vergünstigungen kommen werde.[1)]

15.2. Sozialinvestitionen und Prioritätensetzung

Die Geschichte und die Entwicklung der schwarzen Ghettos sowie die ständige Nichtbeachtung ghettospezifischer Interessen sprechen allerdings nicht für die Annahme, die Verteilungsgerechtigkeit werde als Ergebnis eines demokratisch-pluralistischen Prozesses für stetigen Wandel und einen gerechten Interessenausgleich unter den verschiedenen gesellschaftlichen Gruppen sorgen.[2)]

Denn offenbar wurden die Interessen des schwarzen Ghettos - gemessen an dem 'out-put' politisch-administrativer Maßnahmen - nicht adäquat berücksichtigt: "Their effort to transform the covert grievances of the black population into issues was also abortive, in part because they lacked arenas where they could practise the politics of conflict ..., and in part, because they had no access to key centers of decision-making. In short, the prevailing mobilization of bias blocked black leaders' attempt to arouse their would-be constituents to political action and thereby assured that blacks would remain 'locked out' of the political system."[3)]

Gemessen an dem Ergebnis des pluralistischen Interessenkampes entsteht somit der Eindruck, daß andere Interessen häufig bevorzugt werden; ghettospezifische Belange dagegen nur wenig Gehör finden. Zu illustrieren wäre dieser 'bias' an dem oben schon erwähnten Einfluß der Lobbytätigkeit der

---

1) Robert A. Dahl: Pluralist Democracy, a.a.O., S. 301
2) Vgl. S. 32 ff,
3) Peter Bachrach, Morton S. Baratz: Power and Poverty-Theory and Practice, New York - London - Toronto 1970, S. 79/80

Grundstücksbesitzer und der privaten Bauindustrie, die die Bewilligung der Gelder für öffentlich finanzierte Wohnprojekte in Ghettogebieten mehrfach blockieren konnte.[1)]

Ebenso zeigt sich, daß auch durch politisch-administrative Maßnahmen - wie etwa der Politik der Federal Housing Administration (FHA) - die Isolierung und faktische Segregation der Ghettos nicht vermindert, sondern noch verstärkt wurde.[2)] Angesichts dieses Zusammenhangs wird einmal mehr bestätigt, was oben schon angesprochen wurde[3)], daß erst durch das Zusammenwirken ökonomischer, sozialer und auch politischer Faktoren "Rassenvorurteile" zu einem sozialen Tatbestand wie der Entstehung schwarzer Ghettos führen können.

Die offensichtlich wirkungsvolle "Mobilisierung eines bias"[4)] läßt sich weiterhin auch an der Geschichte der Stadterneuerung und Slumsanierung erkennen. Obwohl sich der Kongreß schon 1892 mit dem Problem der Slums beschäftigte[5)] und etwa Harlem bereits 1930 als Musterbeispiel eines sanierungsbedürftigen Gebietes eingeschätzt wurde[6)], lagen erst 1949 die ersten gesetzlichen Grundlagen für Stadterneuerungspro-

---

1) Vgl. S. 115
2) "Actually, the Federal Government has been subsidizing outmigration and the development of the suburbs. For a long time, the Federal Housing Administration would not approve home loans in the city because it feared deteriorating neighborhoods and declining property values. At the same time they approved thousands of home loans in the suburbs ..." Statement v. Mayor Burr, Philadelphia, zitiert nach: U.S. News & World Report v. 21.4. 1969, S. 58. Vgl. auch: Gunnar Myrdal: An American Dilemma, a.a.O., S. 625, S. 349. Robert Weaver: The Negro Ghetto, a.a.O., S. 70 ff
3) Vgl. S. 39, S. 55 ff
4) E.E. Schattschneider: The Semi-Sovereign People - A Realists View of Democracy in America, New York - Chicago - San Francisco, Toronto - London 1970, S. 70 ff
5) Vgl.: Glenn H. Beyer: Housing and Society, New York - London 1965, S. 467
6) Vgl.: Gilbert Osofsky: Harlem - The Making of a Ghetto, a.a.O., 1963, S. 128

jekte vor.[1] Das Ergebnis der damaligen Slumsanierung war vorwiegend der Abriß alter Häuser, an deren Stelle Verwaltungsgebäude oder Appartmenthäuser errichtet wurden. Die Mieten der neuen Wohnungen waren jedoch für die früheren Bewohner dieser Gebiete zumeist unerschwinglich.[2] Diese Art der Stadtsanierung, die für sozial schwächere Gruppen nur negative Folgen mit sich brachte, wurde von den Betroffenen abgelehnt" "urban renewal" wurde zum Synonym für "Black removal"[3]. Die Interessengruppen, die gegen staatliche Eingriffe im Wohnungssektor waren und auch den Bau von "public housing"-Projekten ablehnten, setzten sich jedoch immer wieder erfolgreich durch.[4] Erst 1954 wurden die Kompetenzen der öffentlichen Hand ausgeweitet[5] und in verstärktem Maße stadtplanerische Initiativen entwikkelt. Doch konnte weder der Bedarf an Sozialwohnungen gedeckt[6] noch eine umfassende Slumsanierung verwirklicht werden. Die Berücksichtigung ghettospezifischer Belange im Wohnungswesen entspricht trotz der Mitte der sechziger Jahre eingeleiteten Maßnahmen offensichtlich noch nicht dem vorhandenen Bedarf.[7]

Die Nachordnung ghettospezifischer Erfordernisse in der Prioritätensetzung zeigt sich auch an der jüngsten Entwicklung. Die Kürzung der Sozialprogramme im Rahmen der

---

1) Vgl.: Glenn H. Beyer: Housing and Society, a.a.O., S. 468
2) ebd.
3) Vgl.: Elliott Krause: Functions of a bureaucratic Ideology - Citizen Participation, in: Social Problems, Vol. 16, 1968, S. 129, sowie: Gerd Iben: Menschen unterm Planquadrat, a.a.O., S. 82
4) Vgl.: Glenn H. Beyer: Housing and Society, a.a.O., S. 456, S. 462, S. 466
5) ebd., S. 469
6) Nur etwa 5 % der bereits abgerissenen Wohneinheiten stehen als Sozialwohnungen auf dem Plan. Vgl.: Robert Goodman: Stadtplanung als Geschäft oder Handlanger am Reißbrett- Die Zerstörung der amerikanischen Stadt, Reinbek/Hamburg 1973, S. 47
7) Auch gegen Ende der 60er Jahre sind noch rd. 30 % der von Schwarzen bewohnten Einheiten nicht dem Standard entsprechend ausgerüstet. Vgl.: Tom Wicker: Up the Ladder, But How Fast?, in: New York Times v. 22.7.1973, S. 13

Anti-Inflationspolitik macht den nur engen Spielraum staatlicher Sozialgestaltung - die rückgebunden an die Entwicklung des Wirtschaftsprozesses nicht mit den Versuchen, die relative wirtschaftliche Stabilität zu erhalten, interferieren darf - deutlich. Erscheint dieses Vorgehen auch durch das Argument gerechtfertigt, daß eine wirtschaftliche Gesundung allen zugute kommt, so werden doch gerade viele der einkommenschwachen Bewohner der schwarzen Ghettos unverhältnismäßig hart von den Instabilitäten des Wirtschaftsprozesses betroffen. Bedeuten schon kurzfristige Rezessionen zumeist eine drastische Verschlechterung ihrer Situation, wird diese Entwicklung durch inflationäre Tendenzen noch verstärkt. Denn gerade die Gruppen, die nicht durch starke Gewerkschaftsunterstützung eine Angleichung der Löhne an die Preissteigerungsrate durchsetzen können, werden am härtesten von öffentlichen Sparmaßnahmen zur Inflationsbekämpfung getroffen. Erforderliche Sozialleistungen und -investitionen werden ihnen dann jedoch mit dem Argument verwehrt, daß dies inflationäre Tendenzen in bedrohlichem Maße verstärken würde.[1)]

Die Vorstellung, daß der Staat in zunehmendem Maße Umverteilungsfunktionen wahrnimmt und somit bestehende soziale Ungleichheit aufhebt -"Ein zunehmend größerer Bestandteil des Volkseinkommens wird durch Besteuerung und staatliche Sozialausgaben von den relativ Reichen auf die relativ Armen übertragen" -[2)] entspricht angesichts der bisherigen Entwicklungen noch kaum der Realität. Die Umverteilungsfunktion wird immer wieder anderen staatlichen Aufgaben und anderen "nationalen" Prioritäten untergeordnet. So wur-

1) Vgl.: Gerhard Kade, Dirk Ipsen: Die Inflations- und Krisendebatte in den USA, in: Blätter für deutsche und internationale Politik, No. 11, 1974, S. 1143, sowie: Fears of H.E.W. Cuts spur protests at inflation parley, in: New York Times v. 20.9.1974
2) Paul S. Samuelson: Volkswirtschaftslehre, a.a.O., Bd.I, S. 212

de die Kürzung der Sozialausgaben nicht nur mit der Notwendigkeit der Inflationsbekämpfung, sondern auch mit den steigenden Kosten der Vietnampolitik begründet.[1] Damit ist auch die These vom autonomen Sozialstaat, der soziale Disparitäten ausgleicht, dahingehend zu relativieren, daß eher eine verstärkte staatliche Interventionstätigkeit im wirtschaftlichen Bereich - etwa zur Förderung des Wachstums[2] - zu erwarten ist, als im sozialen Bereich. Die bestehende soziale Ungleichheit wird somit jedoch noch verfestigt.

Gerade der versprochene instrumentelle Charakter pluralistischer Prozeßrationalität, die systematische Benachteiligung einer gesellschaftlichen Gruppe zu verhindern, ist angesichts der tatsächlich erfolgten Verteilung beziehungsweise Umverteilung, wie an dem Weiterbestehen der schwarzen Ghettos deutlich wird, nicht gegeben.

15.3. Durchsetzungs- und Konfliktfähigkeit von partikularen Interessen

Als Vorteil des demokratisch-pluralistischen Prozesses, wie er in den USA institutionalisiert ist, wird weiterhin hervorgehoben, daß der ausgehandelte Kompromiß immer das bestmögliche Ergebnis darstellt.[3] Entscheidend ist daher, welche Gruppe überhaupt Zugang zum pluralistischen Interes-

---

1) Vgl. S. 32

2) Denn da in zunehmendem Maße zur Erreichung wirtschaftlichen Wachstums erst einmal staatliche Leistungen erforderlich sind um die Unternehmensgewinne zu erhöhen, wird tendenziell die bestehende Einkommens- und Vermögenskonzentration noch verschärft. In der Vergangenheit jedenfalls wurde der Konflikt zwischen Wachstums- und Verteilungspolitik fast immer zugunsten des Wachstums entschieden. Vgl.: Leo Hubermann, Paul Sweezy: The Kennedy-Johnson-Boom, in: Marvin E. Gettleman u.a.(Hrsg.): The Great Society Reader, a.a.O., S. 104/105

3) Vgl. S.146

senkampf haben und welche der unterschiedlichen Interessen auch artikulationsfähig sind oder als artikulationsfähige eingeschätzt werden.

Für Gruppen, die schon Prestige und eine ökonomisch günstige Ausgangsposition haben, ist offenbar besonders auf kommunaler Ebene der Zugang zum politischen Entscheidungsfindungsprozeß erleichtert. Darüber hinaus steht die Berücksichtigung partikularer Interessen in engem Zusammenhang mit bestehenden "community values". Schwierigkeiten treten häufig dann auf, wenn Gruppenforderungen nicht mit diesen Werten harmonieren und etablierte Machtstrukturen berühren: "..., if a group has high status ... and its ideology (political philosophy) is in harmony with community values, it has, all other things being equal, a greater opportunity than a less prestigious organization to translate its demands into authoritative terms and to have ready access to decision-makers."[1)]

Entgegen der Annahme von der prinzipiellen Gleichberechtigung partikularer Interessen kann auch die offene Diskussion über alle Belange - und damit erst die Möglichkeit ein Vetorecht geltend zu machen - nicht bei allen Themen vorausgesetzt werden. Denn vorrangig werden Forderungen behandelt, die sich unproblematisch mit bestehenden politischen Prioritäten vereinbaren lassen; dagegen werden Fragen, die etwa auf institutionelle Änderungen abzielen oder die Interessen schon einflußreicher Gruppen berühren, zurückgestellt. So gibt es "zugelassene Themen", über die gesprochen und abgestimmt werden kann. Andere werden als nicht mehr diskussionsbedürftig eingeschätzt, sondern als selbstverständlich "geklärt" ausgespart: "On some questions that are considered settled, there is constant pressure for conformity. It is only on the unsettled issues that discussion is permissible. Such questions as land policy, private enterprise, and other matters dealing with the established

---

1) Peter Bachrach, Morton S. Baratz: Power and Poverty, a.a.O., S. 55

interests are considered settled, and no discussion of the change of the rules is deemed desirable."[1)]

So gehören gerade ghettorelevante Themen - wie eine Steuererhöhung auf den Grundbesitz[2)] - zu den Forderungen, die nicht zur Diskussion zugelassen und damit auch nicht zur Abstimmung gestellt werden. Diese Strategie der "non-decisions"[3)] - politisch-taktische Maßnahmen, bestehende Privilegien und Verteilungsstrukturen zu erhalten - wird bevorzugt bei den Forderungen eingesetzt zu werden, die die Interessen einkommensschwacher Gruppen aufnehmen. Beispiele dafür wären etwa Steuererhöhungen, um so die Qualität vieler Ghettoinstitutionen - wie Schulen und Wohnungen - verbessern zu können.[4)]

Themen wie Steuererhöhungen rufen fast immer den Widerstand einflußreicher Interessengruppen hervor. Kommunale Projekte, die mit größeren Kosten verbunden sind, werden daher so weit wie möglich, zurückgestellt. Da diese Themen häufig überhaupt nicht zugelassen werden, sind in den meisten Fällen nicht einmal direkte Eingriffe der "Notablen"[5)] erforderlich. Die wahrscheinlich auftretenden Konflikte mit diesen Gruppen werden von den Entscheidungsträgern schon anti-

---

1) Floyd Hunter: Community Power Structure - A Study of Decision-Makers, Chapel Hill 1953, S. 181/182
2) Diese Forderung wird schon seit langem zur Behebung der Finanzmisere gerade der Großstädte gestellt, vgl.: Irving L. Horowitz: Seperate But Equal, a.a.O., S. 294 ff, sowie: Interview mit Mayor Burr, Pittsburgh: One Mayor's Story of the Mess in Cities, in: U.S. News & World Report v. 21.4.1969, S. 57 ff
3) Peter Bachrach, Morton S. Baratz: Power And Poverty, a.a.O., S. 44
4) Auch Floyd Hunter weist in seiner Studie über Machtstrukturen im kommunalen Bereich darauf hin, daß Themen wie Steuererhöhungen fast automatisch Widerstand hervorrufen und daß diesem Widerstand zumeist nachgegeben wird. "Keeping taxes down is a main preoccupation of this group." Floyd Hunter: Community Power Structure, a.a.O., S. 205
5) Robert A. Dahl: Who Governs? - Democracy and Power in an American City, New Haven - London 1961, S. 84

zipiert und nach Möglichkeit vermieden.[1] Zwar weist auch Dahl auf die oftmals bevorzugte Behandlung wirtschaftlich und sozial einflußreicher Gruppen hin: "The Social and Economic Notables of today are scarcely a ruling elite ... They are, however, frequently influential on specific decisions, particularily when these directly involve business prosperity. Moreover, politicians are wary of their potential influence and avoid policies that might unite the Notables into bitter opposition."[2] Offen bleibt jedoch, wie die anscheinend systematische Privilegierung einer Interessengruppe mit den Annahmen seines Pluralismusmodells zu vereinbaren ist.

Der Widerspruch zwischen bestehender Ausgangsungleichheit und angenommener "Prozeßrationalität" wird - so zeigt sich - im Verlauf des faktischen politischen Prozesses nicht automatisch aufgehoben. Da aufgrund struktureller Vorentscheidungen einige der partikularen Interessen eine bessere Ausgangsposition haben, wird der im demokratisch-pluralistischen Prozeß ausgehandelte Kompromiß, der die systematischer Benachteiligung etwa der ghettospezifischen Interessen weiter bestehen läßt, als gerechter Interessenausgleich in Frage gestellt.

Offenbar werden gerade auf kommunaler Ebene die Interessen der "Notablen" bevorzugt berücksichtigt und ihren Einwänden gegen Änderungen in der Verteilungsstruktur wird zumeist stattgegeben. Auf dem Hintergrund vorhandener wirtschaftlicher Macht können sie unmittelbar Druck auf die Stadtverwaltung und den Bürgermeister ausüben. Bei zu er-

---

1) Daher ergibt sich u.a. auch die Schwierigkeit, "Machtstrukturen" einer genaueren Analyse zu unterziehen. Denn oft werden zwar derartige Eingriffe vorgenommen. Da sie jedoch "unsichtbar bleiben, entziehen sich diese Einfluß- und Ansatzpunkte einer genauen Überprüfung. Bachrach und Baratz schlagen daher vor, auch den Bereich der "non-decisions" in einer kritischen Analyse zu untersuchen. Vgl.: Bachrach/Baratz: Power and Poverty, a.a.O., S. 47ff

2) Robert A. Dahl: Who Governs?, a.a.O., S. 84

wartenden Steuererhöhungen werden sie dann ihre Unternehmen in die weniger Steuern verlangenden Counties verlegen. Damit wird auch das Arbeitsplatzangebot und das Steueraufkommen weiter reduziert. Hängt somit die Durchsetzungsfähigkeit partikularer Interessen von der jeweiligen Konfliktfähigkeit ab, scheint die Vernachlässigung ghettospezifischer Interessen wahrscheinlich.

Im Hinblick auf das Ghettoproblem ist daher die schon oben angesprochene Funktionalität des Instituts privaten Eigentums als Schutz gegen politisch-administrative Eingriffe von besonderer Bedeutung. Denn wenn Entscheidungen über den Standort der Produktion und der Unternehmen von der Firmenleitung gefällt werden, ohne daß im Rahmen des demokratisch-pluralistischen Prozesses darüber befunden werden kann, wird ein Wertkonflikt zwischen Freizügigkeit und Chancengleichheit unvermeidbar. Die private Entscheidung über die Verlegung der Industriebetriebe etwa bedeutete für die schwarzen Ghettos zumeist ein verringertes Angebot an Arbeitsplätzen und damit vermehrte wirtschaftliche Probleme. Bezogen auf den demokratischen Anspruch ergibt sich daher: "... democracy as a political method dedicated to the self-development of the individual is also an imperative that these leviathans (Unternehmen - Anm.d.Verf.) become radically transformed to afford a significant expansion in participation in decision-making among members within their constituencies ... to the extent, that they are not democratized, the political process is defective."[1)]

---

1) Peter Bachrach: Corporate Authority and Democratic Theory, in: David Spitz: (Hrsg) Political Theory and Social Change, New York 1967, S. 267

Bisher werden diese Konflikte jedoch mit dem Verweis auf die institutionalisierten Spielregeln des marktwirtschaftlichen Systems - so wenig Staatseingriff wie möglich - privatisiert. Damit sind jedoch wichtige Entscheidungsprozesse der Diskussion und dem demokratisch-pluralistischen Interessenausgleich entzogen.

Offenbar steht auch das Ausmaß an Aufmerksamkeit, die den Ghettoproblemen von seiten der politischen Administration gewidmet wird, in enger Beziehung zur Konfliktfähigkeit der Schwarzen in den Ghettos. Damit ist nicht nur der organisierte, in politische Kanäle gelenkte Konflikt gemeint[1], sondern auch die Einschätzung der Ghettosituation als potentiell bedrohlich für die Gesamtgesellschaft. So wurden vermehrte sozialstaatliche Anstrengungen auch für erforderlich gehalten, um verstärkte Konflikte mit der Ghettobevölkerung zu verhindern. Denn gleichzeitig mit der zumindest relativen Entschärfung des sozialen Konfliktstoffes - etwa durch eine Liberalisierung der Sozialunterstützung[2] - wird jetzt wiederum eine Strategie des "benign neglect"[3] praktiziert. Sonderanstrengungen zugunsten einer Minderheitengruppe wie der Ghettobevölkerung werden - so läßt sich feststellen - sobald oberflächlich das "soziale Dynamit"[4]

---

1) Vgl. S. 29 ff
2) Sowohl durch eine Liberalisierung der Antragsbestimmungen für die Unterstützungsleistungen wie auch durch Anstrengungen von Organisationen wie die NWRO (National Welfare Rights Organisation) stieg die Zahl der Unterstützungsanträge Mitte der 60er Jahre an. Neuerdings scheinen Versuche, weitere Ausdehnungen des Unterstützungswesens zu verhindern, praktiziert zu werden. Zum Beispiel wurden in einigen Staaten Antragsformulare von 2 auf 12 Seiten erweitert, die Wartefristen verlängert und das Verfahren eher erschwert als erleichtert. Vgl.: Richard A. Cloward, Frances F. Piven: The Rise and Fall of Welfare Rights, a.a.O., S. 26
3) So Anfang 1970 als Empfehlung in einem Memorandum des Präsidenten Nixon gegenüber der schwarzen Bevölkerung in den Ghettos, vgl.: Robert Goodman: Stadtplanung als Geschäft, a.a.O., S. 126
4) James B. Conant prägte in den 60er Jahren das Wort vom "sozialen Dynamit", das sich in den Ghettos ansammle, wenn sich an deren Lebensbedingungen nichts ändere. James B. Conant: Slums and Suburbs, New York 1961

unter Kontrolle gebracht ist, auf das unumgängliche Minimum eingeschränkt.

Damit ist jedoch die Frage nach der Organisationsfähigkeit von Ghettointeressen auch innerhalb des demokratisch-pluralistischen Prozesses angesprochen, bzw. die Schwierigkeiten, die einer wirkungsvollen Organisation dieser Interessen im Rahmen etablierter politischer Kanäle entgegenstehen.

15.4. Organisationsfähigkeit von Ghettointeressen

Wie schon aus der Geschichte der schwarzen Ghettos ersichtlich wird, blieb die Organisation ghettospezifischer Interessen im Rahmen des politischen Prozesses unbedeutend. Zwar gab es im schwarzen Ghetto Versuche einer politischen Organisation. Die etablierten Parteien setzten etwa schwarze "Bosse" zur Wählermobilisierung in Unterorganisationen ihrer "Parteimaschinen" ein. Ghettospezifische Interessen wurden jedoch kaum wirkungsvoll vertreten.[1] Als im Laufe der Zeit offensichtlich wurde, daß zwar die Stimmen der Schwarzen erwünscht waren, keine Partei jedoch ihre Interessen wirklich vertrat, wurden von seiten der Schwarzen zunehmend weniger Versuche unternommen, sich am politischen Geschehen zu beteiligen. In der Folge bildeten sich unterschiedliche Anpassungsreaktionen heraus. Einige schlossen sich religiösen und quasi-politischen Gruppen wie den Black Muslims an.[2] Die Mehrheit jedoch resignierte und nur wenige versuchten, sich aktiv politisch zu betätigen.[3]

1) "Generally speaking, the majority of the black electorate in urban America obtained from the white political machines of black submachines only the bare necessities to sustain them until the next election ..." Hanes Walton Jr.: Black Politics, a.a.O., S. 211
2) Vgl. William McCord, John Howard (Hrsg): Life Styles in the Black Ghetto, New York 1969, S. 75 ff, in dieser Arbeit S.29 ff
3) Hanes Walton Jr.: Black Politics, a.a.O., S. 214

Damit stellt sich die Frage, welche Interessen überhaupt organisationsfähig sind und im Rahmen institutionalisierter politischer Kanäle zum Tragen kommen können. Denn hängt die Beteiligung am pluralistischen Interessenkampf und damit die Möglichkeit, die eigenen Interessen durchsetzen zu können, auch von der Organisationsfähigkeit der jeweiligen Gruppe ab, so haben wirtschaftlich schwache Gruppen doppelte Schwierigkeit, ihre Interessenvertretung erfolgreich zu organisieren, da ihnen in der Regel auch die dazu erforderlichen Mittel fehlen werden. Verdoppelt werden deren Schwierigkeiten noch durch die davor liegende Problematik, daß gerade ökonomisch und sozial weitgehend benachteiligte Gruppen sich nur schwer um eindeutige, abgrenzbare Interessen organisieren können. "It is one of the cruelest ironies of social life in advanced countries that the disposed at the bottom do not, by far and large, belong to the unions, to fraternal organizations or the political parties. They are without lobbies of their own. They put forward no legislative program. As a group they are atomized."[1] Angesichts der Schwierigkeit, daß die Interessen einkommensschwacher Gruppen nicht ebenso spezifisch zu formulieren sind wie etwa die landwirtschaftlicher Interessengruppen, da sie auf fast allen Gebieten - Gesundheitsversorgung, Wohnsituation, Schulwesen und Arbeitsplatzbeschaffung - benachteiligt sind, steht der Diffusität der Interessen auch die Diffusität möglicher Adressaten gegenüber.[2] Da die Schwarzen in den Ghettos so weder durch eigene Organisationen vertreten sind, noch die Gewerkschaften etwa ihre Interessen aufgenommen haben, ergibt sich ein Kumulationseffekt, der kaum noch von den Betroffenen allein überwunden werden kann.

---

1) Michael Harrington: The Other America, a.a.O., S. 6
2) Auf das Problem "individueller Interessenorganisation im demokratisch-pluralistischen Prozeß weist auch Robert Lane hin: The pluralist Problem, in: ders.: Political Man, New York 1972, S. 23 ff, vgl. zum Problem der Organisations- und Konfliktfähigkeit "gesellschaftliche Bedürfnisse" Claus Offe: Politische Herrschaft und Klassenstrukturen - Zur Analyse spätkapitalistischer Gesellschaften, in: Gisela Kress, Dieter Senghaas: (Hrsg) Politikwissenschaft, Frankfurt/Main 1972, S. 145 ff

Wiederum konzidiert Dahl selbst an anderer Stelle[1] einen deutlichen Zusammenhang zwischen niedrigem sozialen Status und einem geringen Grad an politischer Aktivität und Durchsetzungsfähigkeit.

Anhand der Fragestellung, inwieweit die Möglichkeiten politischer Partizipation und erfolgreicher Einflußnahme von Vorbedingungen abhängig sind, wird empirisch bestätigt, daß ein höherer sozialer Status, bessere Schulbildung und allgemein eine "positive Selbsteinschätzung"[2] eigentlich erst die Voraussetzungen sind, sich erfolgreich in der politischen Arena behaupten zu können: "Political participation does intend to increase with the amount of resources at one's disposal ... participation in local political decisions is greater among citizens with high incomes than among citizens with low incomes; greater among citizens with high social standing ... greater among citizens with considerable formal education than among citizens with little, greater among citizens with professional, business and white-collar occupations ..., and greater among citizens from better residential areas than among citizens from poor areas."[3]

Ist erst dieser Katalog von Vorbedingungen für eine politische Partizipation zu erfüllen, wird verständlich, warum die politische Partizipation gerade der Mehrheit der Schwarzen in den Ghettos wenig erfolgreich war und sie sich auch kaum am politischen Geschehen beteiligen konnten. Bezogen auf die "Ghettocharacteristics" sind sie in fast allen Kategorien zuzurechnen. In den Ghettos findet sich darüber hinaus kaum die erforderliche positive, sondern vorwiegend eine negative Selbsteinschätzung, die dann mit dem tatsächlich

---

1) Robert A. Dahl: Who Governs?, a.a.O., S. 283 ff
2) Dahl hebt besonders die wichtige Rolle der "political confidence" hervor, die sich auf eine positive Selbsteinschätzung gründet. Robert A. Dahl: Who Governs?, a.a.O., S. 283
3) ebd.

niedrigen sozialen Status korreliert. Der reale Verlauf des politischen Prozesses wird von Dahl jedoch nur konstatiert; aus der Ghettoperspektive betrachtet wird somit dort abgebrochen, wo ihr Problem erst anfängt.

15.5. Zusammenfassung (Interessenausgleich im demokratisch-pluralistischen Prozeß)

Die mit dem Pluralismusmodell verbundene Vorstellung, daß durch den demokratisch-pluralistischen Prozeß selbst ein langsamer, stetiger Wandel institutionalisiert sei und irgendwann jede Gruppe zu Vorteilen und Vergünstigungen komme, trifft auf dessen faktischen Ablauf nicht zu.

Da der angenommene Selbststeuerungsmechanismus durch bestehende soziale Ungleichheit ständig unterlaufen wird, kann auch die de facto vorhandene kategoriale Diskriminierung einer gesellschaftlichen Gruppe - wie der einkommensschwachen Schwarzen in den Ghettos - nicht aufgehoben werden.

Die Annahme einer sich qua demokratisch-pluralistischen Prozeß notwendig ergebenden Verteilungsgerechtigkeit ist aufgrund von Vorbedingungen, die nicht erfüllt werden - wie Ausgangsgleichheit, offene Diskussion über alle Themen und gleichberechtigte Berücksichtigung partikularer Interessen - nicht gerechtfertigt. Denn tendenziell wird wirtschaftliche Macht auch durch politische ergänzt, dagegen wirtschaftliche Ohnmacht noch durch weitgehende politische Machtlosigkeit verstärkt.

Bei der vorgestellten Selbststeuerung des pluralistischen Interessenausgleichs tritt neben das ökonomische ein politisches Marktmodell. Jedoch konnte auch das ökonomische Marktmodell in der realen Entwicklung nicht den Anspruch einlösen, jedem die gleiche Chance zuzuteilen, in den Status eines Eigentümers zu kommen.

Aufschlußreich ist jedoch in bezug auf die subtheoretische Wertbasis[1] sozialwissenschaftlicher Theoriebildung, inwieweit sie an marktwirtschaftlichen Zusammenhängen orientiert bleibt. Dies zeigt sich sowohl an soziologischen Theorien - wie sie etwa mit der Annahme des Selbststeuerungsmechanismus der funktionalistischen Schichtungstheorie deutlich wird - wie auch bei der "pluralistischen Lösung"Dahls. Die idealtypische Vorstellung des marktwirtschaftlichen Prinzips wird jedoch hier zur Beschreibung der Realität verwandt, ohne daß die Problematik dieses wirtschaftlichen Selbststeuerungsmechanismus für benachteiligte gesellschaftliche Gruppen selber noch hinterfragt wird.

Ebenso wie für die funktionalistische Schichtungstheorie gilt jedoch auch für die idealtypischen Annahmen über den Ablauf des realen demokratisch-pluralistischen Prozesses, daß die faktische Entwicklung über einen "reinen" Selbststeuerungsmechanismus hinausgegangen ist. Darauf wird jedoch noch einzugehen sein.

Aus der Diskussion der "pluralistischen Lösung" ergeben sich im Hinblick auf die Problembestimmung des schwarzen Ghettos folgende Überlegungen:

1. Neben die soziale und ökonomische tritt noch eine weitgehende politische Benachteiligung. Zwar verstärken sich diese Faktoren gegenseitig. Als Ansatzpunkt für eine Unterbrechung dieser Dynamik zeichnet sich jedoch vor allem der politische Bereich ab.
2. Als wichtiger Bereich in der Untersuchung der Ghettoproblematik ergibt sich weiterhin, daß auch die Ebene

---

1) Vgl. zu einer differenzierten Betrachtung der Interessenbasis sozialwissenschaftlicher Forschung und der Abgrenzung zwischen subjektiver und subtheoretischer Wertbasis: Ulrich Beck: Objektivität und Normativität - Die Theorie Praxis Debatte in der modernen deutschen und amerikanischen Soziologie, Reinbek/Hamburg 1974, S. 235ff

von Verwaltungsmaßnahmen einer genaueren Untersuchung bedarf. Denn auf dieser Ebene wird entweder durch eine oft inkonsequente Politik, aber auch durch eine direkte Unterstützung von bestehenden "Diskriminierungspraktiken" das Bestehen der Ghettosituation noch verfestigt. (Das Beispiel der FHA). Zwar oberflächlich durch Rentabilitätserwägungen legitimiert, zeigt sich unter einem gesamtgesellschaftlichen Aspekt dennoch die Kurzsichtigkeit dieser Verwaltungspolitik. Denn derartige Maßnahmen können, zumal sie in Widerspruch zur Programmatik der Regierungsebene stehen, noch zu einem weiteren Legitimationsverlust beitragen. Darüber hinaus läßt sich gerade auf dieser Ebene auch die bevorzugte Behandlung einer weißen Mittelschichts-Klientel feststellen. Somit zeichnet sich hier die Möglichkeit ab, diesen Aspekt mit Hilfe einer interaktionistischen Analyse genauer zu durchleuchten, um so die schon angesprochenen Grauzonen eines "institutionellen Rassismus" aufzudecken. Denn hier scheint ein bereichspezifischer Ansatzpunkt für eine interaktionistische Analyse gegeben zu sein, da die verschiedenen Behörden durchaus einen gewissen Spielraum in der jeweiligen Interpretation von ihnen vorgegebenen Normen wahrnehmen können. Da hier ein Moment wie die "Inertia" von Institutionen ins Spiel kommt, verstärkt durch eine bestehende Diskriminierungsdynamik, erscheint das Instrumentarium der interaktionistischen Analyse besonders geeignet. Zugleich wird an diesem Beispiel deutlich, daß Aspekte eines "institutionellen Rassismus", d.h. einer kategorialen, sozialen Diskriminierung - sei es durch bloßes Nichteingreifen, sei es durch die Fortschreibung tradierter Verhaltensmuster -, die jetzt auf den Bereich der Verwaltungstätigkeit vermittelt sind -, sich nicht allein aus der Untersuchung des kapitalistischen Organisationsprinzips und der gesellschaftlichen Folgeprobleme herleiten lassen werden.

3. Aus der Wirkung eines "bias" geht zwar eine offensichtliche Benachteiligung einkommenschwacher Gruppen wie der Schwarzen in den Ghettos hervor. Dennoch lassen sich die bestehenden Machtstrukturen nicht nur pauschal auf privatwirtschaftliche Interessen zurückführen. Neben dem'Mittelklasse-bias' auf der Verwaltungsebene trägt z.B. auch die bisherige gewerkschaftspolitische Programmatik, mit ihrer nur am eigenen Mitgliederstamm ausgerichteten Verteidigung schon bestehender (relativer) Priveligierungen, zur Bestandserhaltung und damit zur Benachteiligung der schwarzen Ghettos bei.

4. Aufgrund der Diffusität der Adressaten der zahlreichen Ghettobedürfnisse ist es erforderlich - sollen auch diese Interessen wahrgenommen werden können - speziell auf diese Zielgruppe ausgerichtete Institutionen einzurichten. Problematisch erscheint dabei besonders die Ausstattung des jeweiligen Kompetenzbereichs, um auch Probleme wie die Beschaffung ausreichend entlohnter Arbeitsplätze wirkungsvoll angehen zu können. Zusammen mit diesem Aspekt ist weiterhin die Frage nach den Einflußmöglichkeiten auf die Ebene politischer Prioritätensetzung - und damit der notwendigen Ressourcen - zu problematisieren. Daran wird jedoch deutlich, daß das Ghettoproblem "über sich selbst hinausweist", d.h. auch im Rahmen allgemeiner Fragen zur Reform sozialer Lebensbereiche zu sehen ist.

5. Die aufgezeigten Schwachstellen des demokratisch-pluralistischen Prozesses zeigen deutlich, daß die bisherige Benachteiligung einkommenschwacher Gruppen wie der Schwarzen in den Ghettos, nicht nur verstärkte staatliche Intervention und verbesserte sozialpolitische Anstrengungen erforderlich macht, sondern darüberhinaus auch neue Mechanismen innerhalb des demokratisch-pluralistischen Verfahrens. Denn die politische Durchsetzungs-

fähigkeit neuer sozialpolitischer Anstrengungen erscheint ohne die Möglichkeit, durch Unterstützungshilfen besser die eigenen Rechte wahrnehmen und verfolgen zu können, nur gering.

Daher wird im folgenden ein Modell "geplanter Demokratisierung" herangezogen, um zu sehen, inwieweit dieses Angebot von seiten der politischen Administration an bisher benachteiligte Gruppen geeignet ist, nachträglich eine Art "disparitären Pluralismus" zu ermöglichen.

16. Ein Versuch geplanter Demokratisierung: Das Partizipationsmodell

Die Entwicklung und Durchführung eines Modells "geplanter Demokratisierung" ging in die Bestimmungen des Economic Opportunity Acts mit der Forderung nach "community action"-Programmen ein. Das Gesetz sieht die Errichtung von lokalen, unabhängigen Agenturen vor, die selbständig Programme und Projekte für die zahlreichen wirtschaftlichen und sozialen Probleme in den betroffenen Gebieten entwickeln können. Darüber hinaus sollen diese Agenturen Entscheidungskompetenz über die von der Zentralregierung zur Verfügung gestellten Gelder erhalten. Als wesentlicher Bestandteil in der Konzeption der "community action"-Programme sind die Bewohner und Zielgruppen bei der Entwicklung und Durchführung der verschiedenen Projekte in "größtmöglichem" Maße zu beteiligen:

"The term 'community action program' means a program -

(1) which mobilizes and utilizes resources, public or private, of any ... geographical area ... in an attack on poverty;

(2) which provides services, assistance, and other activities ... to give promise of progress toward elimination of poverty or a cause or causes of poverty ...;

(3) which is developed, conducted, and administered with the maximum feasible participation of residents of the areas and members of the groups served; and

(4) which is conducted, administered, or coordinated by a public or private nonprofit agency (other than a political party), or a combination thereof." 1)

Die Bestimmung, daß auch die Zielgruppe bei der Entwicklung von Strategien zur Bekämpfung des Armutsproblems zu beteiligen ist, scheint die Wirkung des systematischen

---

1) Economic Opportunity Act v. 1964, zit. nach: Henry Steele Commager: Documents of American History, 1973[9] Bd. II, D. 692/693 (Title II, Part A, Sec. 202)

'bias' zuungunsten ökonomisch und sozial benachteiligter Gruppen aufzunehmen und überwinden zu wollen.

Die Institutionalisierung dieses Partizipationsmodells ist als ein erster Versuch zu verstehen, durch die Entwicklung neuer Mechanismen im Rahmen des politischen Prozesses den Verstärkungseffekt ökonomischer, sozialer und politischer Benachteiligung zu vermindern. Symptomatisch für die erforderlichen Unterstützungsleistungen ist, daß die Initiative zum "community action program" nicht von "unten" kam, sondern als Reform von "oben" entwickelt wurde. In den Planungsstäben der Regierung konzipiert, wird dieses Modell als "Innovation"[1)] im Rahmen des politischen Prozesses bewertet.

16.1. Elemente des Partizipationsmodells

In die Konzeption der "community action"-Programme sind im wesentlichen drei Elemente eingegangen, die sich analytisch voneinander trennen lassen: das normative Element als Versuch weiterer Demokratisierung; ein sozialtherapeutisches Element und die intendierte Funktion dieser Programme, Planungsablauf und -durchführung von Regierungsinitiativen zu erleichtern.

o Ähnlich wie bei dem Konzept eines "Schwarzen Kapitalismus" ist hier mit dem Partizipationsbegriff ein Rückgriff auf anerkannte gesellschaftliche Wertbezüge vorgenommen worden. Die Vorstellung der politischen Partizipation der Bürger (citizen participation) versucht an die Tradition direkter Demokratie in den USA anzuknüpfen. Deutlich wird dies bei

1) Roger H. Davidson: The War on Poverty- Experiment in Federalism, in: TheAnnals of the American Academy of Political and Social Sciences, Sept. 1969, S. 1
Sar A. Levitan: The Community Action Program - A Strategy To Fight Poverty, in: The Annals of the American Academy, a.a.O., S. 63.

der Vorstellung und Rechtfertigung des Partizipationsmodells vor der amerikanischen Öffentlichkeit durch Johnson, der den Anspruch dieses Programms herausstellt: Die Mitbeteiligung der Bürger an sie direkt betreffende Entscheidungen, über die sie am besten selbst befinden können: "This program asks men and woman throughout the country to prepare long-range plans for the attack on poverty in their local communities. These are not plans prepared in Washington and imposed upon hundreds of different situations. They are based on the fact that local citizens best understand their problems and know best how to deal with those problems. These plans will be local plans striking at the many unfulfilled needs which underlie poverty in each community ..."[1] Damit ist die Verbindung des vorgeschlagenen Partizipationsmodells mit einer angestrebten demokratischen Selbstbestimmung nahegelegt. An der Verwirklichung dieses programmatischen Selbstverständnisses ist damit auch der Erfolg der durchgeführten Programme zu bemessen.

o Wichtig ist weiterhin die intendierte sozialtherapeutische Funktion: der "community action approach"[2] als Therapie. Die Vorstellung über mögliche sozialtherapeutische Funktionen dieses Programms übernahmen die Planungsstäbe aus früheren Versuchen, straffällige Jugendliche zu rehabilitieren.[3] Nachdem individuelle und familienorientierte

---

1) Lyndon B. Johnson, State of the Union Message, 1964, zit. nach: Marvin Gettleman, David Mermelstein u.a.: The Great Society Reader, a.a.O., S. 184
2) So Edward C. Banfield: The Unheavenly City, a.a.O., S. 128 ff
3) Dreizehn Projekte zur Bekämpfung der Jugendkriminalität wurden in der Zeit von 1961-1964 unter der Schirmherrschaft des "President's Committee on Juvenile Delinquency and Youth Crime" durchgeführt. Zwei der bekanntesten sind HARYOU und MOBILIZATION for YOUTH, die in das "community action Program" übernommen wurden. Vgl.:David Stoloff: The Short Unhappy History of Community Action Programs, in: M.E. Gettleman u.a.: The Great Society Reader, a.a.O., S. 231 ff

Rehabilitationsversuche sich als ungenügend erwiesen hatten, sollte nun auch das Umfeld einbezogen werden.[1] Als theoretische Grundlage stützte man sich auf die Chancenstrukturtheorie von Cloward und Ohlin[2], die den funktionalistischen Ansatz Mertons zur Erklärung der Entstehungsbedingungen abweichenden und kriminellen Verhaltens übernahmen.[3] Die zentrale Annahme der Autoren, die in die Konzeption der "community-action"-Programme einging, war, daß besonders den Jugendlichen neue Möglichkeiten eröffnet werden müßten. Dann werde in der Regel auch Kriminalität und Gewalttätigkeit abnehmen.[4] Mit der Institutionalisierung des "community-action"-Programms sollten somit vermehrte Möglichkeiten geschaffen werden, sich "konstruktiv" zu betätigen: Sei es durch eine Beschäftigung in den Agenturen selbst, oder durch Beteiligung an der Entwicklung der verschiedenen Projekte. Gerade auch die offensichtlichen Folgeerscheinungen der Ghettosituation, wie weitgehende Resignation und "abweichende Verhaltensweisen", sollten nun mit Hilfe des Partizipationsmodells überwunden werden: "We are also dealing with a problem of motivation and the development of a greater desire to overcome this sense of powerlessness' and work toward an interest in self-help. This demands a community development model."[5]

---

1) In der offiziellen Sozialarbeit ging man besonders seit dem 2. Weltkrieg den umgekehrten Weg: "From viewing the case as a product of impersonal forces in the social and economic environment, social work came to the image of the case as a product of unconscious impulse, needing restoration to an unchanged environment by self-mastery." Nina Toren: Semi-Professionalism and Social Work, in: Amitai Etzioni: The Semi-Professions and Their Organizations, New York 1969, S. 161
2) Richard Cloward, Lloyd Ohlin: Delinquency and Opportunity - A Theory of Delinquent Gangs, New York 1960
3) siehe S. 91, S. 96 ff
4) Richard Cloward, LLoyd Ohlin: Delinquency, a.a.O., S. 175 ff
5) Nathan E. Cohen: A National Program for the Improvement of Welfare Services and the Reduction of Welfare Dependency, in: Margaret S. Gordon: Poverty in America, a.a.O., S. 294. Vgl.: David Sobin: Citizen Participation in the

o Darüber hinaus spielten auch Überlegungen der Planer in Washington eine Rolle, die Durchführung sozialpolitischer Initiativen, die direkte Kontakte mit den Betroffenen erforderlich machten, reibungsloser als bisher abwickeln zu können, denn bei Slumsanierungsprojekten hatten sich häufig "planungserschwerende" Konflikte mit der Bevölkerung ergeben.[1)] Die Behörden gerieten so in Verruf und konnten kaum mit der Kooperation der Planungsbetroffenen rechnen.[2)] Denn eine erfolgreiche Planung durch "Ukas"[3)] - also ohne den Betroffenen die bevorstehenden Veränderungen zumindest zu erläutern - hatte sich als schwierig und oft nicht möglich erwiesen. Auch die politische Administration hielt daher die Institutionalisierung eines Rückkoppelungsmechanismus zu den Planungsbetroffenen für funktional erforderlich. Dafür spricht, daß schon seit 1954 Bestimmungen ergingen, die Bürger der betreffenden Gebiete zu beteiligen. Allerdings waren damit nicht vorrangig einkommensschwache Gruppen oder die Schwarzen in den Ghettos gemeint: "Because the program is to be a community effort (urban renewal - Anm. d. Verf.) and in order to maintain the long-term enthusiasm necessary for successfull urban renewal, it is extremely important that effective citizen participation be secured. Widespread participation of community and neighborhood groups is a 'must' ... the organization of neighborhood groups is essential to the complete understanding by the community of the goals of its urban

---

Ghetto, in: Journal of Black Studies, 1972, März, S. 359 ff, sowie: Roger H. Davidson: The War on Poverty, a.a.O., S. 6

1) Vgl. Herbert Gans: People and Plans, New York - London 1968, S. 220 ff

2) J. Allen Williams, Jr.: The Effects of Urban Renewal upon a Black Community-Evaluations and Recommendations, in: Social Sciences Quarterly, Vol. 50, 1969, S. 708 sowie in dieser Arbeit S. 148 ff

3) Sar A. Levitan: The Community Action Program, a.a.O., S. 69 sowie ferner: Irving L. Horowitz: Seperate But Equal, a.a.O., S. 294 ff

renewal program."[1] Die Institutionalisierung eines Rückkoppelungsmechanismus - der wie im Partizipationsmodell auch bisher ausgeschlossene Gruppen wie viele der Schwarzen in den Ghettos - einbezieht, ist weiterhin auch als Versuch zu sehen, bei auftretenden Schwierigkeiten qua Mitbeteiligung auch Mitverantwortung delegieren zu können.[2] Regierungsstellen und Behörden können sich unter Hinweis auf das Partizipationsmodell so vor dem Vorwurf rechtfertigen, es werde ausschließlich von oben nach unten geplant, ohne die Bedürfnisse der Bevölkerung auch nur kennengelernt zu haben.[3] Als weiterer Vorteil ergab sich mit dem Partizipationsmodell, das auf die einkommensschwachen Gruppen des betreffenden Gebietes ausgerichtet war, aber auch die Möglichkeit besonders die schwarzen Amerikaner zu beteiligen und so dem Vorwurf von Diskriminierungspraktiken, der frühere stadtplanerische Projekte bei der schwarzen Bevölkerung in den Ghettos in Verruf gebracht hatte, entgegenzutreten. Denn die Anwendung des Prinzips der "größtmöglichen Beteiligung der Armen" bedeutete in den Ghettos notwendig eine überwiegende Vertretung der farbigen Bevölkerung.

---

1) Auszug aus den Bestimmungen des Urban Renewal Programms - Housing Act v. 1954, zitiert nach: Glenn H. Beyer: Housing and Society, a.a.O., S. 471. Dieser Zusammenhang wird von einem Planungsexperten auch für das CAP als wichtige Funktion gesehen. Vgl.: Sar A. Levitan: The Community Action Program, a.a.O., S. 69

2) Vgl.: Denis P. Sobin: Why Increase Citizen Participation Among Ghetto Residents, Journal of Black Studies, Vol. 2, 1971,72, S. 359 ff

3) Zum Vorwurf des "welfare paternalism" vgl.: Jacqueline Jackson: A Black Sociologist Crystallizes the Social and Psychological Needs to the Characteristics and Special Problems of Ghetto Youth, in: Harry A. Johnson (Hrsg.): Multimedia Materials for Afro-American Studies, New York - London 1971, S. 38 ff

16.2. Die Durchführung des Partizipationsmodells

Bei der Formulierung des Gesetzes war nur ungefähr die Richtung angegeben worden, wie die verschiedenen lokalen Agenturen sich konstituieren sollten. Konkrete Maßnahmen für die Durchführung ergingen nicht.

Die ersten Schwierigkeiten tauchten bereits bei der Bestimmung der "Armen" auf, die an den Programmen beteiligt werden sollten. Zu Beginn erwiesen sich Wahlen als kaum erfolgreich. Die Wahlbeteiligung, besonders in den schwarzen Ghettos, lag kaum über dem Niveau bei Präsidentschaftswahlen.[1] Die Gegner dieses Modells nahmen dies schon als Bestätigung für ihre These, daß die Armen eben nicht organisierbar seien.[2]

Bald drohte auch die neue Initiative wieder mehr auf Zuteilung als auf Mitbeteiligung der Bewohner der betreffenden Gebiete hinauszulaufen. Daher erging nach kurzer Zeit eine Zusatzbestimmung: Die Bewilligung von Bundesgeldern wurde an die Bedingung geknüpft, daß in den "Community-Action-Agencies" (CAA)[3] jeweils zwei Drittel der Mitglieder tatsächlich aus den unteren Einkommenschichten rekrutiert werden.[4]

Waren verschiedene dieser CAA's allerdings tatsächlich erfolgreich, indem sie Ghettobewohner zur Mitarbeit heranzogen und begannen, unabhängig von bestehenden kommunalen Institutionen Projekte zu entwickeln, was durchaus der ursprünglichen Intention des Programms entsprach, wurden diese neuen politischen Gremien, die nicht unter direkter Kon-

---

1) Sar A. Levitan: The Community Action Programm, a.a.O., S. 66

2) so besonders: Daniel P. Moynihan: Maximum Feasible Misunderstanding: Community Action in the War on Poverty, New York - London 1963[3] oder auch: Edward C. Banfield: The Unheavenly City, a.a.O., S. 114 ff

3) Im folgenden abgekürzt: CAA; Community action program - im folgenden abgekürzt: CAP

4) Sar A. Levitan: The Community Action Program, a.a.O., S. 66

trolle der Stadtparlamente standen, schnell als bedrohlich empfunden. Besonders wenn sie versuchten, Programme einer politischen Erziehung einzuleiten. Schon nach kurzer Zeit erhoben die Bürgermeister der jeweiligen Städte erfolgreich Einspruch gegen diese ihrer Meinung nach zu "extensive" Auslegung von "citizen participation". Ihrem Appell wurde nachgegeben. Die Bürgermeister bekamen zuerst ein informelles, aber dennoch wirksames Veto-Recht bei allen Entscheidungen der CAA's zugesprochen. Später erging das Green-Amendment, das eine verstärkte Kontrolle der bisher weitgehend unabhängigen CAA's durch die kommunalen Behörden vorsah.[1]

Die Laufzeit des "community action"-Programms in der ursprünglich vorgesehenen Form war somit nur kurz. Es ist daher schwierig, die potentiellen Entwicklungsmöglichkeiten eigener Projekte, die in den verschiedenen CAA's konzipiert wurden, zu beurteilen. Da selbständige Initiativen - wie Versuche, auch politische Erziehungsprogramme zu entwickeln, oder verstärkt Wähler zu mobilisieren und zu registrieren -, die die bisher weitgehend vom politischen Geschehen ausgeschlossenen einkommensschwachen Gruppen in den Ghettos befähigen sollten, ihre staatsbürgerlichen Rechte besser wahrnehmen zu können, auch schon als suspekt eingestuft wurden, übernahmen die meisten CAA's schließlich mehr und mehr sichere Programme, die schon vorher in Washington entwickelt worden waren: "... promising locally initiated programs are rare, and many of these are politically risky; hence, CAP has turned increasingly to safe, popular, 'national-emphasis' programs like Head Start."[2] Selbst Programme zur Verbrauchererziehung oder Rechtsberatung wurden vielfach schon als politische Agitation angesehen.[3]

---

1) Das Green-Amendment (nach Edith Green) erging 1967
2) Roger H. Davidson: The War on Poverty, a.a.O., S. 11
3) ebd.

Darüber hinaus wurden die Gelder zur Finanzierung der verschiedenen Projekte nach knapp einem Jahr zum ersten Mal gekürzt. Schon bewilligte Gelder wurden zudem nicht in der vollen Höhe ausbezahlt.[1)]

Trotz der ständig auftretenden Schwierigkeiten bei der Durchführung des "community action"-Programms, hat die Institutionalisierung des Partizipationsmodells dennoch positive Resultate erbracht. Unterstützt von den Agenturen konnten Ghettobewohner oft ihre Rechte gegenüber Hausbesitzern und städtischen Institutionen besser durchsetzen.[2)] Nach einer kurzen Anlaufzeit waren die neuen Institutionen auch in der Rekrutierung von Ghettobewohnern erfolgreich. Außer politischer Erziehung und Anleitung gerade der bisher politisch weitgehend inaktiven Schwarzen in den Ghettos, ihre Interessen besser artikulieren zu können, scheint die Arbeit in den CAA's auch dazu beigetragen zu haben, das vorher vorwiegende Gefühl der Resignation zu vermindern.[3)]

Das wachsende Selbstvertrauen der schwarzen Amerikaner, das Mitte der 60er Jahre zum Ausdruck kam, wird nicht zuletzt auf die erfolgreiche Arbeit im Rahmen des Community Action Programms zurückgeführt.[4)]

---

1) Vgl.: Daniel P. Moynihan: Maximum Feasible Misunderstanding, New York - London 1969, S. 144 ff
2) Lilliam B. Rubin: Maximum Feasible Participation - The Origins, Implications and Present Status, in: The Annals of the American Academy of Political and Social Sciences, Sept. 1969, S. 29
3) Roger H. Davidson: The War on Poverty, a.a.O., S. 12
4) "... undoubtedly the new mood of exasperation and impatience amongst blacks was partially a direct result of the educational word of community organizers." Peter Bachrach, Morton S. Baratz: Poverty, Race, And Politics in Baltimore II, in: Bachrach/Baratz: Power and Poverty, a.a.O., S. 86. Vgl. auch: Elliott Krause: Functions of a Bureaucratic Ideology, a.a.O., S. 141/142

16.3. Das Dilemma politischer Partizipation

Aus der Kontroverse über das Maß an Partizipation der Bürger, das man tolerieren kann, um die richtige Balance zwischen einer Über- und einer Unterpartizipation zu finden, lassen sich zwei Dimensionen politischer Partizipation herauskristallisieren:

- In der ersten Dimension schließt Partizipation das normative Element ein. Das Ziel dieser Form von Partizipation wäre die Verwirklichung des demokratisch-pluralistischen Anspruches. Für die bisher weitgehend benachteiligten gesellschaftlichen Gruppen - wie die Mehrheit der Schwarzen in den Ghettos - würden so die Vorbedingungen geschaffen, sich am pluralistischen Interessenausgleich und an pluralistischer Verteilungspolitik zu beteiligen.

Das Partizipationsmodell im Rahmen des "community action"-Programms in seiner ursprünglichen Form schien sich diesem Partizipationsbegriff anzunähern.

Der Schwierigkeit, auch für Ghettointeressen einen Adressaten zu finden - bedingt durch die Benachteiligung dieser Gruppe auf fast allen Gebieten -, wurde mit der Einrichtung einer speziell auf diese Interessen ausgerichteten Agentur begegnet. Darüber hinaus wurden staatliche Dienstleistungen nicht mehr einfach zugeteilt. Diejenigen, über die bisher umstandslos verfügt worden war, erhielten in der Anfangsphase des Programms die Möglichkeit, auch eigene Projekte zu entwickeln und eigene Vorstellungen einbringen zu können.

So zeigen die Erfahrungen mit dem "community-action"-Programm, daß auch diese "partikulare Interessen" im Rahmen des politischen Prozesses zum Tragen kommen können, wenn für die bisher benachteiligten Gruppen Institutionen und Möglichkeiten geschaffen werden, ihre Belange vorzubringen und zu vertreten.

Soll der demokratisch-pluralistische Anspruch eingelöst werden, sind jedoch erst staatliche Unterstützungsleistungen erforderlich: "What seems to be the major contributing factor to the process of political change has been the establishment in the city of federally financed programs designed to eliminate poverty... the anti-poverty agencies - ... - have been political catalysts in the city, chiefly because they have provided the black poor with a necessary means to organize for political action and to gain access to key decision-making centers."[1] Mit der Weiterentwicklung dieser "pluralistischen" Partizipation könnte der demokratisch-pluralistische Anspruch auch für Ghettointeressen nachträglich eingelöst werden. Eine erfolgreiche Organisation dieser Interessen geht jedoch möglicherweise über die Durchführung von Sozialprogrammen in einem vorher abgesteckten Bezugsrahmen hinaus. "If anti-poverty programms develop and encourage interests and aspirations (as ends to be politically sought after and protected), citizen participation (the means) could very likely grow beyond the strictly governmental structure, reaching ultimately into all parts of the economy and polity."[2]

Die Kontroverse über das Community Action Programm und die schließlich erfolgende Rückbindung sich verselbständigender Aktions-Gruppen an die kommunalen Behörden, spiegelt damit auch das Spannungsverhältnis zwischen dem demokratisch-pluralistischen Selbstverständnis und bestehenden gesellschaftlichen Strukturen wider. Damit ergibt sich als Dilemma politischer Partizipation: einerseits den demokratischen Anspruch zu verwirklichen sowie andererseits - da bislang keine universelle Mitbestimmung in allen gesell-

---

1) Peter Bachrach, Morton S. Baratz: Power and Poverty, a.a.O., S. 97/98
2) Peter Bachrach, Morton S. Baratz, Margaret Levi: The Political Significance of Citizen Participation, in: Bachrach/Baratz: Power and Poverty, a.a.O., S. 205

schaftlichen Bereichen möglich ist, etwa im wirtschaftlichen Sektor weitgehend privat entschieden wird - auch die Grenzen dieser Partizipation bestimmen zu können. Bezogen auf den demokratisch-pluralistischen Anspruch ergibt sich somit ein Zielkonflikt, der bei dem oben dargestellten Pluralismus-Theorem nicht thematisiert wird: Offensichtlich entsprechen ein entfaltetes pluralistisches System und bestehende ökonomische Strukturen einander nicht.

Dieser Konflikt wurde jedoch, wie an der Entwicklung des Community Action Programms deutlich wird, uminterpretiert. Die neue Fragestellung, die die Begrenzung der sich abzeichnenden "pluralistischen" Partizipation rechtfertigen sollte, lautete schließlich "... how much political revolution can a publicly funded program afford to sponsor?"[1] Damit wird die Tendenz einer von oben verordneten "Partizipation" - die eben nicht mehr Mitbestimmung der direkt Betroffenen meint - deutlich.

- Die zweite Dimension politischer Partizipation läuft letztlich auf eine Art Erziehungstechnik hinaus. Die schon vorher formulierten Programme werden den Planungsbetroffenen erläutert, um Konflikte bei der Plandurchführung zu vermeiden. Als Alternative bleibt für die Zielgruppen der jeweiligen Planung Zustimmung oder Partizipationsverweigerung.[2)]

  Bezogen auf die Elemente des "Community-Action"-Programms[3)] bleiben die sozialtherapeutischen Zielvorstellungen und die Intention erleichterter Planungsdurchführung zwar erhalten. Das "normative" Element allerdings wird nicht mehr als tatsächlich zu verwirklichende Funktion dieser Art von Partizipation gesehen.

---

1) Roger H. Davidson: The War on Poverty, a.a.O., S. 13
2) Vgl.: Elliott Krause: Functions of a Bureaucratic Ideology, a.a.O., S. 140
3) s. S. 166 ff

Aufschlußreich ist, daß gerade Wohlfahrtsverbände und die offizielle Sozialarbeit sich vorwiegend für die zweite Alternative der Bestimmung von "citizen participation" entschieden.[1] Da sie Partizipation vorwiegend als Erziehungstechnik verstanden wissen wollen - jedoch nicht im Sinne einer politischen Erziehung, die die Unterstützungsempfänger zur besseren Wahrnehmung ihrer Rechte anleitet - liegt ihnen offenbar daran, die Abhängigkeit der Bedürftigen gegenüber den Institutionen aufrecht zu erhalten. Soweit dahinter die Befürchtung steht, daß selbstbewußte Wohlfahrtsempfänger auch zu einer Bedrohung der eigenen Position werden können, läßt dies Rückschlüsse auf die Rolle der Sozialarbeit in dem Prozeß der Stigmatisierung unterprivilegierter Gruppen zu.[2]

Ebenso wird von Angehörigen der Verwaltung und bürokratisch ausgerichteten Planungsexperten eine Mitbeteiligung der Bürger - besonders wenn die Zielgruppen aus einkommenschwachen Gruppen wie Ghettobewohnern bestehen - nur als Hindernis für eine effiziente Verwaltungsarbeit gesehen.[3]

Das Dilemma politischer Partizipation - diesmal als Problem einer Unterpartizipation - bleibt jedoch bestehen. Denn offenbar ist es nicht mehr möglich, die Interessen der Betroffenen gänzlich zu mißachten. Besonders wenn wie im Fall der schwarzen Amerikaner eigene Organisationen entstanden sind, die nicht mehr bereit sind, sich allen Anordnungen stillschweigend zu fügen.[4] Daher wurden auch

---

1) Vgl.: Sar A. Levitan: The Community Action Program, a.a.O., S. 74 ff

2) Vgl.: Lewis A. Coser: The Sociology of Poverty, in: Social Problems, Vol. 13, 1965, S. 140 ff

3) James L. Lundquist: Co-Ordinating the War on Poverty, in: Annals of the American Academy of Political and Social Sciences, Sept. 1969, S. 45

4) "HUD's fieldmen, therefore, compelled the cities to negotiate, where the neighborhood war organized and assertive (in other words where it was black and under militant leadership." James L. Lundquist: Co-Ordinating the War on Poverty, a.a.O., S. 46

bei den 1967 eingeführten "Model City"-Programmen, die unter direkter Kontrolle der lokalen Behörden standen, wieder Partizipationsmöglichkeiten für die Bewohner der betreffenden Gebiete vorgesehen. Allerdings wurde nicht mehr von Mitentscheiden gesprochen.[1)]

So bleibt festzustellen: Der mit dem Partizipationsmodell im Rahmen des "Community-Action"-Programms erhobene Anspruch, eine weitere demokratische Mit- und Selbstbestimmung gerade bisher benachteiligter Gruppen herbeizuführen, wurde nicht eingelöst. Damit bleibt auch dieser Modellversuch einer "geplanten Demokratisierung" im Sinne der Lincolnschen Definition von Demokratie nur mehr deren reduzierte Form, nämlich als: "government for the people". Demokratische Partizipation droht damit wiederum nur auf eine Pseudopartizipation hinauszulaufen.

---

1) Elliott Krause: Functions of A Bureaucratic Ideology, a.a.O., S. 143

17. Die mögliche Bedeutung des Partizipationsgedankens für die Legitimation von Ghettointeressen im Rahmen des politischen Prozesses

Die Einführung des Partizipationsgedankens" "maximum feasible participation of the members of the areas served" - damit auch der Ghettobewohner - hat jedoch möglicherweise trotz des Scheitern des Programms in seiner ursprünglichen Form weiterreichende Bedeutung.

Mit der Propagierung des Prinzips der "participation" und der Ankündigung, nicht nur den Anforderungen formaler, sondern auch sozialer Demokratie - "equal opportunity" - genügen zu wollen, setzte die politische Administration selbst einen Maßstab und begründete somit einen "sozialen Tatbestand".

Möglicherweise hat somit die Propagierung des Partizipationsgedankens, zusammen mit der Einrichtung der verschiedenen Programme im Rahmen des "Kriegs gegen die Armut" dazu beigetragen, daß die Ghettointeressen nicht mehr im gleichen Maße wie vor der Institutionalisierung dieser Programme vernachlässigt werden können. Denn kommen "Ghettointeressen" nicht in einem Umfang zum Tragen, der diesem "sozialen Tatbestand" zumindest angenähert ist, so ist auch das Anwachsen von sozialem Konfliktstoff zu erwarten. Bis zu welchem Grad dieser Konfliktstoff nur durch symptomorientierte Maßnahmen - wie etwa verstärkten Polizeieinsatz in den Ghettos - neutralisiert werden kann, ist zwar eine offene Frage. Verstärkt durch das Konfliktargument der Ghetto-rebellionen[1] - die bewiesen haben, daß ein Ghettoproblem die soziale Integration gefährden kann - kann die politische Administration in Zugzwang kommen, den selbstgesetzten Anspruch auch tatsächlich einlösen zu müssen.

---

1) Peter Bachrach, Morton S. Baratz: Power and Poverty, a.a.O., S. 88

Die von Gans vorgestellte These, wonach die weitgehende Nicht-Beachtung von Ghettointeressen "funktional" zur Erhaltung der Stabilität des politischen Prozesses ist, dagegen ihre Beachtung dysfunktional[1] trifft offenbar nur so lange zu, wie die soziale Integration nicht empfindlich gestört und durch zunehmenden Legitimationsverlust die Stabilität des politischen Prozesses selbst gefährdet wird. Möglicherweise hat jedoch gerade die Einführung des Partizipationsgedankens dieses Spannungsverhältnis noch verstärkt und somit auch Ghettointeressen vermehrtes Gewicht gegeben. Die Unterstützungshilfe des Modells geplanter Demokratisierung hat damit gleichzeitig ein erhöhtes Legitimationserfordernis von seiten der Regierenden geschaffen. Eine Analyse des politischen Prozesses in Baltimore scheint dies zu bestätigen: "To be sure, the great majority of the black poor in Baltimore remains unorganized and virtually powerless. They are, however, becoming ever-more politically aware, are prepared to employ newly established channels of communication and decision-making arenas to assert their rights and press home their demands, and ... black leaders in the city now exercise a modicum of authority, that is, a small, slowly growing number of whites in key-decision - making centers accede to black demands because they share the black values."[2]

---

1) s.S. 85
2) Peter Bachrach/Morton S. Baratz: Power and Poverty, a.a.O., S. 100

18. Exkurs: Das Scheitern des Partizipationsgedankens und sein möglicher Einfluß auf die wachsende Militanz der schwarzen Amerikaner Mitte der 60er Jahre

Wie schon erwähnt[1] signalisierte die Mitte der 60er Jahre sich abzeichnende Radikalisierung von Organisationen der schwarzen Amerikaner wie etwa die Gründung der "Black Panther Party" eine wachsende Distanz von der amerikanischen Gesellschaft, ihren Werten und Institutionen, eine Entfremdung vom System."[2] Möglicherweise ist auch das Scheitern des Partizipationsgedankens mitverantwortlich für diesen Prozeß und die durch zunehmenden Legitimationsentzug bedingte Systemkrise."[3] Bei der Propagierung des Community Action Programms wurde an Werte angeknüpft, die für eine der Zielgruppen dieses Programms, die Schwarzen in den Ghettos, Identifikationsmöglichkeiten mit diesen Projekten boten: "citizen participation" als Mitbeteiligung und mit der Betonung der "community" vermehrte lokale Selbstverwaltung. Die so hervorgerufenen Erwartungen[4] wurden jedoch nicht erfüllt. Möglicherweise wirkte dies als Katalysator für den Legitimationsverlust bei den schwarzen Amerikanern. Das Programm der Black Panther Party, das sich bewußt gegen das amerikanische Gesellschaftssystem richtet, macht diesen Zusammenhang deutlich. Denn aus der "community action" wurde jetzt die Forderung nach "community control": "The adaption of the concept of Black Power is the most legitimate and healthy developments in American politics and race relations in our time. The con-

---

1) s.S.34
2) Peter-Joachim Opitz: Black Power, a.a.O., S. 186
3) Vgl. dazu Theorem von Legitimationskrisen: Jürgen Habermas: Legitimationsprobleme im Spätkapitalismus, a.a.O., S. 96 ff
4) Vgl.: Peter Bachrach, Morton S. Baratz: Power and Poverty, a.a.O., S. 99

cept of Black Power ... is a call for black people in this country to unite, to recognize their heritage, to build a sense of community. It is a call for black people to begin to define their own goals, to lead their own organizations and to support these organization. It is a call to reject the racist institutions and values of this society."[1)]

Möglicherweise trug gerade das Scheitern des Partizipationsgedankens und die damit verursachte Enttäuschung bei den Adressaten dieses Programms dazu bei, daß diejenigen, die man mit dieser Initiative integrieren wollte - die intendierte sozialtherapeutische Funktion - von zunehmendem Mißtrauen gegenüber den etablierten politischen Institutionen erfüllt wurden. Die Politisierung, die man durch das Abblocken des "Community-Action"-Programms verhindern wollte, fand dennoch statt; nur nicht mehr in vorher abgesteckten Bahnen. Somit kann die Frage, die innerhalb der Administration und im Kongreß angesichts der Entwicklung des Partizipationsmodells auftauchte, wieviel "Revolution" aus öffentlichen Geldern finanziert werden könne, offenbar nur mit dem Risiko vermehrter Folgeprobleme und dem sicheren Anwachsen sozialen Konfliktstoffes mit einer Pseudopartizipation beantwortet werden.

Wie an der Entwicklung nach dem Einfrieren des Partizipationsmodells deutlich wird, reicht daher eine mehr oder weniger symbolische Partizipation und der weitgehende Verzicht auf weitere Reformanstrengungen nicht aus, genügend "Motivation" und "Identifikation" bei den Schwarzen zu erzeugen. Eine 1969 unternommene Befragung schwarzer Jugendlicher aus den Ghettos bestätigt dies: Die Mehrheit der Befragten glaubt nicht daran, daß das amerikanische System die "Leistungsfähigkeit" besitzt, die sozialen Probleme lösen zu können und erwartet daher nicht mehr, daß überhaupt etwas zu ihren Gunsten unternommen wird.

---

1) Stokeley Carmichael, Charles V. Hamilton: Black Power: The Politics of Liberation in America, London 1967, S. 44

Die Untersuchung kam zu dem Ergebnis: "... black youth continue to develop early in life fundamental political orientations that suggest that 'nothing very basic is happening'. When one projects into the future the kind of political, behavior correlated with the low-efficacy and high-cynicism orientations of Negro youth, one is led to speculate that the next generation of Negro adults will be still be operating far below its potential in the political arena."[1)]

Es ist jedoch zu bezweifeln, daß dieser "politische Zynismus" - durch ein Nichteingreifen in das politische Geschehen - sich im Gansschen Sinne funktional auswirken wird. Zwar werden, bedingt durch eine weitgehende Passivität der Schwarzen in den Ghettos, keine weitgehenden Forderungen gestellt, was den "Out-Put" des politischen Prozesses betrifft. Ändert sich jedoch am Zustand der Ghettos und den Lebensbedingungen seiner Bewohner weiterhin kaum etwas, kann zumindest indirekt - etwa durch das Ansteigen der Kriminalität - aus diesem "politischen Zynismus" ein quasipolitischer Bumerangeffekt entstehen. Bei zukünftigen Programmen dieser Art muß dann damit gerechnet werden, daß von seiten der "Planungsbetroffenen" her nun keine Ansatzpunkte mehr gegeben sind, um die erforderliche Motivationsbasis überhaupt noch aufbauen zu können. Je länger jedoch der Zeitpunkt umfassender und konsequenter als bisher angelegter Reformen hinausgeschoben wird, desto größer werden auch die Implementierungsschwierigkeiten politisch-administrativer Maßnahmen und sozialpolitischer Planungsprojekte. Langfristig gesehen verschärft sich daher die Systemkrise, nur verdeckt von einer oberflächlichen Ruhe in den Ghettos und dem augenblicklichen Ausbleiben spontaner Ausbrüche.

---

1) Schley R. Lyons: The Political Socialization of Ghetto Children - Efficacy and Cynicism, in: Journal of Politics, Vol. 32, 1970, S. 288-304, S. 303/304

19. "Professionalisierung der Reform" als Ersatz für den Partizipationsgedanken ? (Moynihan)

Die folgenden sozialpolitischen Vorstellungen Moynihans sollen an dieser Stelle herangezogen werden, um daran exemplarisch aufzuzeigen, inwieweit wissenschaftliche Politikberatung ungenügend bleiben muß, bleibt die Problembestimmung - wie etwa die des schwarzen Ghettos - nur auf dessen Zustand selbst beschränkt. Darüber hinaus ist jedoch auch die Forderung Moynihans, den Partizipationsgedanken selbst aufzugeben, zu berücksichtigen. Denn nach der vorausgegangenen Diskussion über den politischen Bereich in der Ghettoproblematik und Bedeutung, die das Partizipationsmodell gerade für die Schwarzen in den Ghettos ansatzweise schon hatte, bzw. für zukünftige sozialpolitische Planung einnehmen kann, erscheint dieser Vorschlag problematisch.

In seinem Konzept der "professionalisierten Reform" geht Moynihan davon aus, daß mit Hilfe von Meinungsbefragungen auch die Bedürfnisse der Bevölkerung adäquat ermittelt werden können:

> "... the prospect is for still a wider expansion of knowledge available for governments as to how people behave. This will be accompanied by further improvements of the now well-developed techniques of determining what they think. Public opinion polls are already a daily instrument of government-decision making ... In combination these two systems (Statistiken und Umfragetechniken, Anm.d.Verf.) of information make it possible for a government to respond intelligently and in time to changing needs and desires of the electorate." 1)

Im Hinblick auf die Berücksichtigung von Minderheiteninteressen - insbesondere von Ghettoanliegern - läßt der Vor-

---

1) Daniel P. Moynihan: The Professionalization of Reform, in: The Public Interest, No. 1, Herbst 1965, wiederabgedruckt in: Marvin E. Gettleman, David Mermelstein: The Great Society Reader, New York 1967, S. 459ff, S. 473/474

schlag Moynihans, den politischen Entscheidungsprozeß nach den Ergebnissen von Meinungsbefragungen auszurichten, allerdings viele Fragen offen. So vertritt Moynihan z.B. die Auffassung, Protestmärsche einer Minderheit signalisierten, wenn ihr Anliegen noch nicht als "Mehrheitsansicht" ermittelt worden sei, daß diese Forderung als noch nicht "populär" zurückgestellt werden könne.[1)]

Wenn jedoch die Entscheidung über die Berücksichtigung von Ghettointeressen nach dem Vorschlag Moynihans, der im übrigen als schärfster Kritiker des Partizipationsmodells im Rahmen des "Community-Action"-Programms hervortrat[2)], nur den Ergebnissen von Meinungsbefragungen unterworfen werden soll, so ist zu befürchten, daß in bezug auf die Ghettosituation lediglich der Status quo erhalten bleibt.

Der Verzicht auf weitere Partizipationsangebote an bisher vom demokratisch-pluralistischen Prozeß ausgeschlossene Gruppen steht darüber hinaus in deutlichem Gegensatz zu den immanenten Wertvorstellungen des amerikanischen Systems. Weiterhin erscheint die hier geforderte Ausschaltung von Parizipationsmechanismen auch unter Berücksichtigung der Erfordernisse zukünftiger politischer Planung, die in bestimmten Bereichen auf eine Partizipation der "Planungsbetroffenen" angewiesen ist, als obsolet.

Auf die entscheidende Frage allerdings, ob mit Hilfe von Meinungsbefragungen tatsächlich die Bedürfnisse der Bevölkerung ermittelt werden können, bzw. ob das Ermittelte schon die Bedürfnisse der Bevölkerung sind, geht Moynihan nicht ein. Dabei ist die Objektivität der so erhobenen Ergebnisse keinesfalls so unproblematisch zu unterstellen wie es hier geschieht.[3)]

---

1) Vgl.:Daniel P. Moynihan: The Professionalization of Reform, a.a.O., S. 474
2) Vgl.:Daniel P. Moynihan: Maximum Feasible Misunderstanding-Community Action in the War on Poverty, New York - London 1969[3]
3) Vgl.: Renate Mayntz; Kurt Holm, Peter Hübner: Einfüh-

Denn da empirische Forschung immer schon die begriffliche Vorstrukturierung der zu erhebenden Daten voraussetzt, werden auch diese "Bedürfnisse" oder Meinungen selber schon durch die Art der Fragestellung prädeterminiert.[1] Ähnlich problematisch ist weiterhin das zweite von Moynihan zur Politikbestimmung vorgeschlagene Instrument der "Sozialstatistiken" und die Annahme von der Neutralität statistischer Angaben. Zu denken ist hier nur an die Kriminalitätsstatistiken und damit die überdurchschnittlich hohe Kriminalitätsrate in den schwarzen Ghettos im Hinblick auf das schon angesprochene Erfassungsproblem.[2] Es bestehen jedoch noch "zahlreiche Möglichkeiten, durch die Wahl von Vergleichsgrößen und Bezugspunkten heikle Sachen in einem harmlosen oder grelleren Licht erscheinen zu lassen ..."[3]

Verdeutlichen läßt sich dieser Zusammenhang an Moynihans eigener Untersuchung: "The Negro Family - A case for National Action"[4]

19.1. Der Moynihan-Report - Ein Modell wissenschaftlich interpretierter Bedürfnisse ?

In dieser Untersuchung legt Moynihan den Schwerpunkt in der Auswahl und der Beschreibung statistischen Materials um den Problembereich: schwarze Familie, ihre "Instabilität" und Nichtangepaßtheit an geltende Normen, herum. Neben Faktoren wie hoher Arbeitslosigkeit wird z.B. auf den Zusammenhang zwischen Konjunkturzyklen und Scheidungsraten hingewiesen,

---

rung in die Methoden der empirischen Soziologie, Opladen 1971, S. 9 ff

1) Vgl.: Renate Mayntz u.a.: Einführung, a.a.O., S. 24
2) Vgl. S. 93 ff
3) Ulrich Beck: Objektivität, a.a.O., S. 11
4) Daniel P. Moynihan: The Negro Family - A Case For National Action, U.S. Department of Labor - Office of Policy and Research, Washington D.C. (Government Printing Office) 1965

sowie besonders ausführlich die Zahl der unehelichen Geburten und die Tatsache behandelt, daß in vielen Familien der Schwarzen eine Frau dem Haushalt vorsteht. Hier soll jedoch nicht im einzelnen auf diese Untersuchungsergebnisse eingegangen werden. Besonders, da auch schon eine ausführliche Kontroverse um diesen Bericht dokumentiert vorliegt.[1)]

Gerade an dem Beispiel des Moynihan-Reports läßt sich jedoch aufzeigen, inwieweit individuelle Wertüberzeugungen in die Interpretation statistischen Materials einfließen können. Verzerrend wirkt diese subjektive Wertbasis, wird nicht gleichzeitig auch das jeweilige Vorverständnis deutlich gemacht. Besonders deutlich wird dieser Zusammenhang an der Verbindung, die zwischen den Faktoren: weiblicher Haushaltsvorstand, einer hohen Rate an Jugendkriminalität bis hin zu Ghettoaufständen gezogen wird: "A community that allows a large number of young men to grow up in broken families, dominated by woman, never acquiring any set of rational expectations about the future - that community asks for and gets chaos. Crime, violence, unrest, disorder - most particularily the furious, unrestrained lashing out at the whole social structure - that is not only to be expected: it is very much near the inevitable."[2)]

Wenn auch bei oberflächlicher Betrachtung der hier unterstellte Zusammenhang zwischen dem weiblichen Haushaltsvor-

---

1) Vgl.: Lee Rainwater, William E. Yancey: The Moynihan Report and the Politics of Controversy (MIT Press) Cambridge, Mass. - London 1967
Problematisch ist u.a., daß Moynihan bei der Interpretation des vorliegenden statistischen Materials vorrangig zu "rassenspezifischen" Ergebnissen kommt, wenn er z.B. die Scheidungsrate der schwarzen Familien nicht mit weißen Familien vergleicht. Vgl. auch William Ryan: The Moynihan-Report, in: Lee Rainwater, William E. Yancey: The Moynihan Report, a.a.O., S. 458

2) Daniel P. Moynihan: A Family Policy for the Nation, in: Lee Rainwater, William L. Yancey: The Moynihan Report, a.a.O., S. 397

stand vieler schwarzer Familien und der problematischen Entwicklung vieler Jugendlicher in den Ghettos plausibel erscheinen mag, so läßt sich diese Verbindung kaum als Kausalzusammenhang behaupten, zumal es bisher keinen wissenschaftlichen Beweis für eine derartige Kausalität gibt.[1)] Auch die Fragen, welche Schulbildung die Frauen gerade in den Ghettos selbst erhalten haben und unter welchen Bedingungen sie ihre Kinder erziehen müssen oder ob nicht die Ghettoschulen auch erheblich zu der Zahl der Schulversager beitragen, werden nicht gestellt. Es scheint Moynihan dagegen vorrangig darauf anzukommen, eine "Ursache" für die Situation der schwarzen Familien in den Ghettos ermitteln zu können. Diese sieht er dann in der "instabilen" Familienstruktur: "... at the center of the tangle of pathology is the weakness of the family structure ... it will be found to be the principal source of most of the aberrant, inadequate of antisocial behavior that did not established but now serves to perpetuate the cycle of poverty and deprivation."[2)] Zwar wird auch das Problem der hohen Arbeitslosigkeit als wichtiger Faktor für die "Pathologie des Ghettos" angesehen. Nach den Gründen der "neuen Qualität der Armut"[3)] wird jedoch nicht mehr gefragt. Indirekt wird so die Verantwortung für das Ausmaß der Armut und die Lebensbedingungen in den Ghettos der "Instabilität" der schwarzen Familie angelastet.

---

1) "... the matriarchal family structure and the absence of a father has not yet been proven pathological, even for the boys who grew up in it." Herbert J. Gans: The Negro Family - Reflection on the Moynihan-Report, in: L. Rainwater u.a.: The Moynihan-Report, a.a.O., S. 451
2) Daniel P. Moynihan: The Negro Family, a.a.O., S. 76
3) Auf diese neue Qualität der Armut, die weniger ausschließlich auf das Vorhandensein von "Problemfamilien" zurückzuführen ist, als auf veränderte ökonomische Strukturen, weist Raymond M. Hilliard: New Techniques in the Rehabilitation of Welfare Dependents, in: Margaret S. Gordon: Poverty in America, a.a.O., S. 268, hin.

Sich jedoch auf die Struktur der schwarzen Familien als "centre of the tangle of pathology" zu berufen, ist offensichtlich eine ungenügende Form wissenschaftlicher Politikberatung. Zwar werden auch die wirtschaftlichen Probleme - allerdings nur in der Form einer Zustandsbeschreibung, wie sie in den Statistiken sich ablesen läßt - gestreift. Durch die Gewichtung jedoch, die dieser Bericht der schwarzen Familie und weiter den interpretierten Kausalbeziehungen beimißt, wird allerdings nahegelegt, nurmehr familientherapeutische Anstrengungen zu unternehmen, bevor überhaupt umfassendere strukturelle Änderungen angestrebt werden können.[1)]

Ansatzpunkt für Reformen ist damit letztlich die "Pathologie des Ghettos", dessen "Krankheit" somit stillschweigend von der Restgesellschaft abgehoben.

Schon die Erfahrungen mit den Rehabilitationsprogrammen für jugendliche Ghettobewohner haben aber gezeigt, daß die familienbezogene Ausrichtung dieser Programme zwar individuelle Integrationsvoraussetzungen schaffen kann, die Rehabilitationsbemühungen jedoch zumeist an strukturellen Restriktionen scheiterten.

Der individuelle oder auch familientherapeutische Ansatz allein reicht also nicht aus. Damit ist auch die Analyse und Beschreibung der Folgewirkungen der Armut durch eine ökonomisch-politische Strukturanalyse zu ergänzen, sollen Integrationsvoraussetzungen und Integrationsmöglichkeiten verbunden werden.

Eben diese Leerstelle findet sich jedoch in der Untersuchung Moynihans bzw. seiner Schlußfolgerung: "the family struc-

---

1) William Ryan charakterisiert diese Beschreibung als "white middle-class view": "The new ideology, accepted now even by some liberals, would make it seem that unemployment, poor education and slum condition result from family breakdown, "cultural deprivation", and lack of "acculturation" of southern rural migrants." William Ryan: The Moynihan Report, in: Lee Rainwater, William L. Yancey: The Moynihan Report, a.a.O., S. 463

ture ... did not establish but now serve to perpetuate..."

Ist dies der Abbruchpunkt der Erklärung, werden Strukturprobleme nicht mehr thematisiert, sondern nur noch deren Folgewirkungen untersucht. Der Zusammenhang zwischen ökonomischer Benachteiligung, sozialer Diskriminierung und politischer Machtlosigkeit kann nicht deutlich werden, konzentriert sich die Untersuchung allein auf "ghettospezifische Verhaltensweisen", wie in diesem Fall auf die "Instabilität der Negerfamilien".

Doch die "große Krankheitsmetapher"[1], mit der häufig das Ghetto als "Geschwür" oder "Entartung"[2] bezeichnet wird - das sollte aus der vorangegangenen Diskussion deutlich geworden sein - trifft auf die Ghettoproblematik nicht zu.

Als Ergebnis der Diskussion des Ghettoproblems kann somit festgestellt werden - und was am Beispiel des "Moynihan-Report" nur noch einmal deutlich als "negative Abgrenzung" hervorgehoben werden sollte - daß der Schwerpunkt in der Untersuchung des Ghettoproblems nicht in einer Zustandsbeschreibung liegen kann. Sondern, sollen auch nur Integrationsvoraussetzungen und Integrationsmöglichkeiten ineinandergreifen, darüber hinaus die gesamtgesellschaftliche Einordnung des Problems vorgenommen werden muß.

Dazu gehört ebenso die Untersuchung der erforderlichen institutionellen Voraussetzungen und damit der Entscheidungskompetenz des politisch-administrativen Systems. Diese selbst jedoch läßt sich erst im Zusammenhang mit den wirtschaftlichen Strukturen und damit auch dem gesellschaftlichen Organisationsprinzip, auf ihre Reichweite und Durchsetzungsfähigkeit hin überprüfen. So sind auch die Möglichkeiten bzw. Restriktionen staatlicher Steuerungsfunktionen notwendig mit in die Analyse und Aufnahme des "Ghettoproblemtatbestandes" einzubeziehen.

---

1) Robert Goodman: Stadtplanung als Geschäft oder Handlanger am Reißbrett- Die Zerstörung der amerikanischen Stadt, Reinbek/Hamburg 1973, S. 51
2) ebd.

Zusammenfassung

Der Sklavenhandel hauptsächlich des 17. und 18. Jahrhunderts bringt Hunderttausende Neger aus allen Teilen Afrikas nach Amerika und schafft damit die Voraussetzungen für rassische und soziale Spannungen, die noch heute die innenpolitische Szene in den USA belasten.

Mit der "great migration", der Abwanderung großer Teile der zunächst als Landarbeiter in den Südstaaten konzentrierten Neger (bis 1910 zu etwa 91 %) hauptsächlich in die Industriezentren des Nordens, bildet sich dort ein von der jeweiligen Arbeitsmarktlage abhängiges Potential überwiegend ungelernter Arbeitskräfte. Die anhaltend starke Zuwanderung von Südstaatennegern, denen sich durch den Rückgang der Einwandererzahlen infolge des Ausbruchs des 1. Weltkrieges und der Mobilisierung in den USA (1917) zum ersten Mal in größerem Umfang der Zugang zur Industrie des Nordens eröffnet, trifft zusammen mit dem Prozeß der Urbanisierung der amerikanischen Bevölkerung. Der "weiße Rassismus", die Diskriminierung und Unterdrückung der Neger, erzwingt die Segregation der Schwarzen in von den Weißen gemiedene Wohnviertel und führt als Ergebnis ökonomischer und sozialer Restriktionen zur Entstehung der "schwarzen Ghettos" als alternative Zuweisung des Lebensraumes für die Mehrheit der Schwarzen.

Die Abhängigkeit der Masse der Ghettobewohner als ungelernte Arbeitskräfte von dem für die amerikanische Wirtschaft charakteristischen Wechsel zwischen wirtschaftlicher Prosperität und Rezessionen bewirkt hohe wirtschaftliche Instabilität für die Ghettobewohner und macht Arbeitslosigkeit (insbesondere auch Jugendarbeitslosigkeit) zu einem vorherrschenden Element des Ghettos. Weitverbreitete Unterbeschäftigung und unterdurchschnittliche Entlohnung der Schwarzen sind weitere Faktoren, die Armut, wachsende Verelendung und weitere für großstädtische Slums typische Gegebenheiten herbeiführen und im Zusammenwirken insgesamt die "Ghettoproblematik" schaffen.

Der Diskussion des Ghettoproblems wird die Bestimmung des Begriffs "Ghetto" von Robert E. Forman (Black Ghettos, White Ghettos and Slums) zugrunde gelegt: " slum-ghetto would be an area inhabited by economically poor segregated minority-group members." Diese Bestimmung führt die Ghettosituation nicht ausschließlich auf die Polarität zwischen Weißen und Schwarzen zurück (-Rassenvorurteile können allein kein Ghettoproblem konstituieren-), sondern berücksichtigt auch die weitgehende ökonomische und soziale Benachteiligung der Ghettobewohner und den komplexen Wirkungszusammenhang ökonomischer, sozialer und politischer Faktoren.

In der Analyse der verschiedenen Elemente dieses komplexen Wirkungszusammenhangs wird zunächst auf den Aspekt eines "weißen Rassismus" in seiner Bedeutung für die Ghettoproblematik eingegangen, nachdem die biologische Perspektive, die Verkürzung des Ghettoproblems auf "biologische" Faktoren (- Neger "von Natur her minderwertig", "angeborene Überlegenheit der weißen Rasse", "höhere Intelligenz" der Weißen -) sich als offensichtlich ungenügend erweist.

Der Ansatz von Herbert Blumer (Race Prejudice as a Sense of Group Position) erklärt "Rassenvorurteile" nicht mehr ausschließlich aus der Wahrnehmungs-, Gefühls- und Verhaltensdisposition von Individuen, sondern bringt sie auch in Beziehung zu sozialen Faktoren wie etablierte Positionsdifferenzierungen unterschiedlicher gesellschaftlicher Gruppen und berücksichtigt so die die Vorurteilsbildung begleitende und sie schaffende soziale Interaktion zwischen Individuen und Gruppen. In dieses Konzept des "Rassenvorurteils" als "sense of group position" geht auch die Dimension je unterschiedlicher ökonomischer und sozialer Interessen der verschiedenen Gruppen ein und damit auch die ungleiche Verteilung von Lebenschancen in einer Gesellschaft, die mitbestimmend für den Verlauf und die Intensität der Vorurteilsbildung sind. Dieser kollektive Prozeß der Vorurteilsbildung schließt auch den Einfluß indirekter Medien, der "public media"ein.

Die interaktionistische Perspektive zur Erklärung problematischer Rassenbeziehungen nimmt jedoch die Frage nach den Entstehungsbedingungen der für die Beziehung zwischen den Rassen entscheidenden "Positionsdifferenzierungen" nicht auf und verzichtet auf eine ökonomisch-politische Strukturanalyse. Der Verzicht darauf, auch gesellschaftliche Organisationsprinzipien mit in die Analyse einzubeziehen und sich auf die Sphäre sozialer Interaktion zwischen Individuen und Gruppen zu beschränken, bedeutet jedoch, daß ein Charakteristikum der Ghettosituation, wie strukturell bedingte Armut, nicht erklärt werden kann.

Um die Konsequenzen deutlich zu machen, die sich aus der Übertragung der struktur-funktionalen Perspektive auf das Ghettoproblem als Erscheinungsform sozialer Ungleichheit ergeben, wird dann das Erklärungsmodell von Davis und Moore (Kingsley Davis, Wilbert E. Moore: Some Principles of Stratification) herangezogen. Ausgehend von der These, daß soziale Ungleichheit notwendiges Element der Bestandserhaltung und Förderung aller Gesellschaftssysteme ist, bemühen sich die Autoren "mit Hilfe funktionaler Bezüge um eine Erklärung der universalen Notwendigkeit, die in jedem Sozialsystem Schichtung verursacht." Das von ihnen entwickelte Modell der sich selbst zum Besten regelnden Gesellschaft (- "soziale Ungleichheit ist ein unbewußt entworfenes Werkzeug..." -) könnte für die Schwarzen nur die Fortsetzung bestehender Ungleichheit bedeuten. Das Ungenügen dieser Erklärung sozialer Ungleichheit wird im Hinblick auf das Ghettoproblem besonders deutlich, da der systemhafte Grundzug jede Modifizierung des natürlichen Kräftespiels ignoriert. Die Folgen sozialer Ungleichheit, wie sie sich in den schwarzen Ghettos ablesen lassen, werden nicht zum "Problem", sondern dem abstrakten Prinzip einer postulierten Systemrationalität untergeordnet. Fragen nach der Möglichkeit weiterer Demokratisierung und einer Verminderung sozialer Ungleichheit bleiben, da diese Position nicht über den status quo hinausweist, unbeantwortet. Ohne bewußte und geplante Eingriffe in die sich vermeintlich selbst regelnden Kräfte können aber die schon bestehenden Benachteiligungen nicht überwunden werden.

Weiter als das von Davis und Moore entwickelte Erklärungsmodell zur sozialen Ungleichheit greift die funktionalistische Perspektive, wie sie Herbert Gans (The Positive Functions of Poverty) entwickelt, da sie die unterschiedliche Chancenstruktur einbezieht und damit nicht nur die soziale, sondern auch die ökonomische Benachteilung aufnimmt. Die These von Ganslautet, daß Armut nicht als nur temporäres, sondern als strukturell verfestigtes Phänomen existiert, weil die Armen positive Funktionen für andere gesellschaftliche Gruppen erfüllen.

Die Gegenüberstellung funktionalistische-interaktionistische Perspektiven ergab, daß eine bereichsspezifische Einordnung beider Ansätze zur Klärung der komplexen Ghettoproblematik beitragen können, um sowohl die Aspekte eines "institutionellen Rassismus" erfassen zu können (interaktionistische Perspektive), wie auch die weiterreichende Frage nach der etablierten Chancenstruktur nicht zu vernachlässigen (funktionalistische Analyse).

Zu positiven Befunden, die für die Ghettoproblematik relevant sind, kommt Gans bei seiner funktionalistischen Analyse des Problems sozialer Ungleichheit jedoch nicht. Der Anspruch, Alternativen aufzuzeigen, die zur Lösung des Armutsproblems beitragen könnten, wird nicht eingelöst. Allerdings verzichtet Gans darauf, die Frage nach der Struktur des gesellschaftlichen Zusammenhangs zu stellen, der die Armen und die Nicht-Armen in einen "funktionalen" Zusammenhang bindet. Damit erweckt diese Version funktionalistischer Analyse den Eindruck, daß - während Davis und Moore ein spontan sich regulierendes Marktmodell vor Augen hatten - hier nur Folgeprobleme berücksichtigt werden, ohne daß die Entstehungsbedingungen der "Armut" selbst noch thematisiert werden.

Eine neue Perspektive bei der Analyse des Ghettoproblems ergibt sich aus der zunehmend wichtiger werdenden Rolle politisch-administrativer Maßnahmen des Staates, der mit dem von Johnson 1964 propagierten "Krieg gegen die Armut" sich das Ziel setzte, generell das "Paradoxon von Armut inmitten von Überfluß" zu beseitigen und dabei ausdrücklich auch die Situation der Schwarzen einschloß.

Damit rückt der politische Aspekt in der Diskussion des Ghettoproblems verstärkt in den Vordergrund: die Frage, welche Möglichkeiten dem Staatsapparat für eine gerechtere Verteilung der Produktionsgewinne gegeben sind und wie die Prioritätssetzungen erfolgen sollen; aber auch die Frage, wo die Grenzen der Eingriffsmöglichkeiten staatlicher Sozialgestaltung liegen.

Gegenüber dem Anspruch des liberalen Marktmodells, Staatseingriffe möglichst auszuschalten und die Lösung des Ghettoproblems den institutionalisierten Spielregeln des sich selbst regulierenden Marktmechanismus zu überlassen, wird festgestellt, daß der Problemkomplex der schwarzen Ghettos nicht mehr durch Selbststeuerung - z.B. durch die Konzeption eines "schwarzen Kapitalismus" als Sozialprogramm gelöst werden kann, sondern das marktexterne Initiativen zu entwickeln sind.

Im einzelnen werden dann die hauptsächlichen kompensatorischen und marktkomplementären staatlichen Maßnahmen zur Verbesserung der wirtschaftlichen Gegebenheiten in den Ghettos behandelt:

- berufsbezogene Ausbildungsprogramme als staatliche Ersatzhilfen zur Unterstützung des Marktmechanismus;

- staatliche Unterstützungsleistungen als Einkommentransfer oder direkte Einkommenssicherung durch den Staat mit Hilfe garantierter Einkommen;
- das System des "contractual public sectors", des durch Vertragsbeziehungen des Staates mit Privatfirmen geregelten quasi-öffentlichen Sektors.

Zusammenfassend wird hinsichtlich der Reichweite und Wirkungsmöglichkeit dieser staatlichen Maßnahmen festgestellt:

1. Maßnahmen wie berufsbezogene Ausbildungsprogramme, die zwar notwendige pädagogisch-soziale Forderungen aufnehmen, jedoch nicht in der Lage sind, eine Verkoppelung mit der Arbeitsmarktsituation herzustellen, bleiben ungenügend. Wirkungsvoll wären sie nur in Verbindung mit einer Arbeitsplatzgarantie nach der Ausbildungszeit.
2. Durch die verschiedenen Formen staatlicher Subventionsmaßnahmen - wie z.B. durch die zumindest mittelbare Subventionierung privater Unternehmer durch staatliche Ergänzungszahlungen bei einem Lohnniveau, das teilweise unter dem Existenzminimum liegt - werden Strukturkrisen verdeckt und darüber hinaus die Kosten der privatwirtschaftlich organisierten Produktion sozialisiert.
3. Die staatlichen Unterstützungszahlungen können nicht als Ersatz für grundlegende Reformen dienen. Mit der Bereitstellung eines vom Staat garantierten Mindesteinkommens für die, die keine Arbeitsplätze finden können, wird praktisch eine Ausgliederung aus dem Arbeitsprozeß institutionalisiert und ein wesentliches Charakteristikum des kapitalistischen Wirtschaftssystems, die Entlohnung nach der jeweiligen Leistung, aufgehoben und durch staatliche Subventionierung ersetzt.

Mit staatlich geförderten Ausbildungsprogrammen und kompensatorischen Staatsleistungen ist aber der mit dem "Krieg gegen die Armut" gesetzte Anspruch des Staates nicht ausgeschöpft. Eine umfassende Lösung des Armutsproblems soll durch eine wohlfahrtsstaatliche Programmatik erreicht werden, die eine soziale und ökonomische Benachteiligung bedürftiger gesellschaftlicher Gruppen verhindert. Dem Staat wird somit die Rolle einer Umverteilungsinstanz zugesprochen. Die Durchführung und Finanzierung dieser sozialstaatlichen Programmatik wird jedoch weitgehend durch Organisations- und Konfliktfähigkeit unterschiedlicher gesellschaftlicher Gruppen bestimmt, deren Forderungen im pluralistischen Interessenausgleich zu einem Konsensus zu bringen sind. Die "pluralistische Lösung" (Robert A. Dahl: Pluralistic Democracy in the United States) hegt die Vorstellung der Verteilung von Entscheidungsmacht auf "multiple centers of power", von denen keines vollständig souverän sein kann, womit die Machtbefugnisse eingeschränkt werden und auf diese Weise selbst Minoritäten Vetomöglichkeiten eingeräumt werden.

Mit Bezug auf den wohlfahrtsstaatlichen Anspruch und die Vorstellung einer dem Pluralismusmodell zugrunde liegenden Prozeßrationalität im politisch-administrativ vermittelten "Verteilungskampf" wird untersucht, welche Konsequenzen sich daraus für die Akzentuierung der Interessen der schwarzen Ghettos und für eine Lösung der Ghettoproblematik ergeben können.

Dabei wird deutlich, daß die Grenzen staatlicher Sozialgestaltung dort liegen, wo nicht nur kompensatorische oder marktkomplementäre Funktionen zu erfüllen sind, sondern wo qualitative Strukturveränderungen erforderlich werden, die aber zur Lösung des Ghettoproblems notwendig sind. Die Vorstellung, daß der Staat in zunehmendem Maße Umverteilungsfunktionen wahrnimmt und somit bestehende soziale Ungleichheit - wie sie mit der Ghettosituation gegeben ist - aufhebt, entspricht angesichts der bisherigen Entwicklungen nicht der Realität. Die Umverteilungsfunktion wird immer wieder anderen staatlichen Aufgaben und anderen "nationalen" Prioritäten untergeordnet. Das Ausmaß an Aufmerksamkeit, das von seiten der politischen Administration den Angelegenheiten der schwarzen Ghettos gewidmet wird, steht offenbar auch in enger Beziehung zur Konfliktfähigkeit der Schwarzen in den Ghettos und zur Einschätzung der Ghettosituation als potentiell bedrohlich für die Gesamtgesellschaft. Sonderanstrengungen zugunsten einer Minderheit wie der Ghettobevölkerung werden, sobald oberflächlich das "soziale Dynamik" unter Kontrolle gebracht ist, auf das unumgängliche Minimum eingeschränkt.

Für eine Durchsetzung der Interessen der Ghettobewohner im pluralistischen Interessenkampf aber fehlt der wirtschaftlich schwachen Gruppe der Schwarzen die Organisationsfähigkeit. Ökonomisch und sozial weitgehend benachteiligte Gruppen können sich nur schwer um eindeutig abgrenzbare Interessen organisieren, da sie auf fast allen Gebieten benachteiligt sind. Der Diffusität ihrer Interessen steht auch die Diffusität möglicher Adressaten gegenüber. Da die Ghettobewohner weder durch eigene potente Organisationen vertreten sind, noch die Gewerkschaften etwa die Interessen der schwarzen Ghettos aufgenommen haben, ergibt sich für sie ein Kumulationseffekt, der kaum von ihnen allein überwunden werden kann.

Möglichkeiten, der Diffusität der Ghettointeressen und geeigneter Adressaten entgegenzuwirken, sind jedoch mit dem Partizipationsmodell gegeben, auf dessen Bedeutung für die Ghettosituation näher eingegangen wird, da sich hier positive Ansätze für eine Entspannung der Ghettosituation aufzeigen lassen.

Wesentlicher Bestandteil des Partizipationsmodells ist - basierend auf Verfügungen des "Economic Opportunity Acts" mit der Forderung nach "community action"-Programmen - die Be-Bestimmung, daß die Bewohner der in die Planung einbezogenen Gebiete und die einzelnen Zielgruppen bei der Entwicklung und Durchführung der verschiedenen Projekte in "größtmöglichem" Maß ("maximum feasible participation") beteiligt werden sollen, womit ihnen auch eine gewisse Mitentscheidung zugesprochen wird.

Wenn das "community action"-Programm mit dem zentralen Anliegen der Partizipation auch (- zumindest in der ursprünglich vorgesehenen Form -) in der praktischen Durchführung vielfach scheiterte - u.a. an finanziellen Einschränkungen, politischer Engstirnigkeit lokaler Organisationen sowie an insgesamt stärkerer Rückbindung der sich verselbständigenden Aktionsgruppen an die kommunalen Behörde - so sind doch die positiven Ansätze und Wirkungsmöglichkeiten des Partizipationsmodells für eine Entspannung der Lage in den Ghettos deutlich erkennbar.

Sie werden hauptsächlich in folgenden Faktoren gesehen:

- Die Institutionalisierung des Partizipationsmodells kann als ein erster Versuch betrachtet werden, durch die Entwicklung neuer Mechanismen im Rahmen des politischen Prozesses den Verstärkungseffekt ökonomischer, sozialer und politischer Benachteiligung zu vermindern.

- Die neuen Institutionen (die "community action agencies") waren auch in der Rekrutierung von Ghettobewohnern erfolgreich. Besonders im Bereich politischer Erziehung und in der Anleitung der bisher politisch weitgehend inaktiven Schwarzen in den Ghettos, ihre Interessen besser artikulieren zu können, hat die Arbeit in den "community action"-Organisationen dazu beigetragen, das bisher vorherrschende Gefühl der Resignation bei den Schwarzen zu vermindern. Der Schwierigkeit für die Ghettointeressen einen Adressaten zu finden wurde mit der Einrichtung einer speziell auf diese Interessen ausgerichteten Agentur begegnet.

- Für die bisher weitgehend benachteiligte Mehrheit der Schwarzen in den Ghettos wurden ansatzweise Vorbedingungen geschaffen, sich am pluralistischen Interessenausgleich und an pluralistischer Verteilungspolitik zu beteiligen.

So könnte mit einer Weiterentwicklung dieser "pluralistischen Partizipation" der demokratisch-pluralistische Anspruch auch für die Schwarzen in den Ghettos eingelöst werden, wenn auch der Verwirklichung des pluralistischen Systems allgemein noch ökonomische Strukturen entgegenstehen, die nur durch eine politische Entscheidung verändert werden können.

Die Initiative zum "community action"-Programm ging "von oben", von den Planungsstäben der Regierung in Washington aus, und die meisten "community action"-Agenturen übernahmen "sichere" Programme, die schon vorher in Washington entwickelt worden waren. Zentrale, wissenschaftlich fundierte Planungsarbeit ging so direkt in die Praxis ein. Damit wird der Aspekt der Politikberatung, der Beratung der politischen Entscheidungsgremien durch sozialwissenschaftliche Einsichten und Theorienbildung angesprochen, auf den hier noch mit Bezug auf den bereits in der Vorbemerkung erwähnten Moynihan-Bericht (Daniel P. Moynihan: The Professionalization of Reform) eingegangen werden soll. Moynihan, ein scharfer Kritiker des Partizipationsmodells, der als Angehöriger der politischen Administration und Wissenschaftler sich auch speziell mit der Situation der schwarzen Familien in den Ghettos befaßt hat (The Negro Family - A Case for National Action) vertritt die Meinung, daß mit Hilfe von Meinungsbefragungen (Statistiken und Umfragetechniken) die Bedürfnisse der Bevölkerung (auch der Ghettobevölkerung) besser ermittelt werden könnten, als etwa mit der demokratischen Methode der Diskussion, so daß sich eine "Verwissenschaftlichung" der Politik und der politischen Entscheidungsfindung ergeben könnte.

Diese "Wissenschaftsgläubigkeit" geht davon aus, daß man mit den vorhandenen wissenschaftlichen Methoden zu "objektiven" Tatsachenfeststellungen gelangen könnte. Vorgabe für die Lösung eines sozialen Problems sind dann die formalen Rechtsstrukturen zuzüglich der von der Wissenschaft erarbeiteten Möglichkeiten.

Aus der Diskussion des Ghettoproblems im Rahmen der vorliegenden Arbeit ergab sich jedoch, daß entscheidend für die Standortbestimmung und die Einschätzung eines sozialen Problems die Art der Fragestellung, deren Reichweite und der Ansatz- und Abbruchpunkt in der Theorienbildung ist, so daß sich je nach der unterschiedlichen Handhabung des methodischen Vorgehens das "Problem" (hier das Ghettoproblem) verschieden stellt. Die Bestimmung des "Ghettoproblems" bzw. was das Ghettoproblem ausmacht, läßt sich im wissenschaftlichen Handlungssystem kaum so eindimensional herstellen, wie dies offenbar bei Moynihan geschieht.

Politik kann nicht in Wissenschaft aufgehen, weil aus der Politik die Kategorie der "Herrschaft", der machtpolitischen Zusammenhänge nicht ausgeklammert werden kann. Durch die zunehmend wichtiger werdende Rolle wissenschaftlicher Politikberatung erhält der politische Faktor sozialwissenschaftlicher Analysen bzw. Theorienbildung jedoch im Hinblick auf einen potentiellen Verwendungszusammenhang der Untersuchungsergebnisse besonderes Gewicht - aber auch eine besondere Verantwortung, wenn politische Entscheidungen mit wissenschaftlicher Autorität gerechtfertigt werden sollen.

A N H A N G

Tabelle I

Prozentuale Verteilung der Schwarzen, gemessen an der jeweiligen Gesamtbevölkerung, aufgeteilt nach Regionen: 1)

	1940	1950	1960	1969	1970 2)	1972 2)
United States	10	10	11	11	11	11
South	24	22	21	19	19	19
North	4	5	7	9	8	9
Northeast	4	5	7	9	9	10
North Central	4	5	7	8	8	8
West	1	3	4	5	5	5

1) The Social and Economic Status of Negroes in the United States, 1969, S. 4

2) The Social and Economic Status of the Black Population in the United States, 1972, S. 11

Tabelle II

Abwanderung der Neger aus dem Süden

1910 - 1920	454 000
1920 - 1930	749 000
1930 - 1940	347 000
1940 - 1950	1597 000
1950 - 1960	1457 000
1960 - 1970	1474 000

Quelle: U.S. Bureau of the Census, Current Population Reports, 1969

Tabelle III

Bevölkerungsverteilung in "metropolitan areas" nach Rasse, 1900 - 1960

Jahr	Gesamt	Weiße	Neger
	Bevölkerung in Metropolitan Areas (in Mill.)		
1960	112,385	99,509	12,194
1940	72,576	66,487	5,840
1920	52,508	48,779	3,547
1900	31,836	29,399	2,352
	Prozentsatz in Central Cities		
1960	51,4	47,8	79,6
1940	62,7	61,6	74,6
1920	66,0	65,9	67,2
1900	62,1	62,8	54,5
	Prozentsatz nach Rasse innerh. Central Cities		
1960	100,0	82,4	16,8
1940	100,0	90,1	9,6
1920	100,0	92,9	6,9
1900	100,0	93,3	6,5
	Prozentsatz nach Rasse außerh. Central Cities		
1960	100,0	95,0	4,6
1940	100,0	94,1	5,5
1920	100,0	93,0	6,5
1900	100,0	90,7	8,9

Karl E. Taeuber, Alma F. Taeuber: Negroes in Cities, a.a.O., S. 57

Tabelle IV

Bevölkerungsumschichtung in "metropolitan areas", (Weiße und Schwarze): Von 1950 - 1960 und 1960 - 1970

in Millionen:

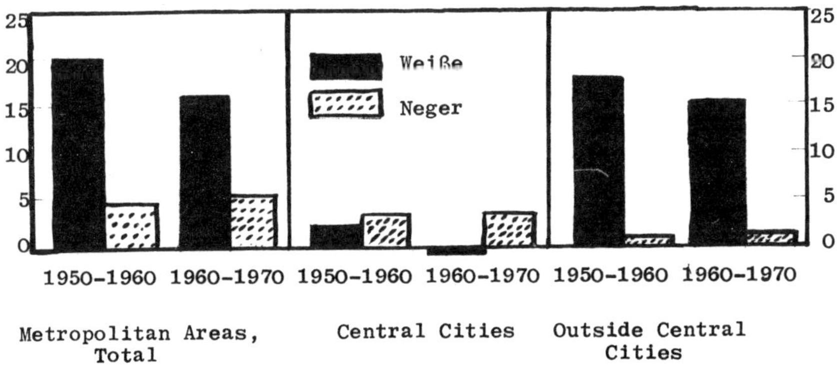

Quelle: Statistical Abstracts of the United States, 1973, S. 4

Literaturverzeichnis

Attaway, William: Blood on the Forge, New York 1970

Bachrach, Peter: Corporate Authority and Democratic Theory, in: David Spitz (Hrsg): Political Theory and Social Change, New York 1967

Bachrach, Peter, Baratz, Morton S.: "Power and Poverty - Theory and Practice". New York - London - Toronto 1970

Bachrach, Peter, Baratz, Morton S., Levi, Margaret: The Political Significance of Citizen Participation, in: Bachrach, Peter, Baratz, Morton S.: Power and Poverty - Theory and Practice, New York - London - Toronto 1970

Banfield, Edward C.: "The Unheavenly City", Boston, Mass. 1970

Baran, Paul A., Sweezy, Paul M.: "Monopolkapital". Ein Essay über die amerikanische Wirtschaftsordnung", Frankfurt 1973

Baratz, Morton S.: "The Community Action Program in Baltimore City - 1965-1967", in: Bachrach/Baratz: Power and Poverty New York - London - Toronto 1970

Beck, Ulrich: Objektivität und Normativität - Die Theorie - Praxis.Debatte in der modernen deutschen und amerikanischen Soziologie, Reinbek/ Hamburg 1974

Becker, Howard S.: Whose Side are We on? in: Jack D. Douglas (Hrsg): The Relevance of Sociology, New York 1970

Becker, Howard: Außenseiter - Zur Soziologie abweichenden Verhaltens, Frankfurt/ Main 1973

Berelson, Bernard, Steiner, Gary A.: Human Behavior - An Inventory on Scientific Findings, New York - Chicago - Burlingame 1964

Beyer, Glenn H.: Housing and Society, New York - London 1965

Blumer, Herbert: "Race Prejudice As A Sense of Group Position", in: J. Jasuoka, P. Vahin: Race Relations and Problems of Theory (North Carolina University Press) Chapel Hill 1964

Blumer, Herbert: United States of America - in: UNESCO: Research on Racial Relations, Amsterdam 1966

Blumer, Herbert: Der methodologische Standort des symbolischen Interaktionismus, in: Arbeitsgruppe Bielefelder Soziologen (Hrsg): Interaktion und gesellschaftliche Wirklichkeit, Reinbek/Hamburg 1973

du Bois-Reymond, Manuela: Strategien kompensatorischer Erziehung - Das Beispiel der USA, Frankfurt/Main 1971

Boulding, Kenneth E., Pfaff, Martin, Pfaff, Anita B.: Transfers in an Urbanized Economy - Theories and Effects of the Grants Economy, Belmont, Calif. 1972

Brandes, Volkhard, Burke, Joyce: NOW - Der schwarze Aufstand, München 1968

Brandes, Volkhard, Burke, Joyce: U.S.A. - Vom Rassenkampf zum Klassenkampf, München 1970

Breen, Thomas H.: A Changing Labor Force and Race Relations in Virginia, 1660-1710, in: Journal of Social History - Vol. 7, No. 1 1973

Briggs, Vernon Jr.: The Negro in American Industry - A Review of Seven Studies, in: The Journal of Human Resouces, Vol. 5, No. 3, 1970, S. 371 ff

Bonnie Bullogh: Alienation in the Ghetto, in: American Journal of Sociology, Vol. 72, 1967

Carmichael, Stokeley, Hamilton, Charles V.: Black Power - The Politics of Liberation in America, London (Cape) 1967

Clark, Kenneth: Schwarzes Ghetto, Düsseldorf - Wien 1967

Clark, Kenneth, Clark, Mamie P.: Racial Identification and Preference in Negro Children, in: Eleonor E. Maccoby, et al: Readings in Social Psychology, New York 1967[2]

Cloward, Richard, Ohlin, Lloyd: Delinquency and Opportunity - A Theory of Delinquent Gangs, New York 1960

Cloward, Richard A., Piven, Frances F.: The Rise and Fall of Welfare Rights, in: RAMPARTS, Sept. 1974, Vol. 13, No. 2

Cohen, Nathan E.: A National Program for the Improvement of Welfare Services and the Reduction of Welfare Dependency, in: Margaret S. Gordon (Hrsg): Poverty in America, San Francisco 1965

Commager, Henry Steele: Documents of American History, New York 1948[4] and 1973[9]

Conant, James B.: Slums and Suburbs, New York 1963

Coser, Lewis A.: The Sociology of Poverty, in: Social Problems, Vol. 13, 1965

Cox, Oliver Cromwell: Caste, Class, and Race: A Study in Social Dynamics, Garden City, N.Y. 1948

Dahl, Robert A.: Who Governs ? - Democracy and Power in an American City, New Haven - London 1961

Dahl, Robert A.: Pluralist Democracy in the United States - Conflict and Consent", Chicago 1967

Dahrendorf, Ralf: Pfade aus Utopia - Zu einer Neuorientierung der soziologischen Analyse, München 1967

Daniels, John, Houghton, Vincent: Jensen, Eysenck and the Eclipse of the Galton Paradigm, in: Ken Richardson: (Hrsg), Race, Culture, and Intelligence, Harmondsworth 1972

Davidson, Roger H.: The War on Poverty - Experiment in Federalism, in: The Annals of the American Academy of Political and Social Sciences, No. 385-388, 1969/1970

Davis, Angela: Materialien zur Rassenjustiz, Neuwied-Berlin 1972

Davis, Kingsley, Moore, Wilbert E.: Einige Prinzipien der sozialen Schichtung, in: Heinz Hartmann: Moderne Amerikanische Soziologie, Stuttgart 1973[2]

Deutsch, Martin,
Katz, Irvin,
Jensen, Arthur R.(Hrsg): Social Class, Race and Psychological Development, New York 1968

Deutsch, Morton,
Collins, Mary E.: The Effect of Public Policy in Housing - Projects Upon Interracial Attitudes, in: Eleonor E. Maccoby, Theodore M. Newcomb, Eugene L. Hartley: (Hrsg) Readings in Social Psychology, New York 1907 (1. Aufl. 1947)

Dobringer, William M.: Class in Suburbia, Englewood Cliffs, N.J. 1963

Drake, St. Clair,
Cayton, Horace R.(Hrsg): Black Metropolis - A Study of Negro Life in a Northern City, New York 1962[3]

Duncan, David (Hrsg): Life and Letters of Herbert Spencer, New York 1908

Feagin, Joe R.: America's Welfare Stereotypes, in: Social Science Quarterly, Vol. 52 No. 4 (März) 1972

Fendrich, James M.: Perceived Reference Group Support - Racial Attitudes and Overt Behavior, in: American Sociological Review, Vol. 32, 1967

Ferman, Louis A.,
Kornbluh, Joyce L.
Haber, Alan (Hrsg): Poverty in America - A Book of Readings, Ann Arbor (University of Michigan Press) 1965

First National City Bank: Poverty and Economic Development in New York City, New York (December) 1968

Fitzpatrick, Joseph P.: Puerto Rican Americans - The Meaning of Migration to the Mainland, Englewood Cliffs, New Jersey 1971

Flottau, Heiko: Hunger in Gottes eigenem Land - Armut in Amerika, München 1971

Förster, Winfried: Das Rassenproblem in den USA, München 1973[2]

Forman, Robert E.: Black Ghettos, White Ghettos, And Slums, Englewood Cliffs, New Jersey 1971

Francis, Emerich K.: Minderheitsforschung in Amerika, I, in: KZfSS, 9. Jg. 1957

Francis, Emerich K.: Ethos und Demos: Soziologische Beiträge zur Volkstheorie, Berlin 1965

Franklin, Raymond; Resnick, Solomon: The Structure of Racial Discrimination, in: David Mermelstein u.a.: Economics - Mainstream Readings and Radical Critiques, New York 1973²

Frazier, Franklin: The Negro in the United States, New York 1957

Freeman, Linton C., Sunshine, Morris H.: Patterns of Residential Segregation, Cambridge, Mass. 1970

Friedman, Milton: Capitalism and Freedom, Chicago-London 1962

Friedman, Milton: The Nixon Budget, in: Newsweek vom 2.4.1973

Fusfeld, Daniel R.: Welfare Payments in a Ghetto Economy, in: Boulding, Kenneth E. u.a.: Transfers in an Urbanized Economy - Theories and Effects of the Grants Economy, Belmont, Calif. 1972

Galbraith, John Kenneth: The Affluent Society, New York 1958. Die moderne Industriegesellschaft, München/Zürich 1968

Gans, Herbert: People and Plans - Essays on Urban Problems and Solutions, New York - London 1968

Gans, Herbert: The Positive Functions of Poverty, in: American Journal of Sociology, Vol. 78, No. 2, 1972

Gans, Herbert: The Welfare Problem, in: David Mermelstein (Hrsg): Economics - Mainstream Readings and Radical Critiques, New York 1973²

Garfinkel, Harold: Research Notes on Inter and Intra-Racial Homicides, in: Social Forces, Vol. 27 (Mai) 1943, S.369-381

Gettleman, Marvin E., Mermelstein, David (Hrsg): The Great Society Reader - The Failure of American Liberalism, New York 1967

Gililand, A.R.: Socio-Economic Status and Race As Factors in Infant Intelligence Test Scores, in: Child Development, Vol. 22, 1951

Goldin, Claudia D.: The Economics of Emancipation, in: The Journal of Economic History, Vol. 33, No. 1, 1973

Goodman, Mary E.: Race Awareness in Young Children, New York 1964

Goodman, Robert: Stadtplanung als Geschäft oder Handlanger am Reißbrett - Die Zerstörung der amerikanischen Stadt, Reinbek/Hamburg 1973

Goffman, Erving: Stigma - Über Techniken der Bewältigung beschädigter Identität , Frankfurt/Main 1967

Gordon, Margaret S.(Hrsg): Poverty in America, San Francisco 1965

Gossett, Thomas F.: Race: The History of an Idea in America, Dallas 1963

Gouldner, Alvin W.: The Sociologist as a Partisan - Sociology and the Welfare State, in: Jack D. Douglas (Hrsg): The Relevance of Sociology, New York 1970

Gouldner, Alwin W.: Die westliche Soziologie in der Krise, Reinbek/Hamburg 1974, Bd. I und II

Green, Gerson, Faux, Geoffrey: The Social Utility of Black Enterprise, in: William Haddad, Douglas Pugh (Hrsg): Black Economic Development, Englewood Cliffs, N.J. 1969

Greenleigh Associates, Inc.: Diagnostic Survey of Tenent Household in the West Side Urban Renewal Area of New York City, New York - Washington - Chicago - San Francisco 1965

Greer, Thomas: What Roosevelt Thought - The Social and Political Ideas of Franklin D. Roosevelt, Michigan State University Press 1958

Grier, George, Grier, Eunice: Equality and Beyond - Housing, Segregation and the Goals of the Great Society, in: Harold G. Vatter (Hrsg): The Economics of Black America, New York u.a. 1972

Gysling, Erich: Der Traum vom schwarzen Bürgertum, in: Weltwoche bom 22.8.1973

Habermas, Jürgen: Legitimationsprobleme im Spätkapitalismus, Frankfurt/Main 1973

Hacker, Louis M.: The Triumph of American Capitalism - The Development of Force in American History to the End of the Nineteenth Century, New York 1947

Haddad, William F., Pugh, Douglas G. (Hrsg): Black Economic Development, Englewood, Cliffs, N.J. 1969

Hare, Nathan: The Sociological Study of Racial Conflict, in: PHYLON, Vol. 33, No. 1, 1972

Harrington, Michael: A Social Reformer's View on Poverty, in: Margaret S. Gordon (Hrsg): Poverty in America, San Francisco 1965

Harrington, Michael: The Other America - Poverty in the United States, New York 1962

Hartmann Heinz (Hrsg): Moderne amerikanische Soziologie, Stuttgart 1967 und 1973 (2., umgearbeitete Auflage)

Hartz, Louis: The Liberal Tradition of America, New York 1955

Hazlett, Henry: Man VS The Welfare State, New Rochelle 1970

Hentig, Hartmut von: Erbliche Umwelt - oder Begabung zwischen Wissenschaft und Politik, in Neue Sammlung, 11. Jg., Jan/Feb. 1971

Hess, Henner, Mechler, Achim: Ghetto ohne Mauern - Ein Bericht aus der Unterschicht, Frankfurt/M. 1973

Hiestand, Dale L.: Economic Growth and Employment Opportunities for Minorities, New York - London 1964

Higham, John: Strangers in the Land - Patterns of American Nativism, 1860-1925, New York 1966

Hilliard, Raymond M.: New Techniques in the Rehabilitation of Welfare Dependents, in: Margaret S. Gordon (Hrsg): Poverty in America, San Francisco 1965

Horowitz, Irving L.: Seperate But Equal - Revolution and Counterrevolution in the American City, in: Social Problems, Vol. 17, No. 3, 1970

Hubermann, Leo, Sweezy, Paul: The Kennedy-Johnson Boom, in: David Mermelstein (Hrsg): The Great Society Reader - The Failure of American Liberalism, New York 1967

Hunter, Floyd: Community Power Structure - A Study of Decision Makers, Chapel Hill 1953

Iben, Gerd: Menschen unterm Planquadrat, München 1971

Ipsen, Dirk, Kade, Gerhard: Die Inflations- und Krisendebatte in den USA, in: Blätter für deutsche und internationale Politik, No. 11, 1974

Jackson, Jaqueline: A Black Sociologist Crystallizes the Social and Psychological Needs to the Characteristics and Special Problems of Ghetto Youth, in: Harry A. Johnson (Hrsg): Multimedia-Materials for Afro-American Studies, New York - London 1971

Jensen, Arthur: How Much Can We Boost IQ And Scholastic Achievement, in: Harvard Educational Review, Winter 1969, dtsch: Arthur Jensen: Es gibt Unterschiede zwischen Schwarzen und Weißen, in: Psychologie Heute, No. 1, 1975

Johnson, Harry A.(Hrsg): Multimedia Material for Afro-American Studies, New York - London 1971

Klineberg, Otto: Rasse und Psychologie - Das Verhältnis von Rasse und Psychologie auf der Grundlage psychologischer Tests, Berlin 1953

Kolko, Gabriel: Besitz und Macht: Sozialstruktur und Einkommensverteilung in den USA, Frankfurt/Main 1967

Krause, Elliott: Functions of a Bureaucratic Ideology - Citizen Participation, in: Social Problems, Vol. 16, 1968

Lampmann, Robert J.: Income Distribution and Poverty, in: Margaret S. Gordon: Poverty in America, San Francisco 1965

Lane, Robert: Political Man, New York 1972

Leuchtenberg, William E.: Franklin D. Roosevelt and the New Deal, New York - Evanston - London 1963

Levitan, Sar A.: The Community Action Program - A Strategy to Fight Poverty, in: The Annals of The American Academy of Political and Social Sciences, No. 385-388, 1969/1970

Liungmann, Carl G.: Der Intelligenz-Kult - Eine Kritik des Intelligenzbegriffs und der IQ-Messung, Reinbek/Hamburg 1973

Lomax, Louis E.: The Negro Revolt, New York 1962

Luhmann, Niklas: Soziologische Aufklärung, Opladen 1972 (3. Aufl.)

Lundquist, James L.: Co-ordinating the War on Poverty, in: The Annals of the American Academy of Political and Social Sciences: Evaluating the War on Poverty, No. 385-388, 1969/1970

Lyons, Schley R.: The Political Socialization of ghetto children-Efficacy and Cynicism, in: Journal of Politics, Vol. 32, No. 2, 1970

McCord, William, Howard, John (Hrsg): Life Styles in the Black Ghetto, New York 1969

MacGill Hughes, Helen (Hrsg): Racial and Ethnic Relations, Boston 1970

McLaurin, Dunbar S., Tyson, Cyril D.: The GHEDI-Plan for Economic Development, in: William F. Haddad u.a. (Hrsg): Black Economic Development, Englewood Cliffs, N.J. 1969

Mangum, Garth L.: The Why, How, and Whence of Manpower Programs, in: The Annals of the American Academy of Political and Social Sciences, Evaluating the War on Poverty, No. 385-388, 1969/1970

Mathias, Leo Laurance: Die Kehrseite der USA, Reinbek/Hamburg 1971[2] (Rowolt Taschenbuch Verlag)

Mayntz, Renate: Kritische Bemerkungen zur funktionalistischen Schichtungstheorie, in: KZfSS, Sonderheft 5, 1968

Mayntz, Renate, Holm, Kurt, Hübner, Peter: Einführung in die Methoden der empirischen Sozialforschung, Opladen 1971[2]

Mermelstein, David (Hrsg): Economics-Mainstream Readings and Radical Critiques, New York 1973[2]

Merton, Robert K.: Social Theory and Social Structure, New York 1957

Miller, Harry L., Smiley, Marjorie B.: Education in the Metropolis, New York 1967

Morgan, Edmund S.: Slavery and Freedom - The American Paradox, in: Journal of American History, No. 1, 1972

Morris, Frank: The Jensen Hypothesis - Was it the white Perspective or White Racism? in: Journal of Black Studies, No. 2/3 (März) 1972

Moynihan, Daniel P.: The Negro Family - A Case for National Action, U.S. Dep. of Labor - Office of Policy and Research, Washington D.C. 1965

Moynihan, Daniel P.: Three Problems in Combating Poverty, in: Margaret S. Gordon (Hrsg): Poverty in America, San Francisco 1965

Moynihan, Daniel P.: Maximum Feasible Misunderstanding Community Action in the War on Poverty, New York - London 1969[3]

Moynihan, Daniel P.: The Professionalization of Reform, in: Marvin E. Gettleman, David Mermelstein (Hrsg): The Great Society Reader, - The Failure of American Liberalism, New York 1967

Myrdal, Gunnar: Das Wertproblem in den Sozialwissenschaften, Hannover 1965

Myrdal, Gunnar: An American Dilemma, New York - London 1944

Narr, Wolf-Dieter, Naschold, Frieder: Theorie der Demokratie - Einführung in die moderne politische Theorie, Teil III, Stuttgart - Berlin - Köln - Mainz 1971

Neubeck-Fischer, Helga: Gastarbeiter - Eine neue gesellschaftliche Minderheit - Zur sozioökonomischen und politischen Situation der Gastarbeiter in der Bundesrepublik Deutschland, München 1972 (Dissertation)

O'Connor, James: Die Finanzkrise des Staates, Frankfurt/Main 1974

O'Connor, James: Some Contradictions of Advanced U.S. Capitalism", in: Social Theory and Practice, Vol. I, No.1, 1970

Ofari, Earl: Black Capitalism, in: David Mermelstein (Hrsg): Economics - Mainstream Readings and Radical Critiques, New York 1973[2]

Offe, Claus: Politische Herrschaft und Klassenstrukturen - Zur Analyse spätkapitalistischer Gesellschaften, in: Gisela Kress, Dieter Senghaas (Hrsg): Politikwissenschaft, Frankfurt/Main 1972

Offe, Claus: Strukturprobleme des kapitalistischen Staates, Frankfurt/Main 1972

Opitz, Peter J.: Black Power - Symbol and Symptom einer Entfernung, in: Politische Studien - Zweimonatszeitschrift für Zeitgeschehen und Politik, No. 202, 23. Jg. März/April 1972

Osofsky, Gilbert: Harlem - The Making of a Ghetto, New York 1963

Peters, Dorothea: Farbige Revolution und Klassenkampf, Trikont No. 26, München 1972

Pettigrew, Thomas F.: A Profile of the Negro American, Toronto - New York - London 1964

Pfaff, Anita B.: Transfer Payments To Large Metropolitan Poverty Areas - Their Distributive and Poverty Reducing Effects, in: Kenneth E. Boulding, Martin Pfaff, Anita B. Pfaff: Transfers in An Urbanized Economy, Belmont, Calif. 1972

Pfaff, Anita B., Martin Pfaff: Wege aus der Armut - Einkommenssicherung für die Armen der Vereinigten Staaten, in: Bernhard Külp, Wolfgang Stützel: Beiträge zu einer Theorie der Sozialpolitik - Festschrift für Elisabeth Liefmann-Keil, Berlin 1973

Pross, Helge: Zum Begriff der pluralistischen Gesellschaft, in: Max Horkheimer (Hrsg): Festschrift für Theodor W. Adorno, Frankfurt/Main1963

Pross, Helge: Kapitalismus und Demokratie - Studien über westdeutsche Sozialstrukturen, Frankfurt/Main 1972

Rainwater, Lee, Yancey, William E.: The Moynihan Report and the Politics of Controversy, Cambridge, Mass. - London 1967

Randolph, Philip A. Institute: A Freedom Budget For All Americans - Budgeting Our Resources 1966 - 1975 To Achieve Freedom From Want, New York 1966

Reagan, Michael D.: The Managed Economy, New York 1963

Rein, Martin, Miller, S.M.: Poverty Programs and Policy Priorities, in: Louis A. Ferman (Hrsg): Poverty in America, Ann Arbor 1965

Rein, Martin: Choice and Change in the American Welfare System, in: The Annals of the American Academy of Political and Social Sciences: Evaluating the War on Poverty, No. 385-388, 1969/70

Reitzes, Dietrich: Prejudice and Discrimination - A Study in Contradictions, in: Helen McGill Hughes (Hrsg): Racial and Ethnic Relations, Boston 1970

Report of the National Advisory Commission on Civil Disordes (Kerner Kommission), New York 1968

Richardson, Ken, Spears, David (Hrsg): Race, Culture, And Intelligence, Harmondsworth 1972

Roach, Jack L., Roach, Jent K.: Poverty, London 1972

Robinson, Joan: Kleine Schriften zur Ökonomie, Frankfurt/Main 1969

Roby, Pamela: Inequality - A Trend Analysis, in: The Annals of the American Academy of Political and Social Sciences, No. 385-388, 1969/1970

Ronge, Volker, Schmieg, Günter: Restriktionen politischer Planung, Frankfurt/Main 1973

Rosenthal, Robert, Jacobsen, Leonore: Pygmalion im Unterricht - Lehrererwartungen und Intelligenzentwicklung der Schüler, Weinheim 1971

Rubin, Lillian B.: Maximum Feasible Participation - The Origins, Implications and Present Status, in: The Annals of the American Academy of Political and Social Sciences, No. 385-388, 1969/70

Rüster, Bernd: Rassenbeziehungen in den USA, Darmstadt - Neuwied 1973

Ryan, William: The Moynihan-Report, in: Lee Rainwater, William E. Yancey, The Moynihan Report and the Politics of Controversy, Cambridge, Mass. - London 1967

Samuelson, Paul A.: Volkswirtschaftslehre, Bd. I/Bd.II Köln 1970

Sayer, Jack,
Senn, David B.: Institutional Racism and the American Psychological Association, in: The Journal of Social Issues, Vol. 29, 1973

Scharpf, Fritz W.: Krisenpolitik, in: Peter von Oertzen, Horst Ehmke, Herbert Ehrenberg: Thema Wirtschaftspolitik, Bonn 1975

Schattschneider, Elmer E.: Two Hundred Million Americans in Search of a Government, New York 1969

Schattschneider, Elmer E.: The Semi-Sovereign People - A Realist View of Democracy in America, New York - Chicago - San Francisco - Toronto 1970

Schlott, Gerhard: Das Negerproblem in den USA - Trennung oder Verschmelzung der Rassen ? Analysen, Band 7, Opladen 1970

Schneider, Reinhold: Revolution der Sprache - Sprache der Revolution, in: Malcolm X: Schwarze Gewalt-Reden, Frankfurt/ Main - Berlin 1968

Seger, Imogen: Amerikanische Perspektiven, in: Willy Hochkeppel (Hrsg): Soziologie zwischen Theorie und Empirie - Soziolog. Grundprobleme, München 1970

Silberman, Charles E.: Crisis in the Classroom, New York 1971

Simpson, George E., Yinger, J. Milton: Racial and Cultural Minorities - An Analysis of Prejudice and Discrimination, New York 1953

Shonfield, Andrew: Geplanter Kapitalismus - Wirtschaftspolitik in Westeuropa und USA, Köln 1968

Sobin, Dennis P.: Why Increase Citizen Participation Among Ghetto Residents?, in: Journal of Black Studies, Vol. 2, 1971/1972

Spear, Allan: Black Chicago: The Making of a Negro Getto, Chicago - London 1967

Spitz, David: Patterns of Anti-Democratic Thought, New York 1965

Spitz, David: Political Theory and Social Change, New York 1967

Stoloff, David: The Short Unhappy History of Community Action Programs, in: Marvin E. Gettleman, David Mermelstein: The Great Society Reader, New York 1967

Sutch, R., Ransom, R.: The Ex-Slave in the Post - Bellum South - A Study of the Economic Impact of Racism in a Market Environment, in: The Journal of Economic History, Vol. 28, No.1, 1973

Taeuber, Karl E., Taeuber, Alma F.: Negroes in Cities, Chicago 1965

Thernstrom, Steven: The Other Bostonians - Poverty and Progress in the American Metropolis, 1880-1970, Cambridge, Mass. 1973

The Social and Economic Status of Negroes in the United States, 1969 (Current Population Reports), Washington, D.C. 1969

The Social and Economic Status of the Black Population in the United States, 1972 (Current Population Reports), Washington, D.C. 1972

Toren, Nina: Semi-Professionalism and Social Work - A Theoretical Perspective, in: Etzioni, Amitai (Hrsg): The Semi-Professions and Their Organization - Teacher-Nurses, Social Workers, New York 1969

Tumin, Melvin: Some Principles of Stratification - A Critical Analysis, in: American Sociological Review, Vol. 18, 1953

Vatter, Harold G., Palm, Thomas (Hrsg): The Economics of Black America, New York u.a. 1972

Walton, Hanes Jr.: Black Politics - A Theoretical and Structural Analysis, Philadelphia - New York - Toronto 1972

Weaver, Robert C.: The Negro Ghetto, New York 1948

Williams, Allan J.: The Effects of Urban Renewal upon a Black Community - Evaluation and Recommodations, in: Social Science Quarterly - Vol. 50 (Dec.) 1969

Williams, Robert E.: Der leise Betrug an der schwarzen Bevölkerung - IQ und wissenschaftlicher Rassismus, in: Psychologie Heute, No. 1, 1975

Wirth, Louis: The Ghetto, Chicago 1928